21世纪高等院校专业课系列教材·【经济学类】

经济学基础

Fundamentals of Economics

李士金　仲维清　主编

机械工业出版社
China Machine Press

本书以当代世界和我国改革开放、现代化建设的实际问题为中心，着眼于对实际问题的理论思考，着眼于新的实践和新的发展，系统阐述了经济学中的基本原理，采用了经典的"新古典综合学派"理论框架，结构体系清晰。在微观部分以价格理论为基础介绍了消费者行为理论、厂商理论及收入分配理论；在宏观部分重点介绍了国民收入理论、失业理论、通货膨胀理论及宏观经济政策。本书结构清晰，语言通俗易懂，论述深入浅出，引用大量的案例和报刊文摘，将复杂抽象的理论联系到现实生活上，说理透彻，与现实生活极其贴近。本书突出系统性、丰富性、广博性等特点，以契合非经济管理专业学生的实际情况，是一本具有鲜明特色的经济学教材。

本书适用于非经济管理专业本专科学生、经济管理专业低年级学生。

图书在版编目（CIP）数据

经济学基础/李士金，仲维清主编. —北京：机械工业出版社，2008.8
（21世纪高等院校专业课系列教材·经济学类）

ISBN 978-7-111-24816-3

Ⅰ.经…　Ⅱ.①李…　②仲…　Ⅲ.经济学–高等学校–教材　Ⅳ.F0

中国版本图书馆CIP数据核字（2008）第115225号

机械工业出版社（北京市西城区百万庄大街22号　邮政编码　100037）
责任编辑：程　琨　　版式设计：刘永青
三河市明辉印装有限公司印刷·新华书店北京发行所发行
2008年8月第1版第1次印刷
184mm×260mm · 11.75印张
标准书号：ISBN 978-7-111-24816-3
定价：26.00元

前 言

每天我们几乎都要谈经济问题，因为如果不思考经济问题，一个人就无法正常地生活和工作。人们也总是在做经济选择：是多花点儿时间和精力做一顿正规、较为丰盛的晚餐，还是买点儿方便食品节约时间和精力。当然，做出这样的选择无须学经济学，因为人的本能，人天生就会算计，但是并不是所有的经济问题都这样简单。例如，为什么一些饭店装修豪华、客人寥寥无几，但老板却依然经营；为什么一些国家发生严重的通货膨胀；为什么各大明星的收入远远高于同行其他从业人员；对于更为复杂的经济问题，人们往往需要花更多的时间进行思考。但时间是有限的，这时有关经济的知识，就显得很有必要了。而经济学，恰恰就是这些知识的聚集和沉淀。当然，这并不是说经济学是解决一切经济问题的万灵药方。尽管经济学还远没有达到完善的境界，但它毕竟有助于人们对经济问题的思考。

目前，我国正处于一个前所未有的社会主义市场经济建立和经济大发展时期，急需建立起具有中国特色的社会主义市场经济理论及其体系。各行各业技术人员需要了解经济常识、树立经济思维，各级管理者需要不断更新经济理念、培养经济素养，不断地将经济知识用于指导社会经济实践，完成这一变革需要从经济学理论和实践两个方面不断地探索、研究和完善。

我国需要人才，培养人才靠教育，高水平教育迫切需要建设起反映当代经济发展的一流教材，尤其是大学本科生的教科书。我们正是应这种需要，编撰此书，力求在不断总结教学成果的基础上，结合高等学校非经济管理专业学生不断拓宽知识面的新要求，为各行各业培养具有现代经济素养和思维的综合型人才而努力探索。本书适用于非经济管理专业本专科学生、经济管理专业低年级学生。

本书采用了经典的"新古典综合学派"理论框架，全面介绍了需求与供给理论、效用理论、厂商理论、市场结构理论、要素收入分配理论、微观经济学的缺陷及相应的政策、国内生产总值、国民收入决定、失业与通货膨胀、经济周期和经济增长以及宏观经济政策等内容。

本书由辽宁工程技术大学多年从事经济、管理教学和研究的专业教师李士金、仲维清主编，刘伟、齐洪明、徐维隆参与编写。受时间、资料和作者水平等因素的限制或影响，难免有不妥之处，敬请读者批评指正。

教学建议

教学目的

    本课程教学的目的在于让学生掌握经济活动的内在规律、理解现实中的经济现象。对于社会中经济的基础性作用和社会生活中遇到的经济问题有一个本质和相对深入的认识。具体来说，要培育学生良好的经济素养，理解经济常识，树立经济思维，将经济的理念、知识用于我们一生的生活、工作，指导个人、组织和社会的经济实践活动。

课时分布建议

教学内容	教学要点	课时安排	案例使用建议
第1章　绪论	(1) 理解经济的基本问题 (2) 理解经济学的基本问题 (3) 了解经济学的主要内容和发展四阶段	2~4	案例与阅读资料1-1
第2章　需求、供给和市场均衡	(1) 掌握需求与供给的概念及曲线 (2) 掌握需求与供给决定的价格机制 (3) 掌握需求价格弹性理论及应用	4~6	案例与阅读资料2-1和2-2
第3章　效用论	(1) 理解基数效用论消费者均衡的条件 (2) 理解序数效用论消费者均衡的条件	4	案例与阅读资料3-1
第4章　厂商理论	(1) 理解短期生产函数及生产者均衡条件 (2) 理解短期及长期成本规律 (3) 掌握利润最大化的条件	4	案例与阅读资料4-1和4-2
第5章　市场结构理论	(1) 理解完全竞争市场厂商均衡状态及条件 (2) 理解完全垄断市场厂商均衡状态及条件 (3) 理解垄断竞争市场厂商均衡状态及条件 (4) 理解寡头垄断市场厂商产量、价格决定	4	案例与阅读资料5-1、5-2、5-3和5-4
第6章　要素收入及分配理论	(1) 理解各要素价格理论 (2) 理解社会收入分配的相关概念	4	案例与阅读资料6-1和6-2
第7章　微观经济学的缺陷及相应的政策	(1) 了解理论假设的局限性及政策 (2) 理解市场失灵及相应的政策	2	案例与阅读资料7-1和7-2

（续）

教学内容	教学要点	课时安排	案例使用建议
第8章 国内生产总值	（1）理解GDP的定义、作用与缺陷 （2）掌握GDP的核算 （3）了解国民收入恒等式	2～4	案例与阅读资料8-1和8-2
第9章 国民收入决定	（1）掌握简单的国民收入决定模型 （2）理解扩展的国民收入决定模型：$IS\text{-}LM$模型 （3）了解总需求–总供给模型	4～6	案例与阅读资料9-1、9-2和9-3
第10章 失业与通货膨胀	（1）理解失业的分类、原因及对策 （2）理解通货膨胀理论的定义、分类、原因及对策 （3）了解失业与通货膨胀的关系	4	案例与阅读资料10-1、10-2和10-3
第11章 经济周期与经济增长	（1）了解经济周期的阶段、原因 （2）理解经济增长的源泉	2～4	案例与阅读资料11-1
第12章 宏观经济政策	（1）理解宏观经济政策的目标 （2）掌握财政政策的构成与应用 （3）掌握货币政策的工具与应用	4	案例与阅读资料12-1
课时总计		40～50	

说明：（1）在课时安排上，对于经济管理专业本科生可以是40个学时；非经济管理专业本科生建议安排50个学时，以便补充相关的专业知识。

（2）讨论、资料阅读、案例分析等时间不包括在各个章节的教学时间中。

目 录

第1章

绪　论

1.1　经济的理解

1.1.1　几个基本问题

经济学之所以产生并在很多国家流行，主要是因为人们对经济活动的关注。经济活动范围广泛，从个人消费、企业生产到产业、区域、国家发展都存在经济活动。但是，无论何种经济活动，都必须考虑如何以最少的耗费来达到一定的目标。

1. 经济的定义

在英文中，经济为economy一词，源于希腊文，原义指家计管理，特别是指家庭收支方面的管理。持家之本是勤俭节约，economy自然便成了"节俭"的同义词。在现代汉语中，"经济"一词至少有以下几个含义：

（1）从形态上理解，经济指人类从事生产、交换、消费等活动的总称。例如，中国东部经济比中、西部发达，是指东部地区人们从事生产、交换、消费这些活动较多。

（2）从制度上理解，经济指组织生产、交换、消费等活动的制度系统。例如工业经济、国民经济、计划经济、市场经济等。

（3）从效率上理解，经济指节省，以较少的花费达到一定的目标。例如，人们通常所说的"经济"地利用自然资源，实现可持续发展。

2. 经济的作用

经济在我们的社会中处于基础地位，经济基础决定政治、军事、法律、科技、教育、文化等方方面面。从大的方面讲，比如世界范围内，经济地位决定国家地位、国际关系；从小的方面讲，比如家庭中，经济地位决定成员的家庭地位、人际关系等。

3．计划经济与市场经济

计划经济是指通过政府计划来配置资源的经济，市场经济是指通过市场的需求和供给来配置资源的经济。一般国家的现实都是二者的结合，目的是实现资源的合理配置。中国始于20世纪80年代的经济改革就是由原来单一的计划经济向社会主义市场经济过渡，通过引入竞争、激励、分权等机制来促进资源效率的提高。

4．经济发展阶段的划分

伴随着人类社会的发展，社会经济也不断地从低级向高级发展，这里按社会中各产业的产值比重和从业人员比重可划分为以下三个阶段：

（1）农业经济是指农业生产产值和从业人员占最大比例的经济。

（2）工业经济是指工业生产产值和从业人员占最大比例的经济。

（3）信息经济是指计算机技术、生物技术、现代通信技术、传媒等信息产业产值和从业人员占最大比例的经济。

1.1.2　经济的影响因素

1．国民素质

人的素质高低直接决定着人们从事各种经济活动的目的、效率，也影响着群体的目的和效率，主要包括以下几个方面。

（1）人的理解。首先是对"人的生命"的理解，人生来应该是平等的，但平等是相对的。其次是对"人的价值"的理解，人对社会的贡献大于对社会的索取才有价值，这样人类社会才会进步。最后是对"财富"的理解，人人都渴望财富，但不能损人利己，要通过对社会的贡献和认可来追求个人的财富。

（2）勤奋精神。人只有付出才有回报，只有不断努力、勤奋才会产生更大的社会价值。例如"一个勤奋的人"与"一个懒散的人"相比，他们的工作效率肯定是不同的。

（3）责任感。人对工作要敬业，要担负起自己所处角色的责任，只有这样人们做事才会认真，事情才能真正做好。

（4）能力和知识。由于工作岗位和所担当的角色不同，不同的角色所需要的能力也不同，包括学习、组织、表达、沟通、合作、实践等能力；不同的岗位和角色所需要的知识也不同，包括外语、计算机等通用知识和专业知识等。

2．应用和掌握的技术

技术水平决定了劳动效率和价值增值，提高技术水平的途径有两种，一种是自主创新；另一种是对外来技术进行引进，通过吸收其有益部分进行再创新。

3．经济及相关制度

制度的设计要注重公平、合理，目的是发挥多数人的积极性和为社会利益服务的责任心。例如，中国由单一公有制向以公有制为主体多种所有制并存的经济改革，农村实行了家庭联产承包责任制，城市进行了国有企业改革，使得经济快速发展。

另外政治制度、文化制度、科技制度、教育制度对经济影响也很大。

4. 重大突发事件

历史上每一次大的战争、重大自然灾害、金融危机等突发事件都给相关国家经济带来很大的负面影响，例如中东战争、美国"9·11"事件等。

1.1.3 经济活动的参与者

1. 买方

买方是指消费者，只有消费者的存在才会形成买方市场，它是市场的重要主体。

2. 卖方

卖方是指企业，它为买方提供服务、商品，形成了卖方市场，也是市场的重要主体。

3. 中介

中介主要是指金融机构，它通过货币的流通、服务来参与经济活动。此外，还有房地产、劳动力、咨询等中介提供者。

4. 政府

政府为整个市场提供服务并且管理市场、维护市场秩序，同时它也是一个巨大的买方。

1.1.4 经济与管理

经济是一种高效率形态、目标。管理是一个过程，管理是为经济而管理的，没有脱离经济的管理，脱离经济的管理将失去意义。同时，经济和管理是相互依存的，缺一不可。

1.2 经济学的理解

"经济"一词首先衍生出的是"政治经济学"，最早出现于17世纪。那时，欧洲的国家在经济活动中的作用日渐显要。于是，最初在法国，politique被冠于economie而构成"政治经济学"一词，用以指对国家事务的公共管理。这期间，人们除了研究公共管理的经济政策之外，不研究经济活动本身——诸如生产、消费、交换等的规律。到19世纪末，"政治经济学"一词在西方经济学术界逐渐为"经济学"所替代，很多学者主张以"经济学"一词来定义研究经济活动内在规律的理论科学，而将涉及方针政策、社会分配的问题冠以"政治经济学"一词，但其所分析的问题和所用的理论与"经济学"并无二致。

1.2.1 经济学的定义

现代经济学家认为，经济学乃是探讨人类社会如何经济地利用自然、社会资源以达到某种目标或满足某种欲望的科学。更一般地说，经济学是研究人类个体和集体在生产、消费、交换等社会活动中的理性行为，以及他们在这些活动中的相互关系。

这里提到的资源主要是指传统的四大资源：

（1）劳动是指劳动者提供的劳动时间和能力。

（2）资本主要是指设备、厂房等。

（3）土地是指生产经营活动的所在地及使用的自然资源。

（4）企业家才能是指企业家利用各种资源来实现某一目标的能力。

随着社会的发展，很多学者提出还应包括一些新资源，例如技术、信息、知识等。

1.2.2　经济学的研究思路和方法

1. 研究思路

经济学研究的基本思路，可以归纳为16个字："给定假设，简化关系；放松假设，逼近现实。"

（1）给定假设，简化关系。在经济学的研究中，一个结果往往是多种因素的共同作用而产生的。例如，影响某一物品需求量的因素，包括该物品的价格、消费者的收入、与该物品有关的其他物品的价格、促销手段和力度、消费者偏好等。为了把这些因素对结果的影响说清楚，经济学只能从最简单的情况开始研究，即在假定其他条件不变（other things are equal）的前提下，分析某一或某几个自变量对因变量的影响。

（2）放松假设，逼近现实。显然，简化关系后得到的结论与现实生活是有很大差距的。为了缩小差距，经济学就必须不断地放松假设，用与现实状况更加接近的非理想状态取代理想状态，并分析其对研究对象的影响。

在以下的介绍中，无论是微观经济学还是宏观经济学，我们的介绍都是从简单到复杂、从理想状态到非理想状态。

2. 研究方法

经济学的研究方法包括实证分析和规范分析，以实证分析为主，规范分析为辅。

（1）实证分析是指在做出与经济行为有关的假定前提下，分析和预测人们的经济行为，它回答的问题是经济现象"是什么"。

实证分析的特点是一个理论和假设之间存在因果关系，不仅能解释已经观察到的事实，还能经受将来发生事件的检验，实证分析具有客观性，与客观事实相符是真理，与事实不符是谬误。

（2）规范分析是指以一定的价值判断作为出发点，提出行为的标准，并研究如何才能符合这些标准，它回答的问题是"应该是什么"。

规范分析的特点是没有正确答案，也没有错误答案；涉及伦理、道德、价值；只能辩论，不是事实，不能付之于科学或实验加以解决。

1.2.3　经济学的基本假设

整个经济学体系可以说是在基本假设上建立和发展起来的。经济学的基本假设有以下几个。

1. 理性行为

个人的理性行为可以分为两个层次。首先，人的理性表现在确立其所追求的目标的过程中。其次，一旦目标确定，理性表现在实现目标的过程中。经济学所研究的理性行为，主要是实现既定目标过程中的理性行为。它一般不研究选择、确定目标过程中的理性行为。例如，经济学并不探讨某消费者为什么喜欢商品甲甚于喜欢商品乙；为什么她喜欢甜味而不太喜欢咸味。在经济学中，个人的"偏好"是给定的。经济理论则是在给定"偏好"的前提下描述、预测个人的理性行为，至于个人何以"养成"或"染上"这一偏好，则不是经济学的研究对象。经济学家认为，个人的"偏好"或"欲望"，从经济角度看，有较大的任意性。个人偏好的形成和发展，在很大程度上也许可以从心理学、社会学、宗教信仰等角度去解释。当然，社会经济活动也必然会影响、改变个人的偏好或欲望。因此，这一假设有其局限性。经济学主要研究人类在经济活动中，即在生产、消费、交换等活动中的理性行为。而且，理性行为在经济学中有比较狭隘而严格的解释。它在现代经济学中，实际上被解释为最优行为。如果消费者在给定收入、价格条件下购买10千克米、8千克肉是最优决策，那么在理性的通常含义下，购买11千克米、7千克肉也算是合乎理性的，但在经济学的理性定义下，却只有购买10千克米、8千克肉才是理性行为。不仅如此，经济学中的最优与否，完全是以经济成本或经济利益的尺度来衡量的。

2. 资源的有限性和多用性

经济个体在追求其目标时，其理性行为不是不受限制的。正是因为有约束，个体才有必要以理性行为来追求既定目标，而不是以任何手段都可以达到目标。

经济学之所以产生和发展，是因为人类的一切活动都受资源有限性的约束。假如任何资源都取之不尽、用之不竭，那么人们尽可以以任何方式动用无限的资源去达到特定的目的，节俭就没有必要，经济学也不会产生。

但若仅仅是因为资源有限，也不一定要研究经济学，同一问题的另一方面是资源的多用性。野果若只能供人果腹，原始人就不必就如何使用野果做权衡选择，经济学也就无用武之地。原始人也许可以研究如何用有限的野果减少其一年中饥肠辘辘的日子，用有限的木材产生持久的暖流。但这是一个技术问题，而非经济问题，正如如何将一吨煤转化成最多的机械能一样。相反，假若果子既可供现在食用，也可用做种子以繁殖更多的果子，还可以用做饲料喂养牲畜以换取动物蛋白，这时，人们就得经济地将果子分配给不同的用途以换取最多的食物。既有限而又有多种用途的资源称为相对稀缺资源，或简称为稀缺资源。

资源的有限性和多用途性是经济学的一对基本矛盾，由此产生了经济学中非常重要的一个概念——机会成本。一片土地，可以用来耕耘种植，也可用来建筑厂房或居民住宅。一个成人的时间，可以用于看戏打牌（消费），也可以去做工挣钱（生产），还可以用于听课学习（投资）。一定的资源被用于某一活动，就不能同时被用于其他活动。当你决定将该资源用于活动甲时，你就放弃了活动乙、丙、丁等。所以，用于活动甲的资源的成本，乃是该资源用于其他活动中所能创造的最大价值。这一成本叫做机会成本。例如，一定量的木材可以用来造一座木桥，或两幢房子，或3艘木船，或100张桌子。如果这木材用来建造木桥，而且人们认为在所有其他用途中，3艘船的价值最大，那么，木桥的机会成本就是3艘船。同样，如果这些木材被用来建筑两幢房子，而人们认为在所有其他用途中木桥的价值最大，那么，这两幢房子的机会成本就是一座木桥。一种资源的机会成本乃是该资源被用于其他活动中所能创造的最大的价值。机会成本是经济学中一个最基本的概念。

显然，机会成本与资源的相对稀缺性是密切相关的，只有相对稀缺的资源才有机会成本，相对不稀缺的资源的机会成本为零。当我们使用取之不尽或毫无其他用途的资源时，我们并没有放弃任何活动，也没做任何牺牲，那么使用这些资源的代价是零。后面我们将会讲到，相对不稀缺的资源的均衡价格为零，因此在经济分析时可以忽略不计。只有相对稀缺的、机会成本大于零的资源才是经济学研究的对象。事实上，经济学的发展与资源的相对稀缺性有着密切的联系。人类早期的经济活动主要受到有限劳动力的约束，有效率地利用稀缺劳动力是经济发展的关键，因此早期的各种经济理论都建立在劳动的基础上。后来，土地、资本的相对稀缺也日渐显著，经济学便又去研究土地和资本，从而产生了新的理论，并发现建立在劳动基础上的经济理论有很大的局限性。随着经济的继续发展，海洋、大气都相对稀缺起来了，因而现代经济学的注意力又转向生态、环境等稀缺资源。可见，随着越来越多的资源变得相对稀缺，经济学的研究对象越来越广泛，理论也越来越丰富。一个普遍采用的"经济学"定义正是"研究如何将有限的资源有效率地配置于多种需求和欲望的科学"。

3. 产权明确

产权（property right）是指由法律和伦理所确定的个人或厂商对财产的权利。

产权不是无限的。例如，在美国的某些社区，住房所有者必须定期修剪他自己的草坪，住房外装修必须与整个社区环境和谐，出租房屋时必须将自己的房客人数限制在一定数量以下。因为草坪荒芜、装修不和谐、经济和社会地位低于本社区居民的房客大量进入，都会影响到其周围邻居以至于整个社区产权的侵犯。换句话说，某一房屋是住房所有者的，但不修剪自家草坪、随便装修和出租自己住房的权利却不一定也是住房所有者的。

西方经济学认为，在理想化的市场经济中，一切市场行为都必须以明确的产权为前提，不同的产权界定会带来资源配置的不同效率。

4. 完全信息

经济活动中的所有当事人都拥有充分的和相同的信息，而且获取信息不需要支付任何成本。在这种情况下，经济活动的所有当事人都清楚地了解所有经济活动的条件和后果，因而经济活动中不存在任何不确定性。

对于上述基本假设，西方经济学家认为它们是不完善的，有的假设在一定程度上符合现实，有的假设与实际经济生活存在很大差距。

1.2.4 经济学的主要研究内容

广义的经济学所涉及的范围很宽，一些经济学者认为包括企事业单位的经济思想和管理经验，但很多管理学者认为这是管理学的范畴，这部分内容存在争议。另外涉及某一部门或行业的研究成果，很多学者叫"部门经济学"。这里主要说明的是狭义的经济学及经济理论，包括微观经济学、经济宏观学、福利经济学、国际经济学等，这里简单介绍一下本书所涉及的微观经济学和宏观经济学。

1. 微观经济学

微观经济学是指通过研究单个经济单位的经济行为和经济变量数值的决定来说明价格机制如何使社会资源得到最优配置的科学。

（1）研究对象包括两大个体，企业（厂商）和消费者（居民）。

（2）核心理论是供求决定的价格机制。

（3）解决的问题是资源的最优配置，主要包括三个问题：生产什么，生产多少；如何生产（采用何种生产方法）；为谁生产（收入如何分配）。

（4）分析问题的方法采用个量分析。

2．宏观经济学

宏观经济学的含义是通过研究国民经济总量的决定、变化和联系来说明资源的充分利用。

（1）研究对象为国民经济（一个国家）。

（2）核心理论是国民收入决定理论，主要的问题为总需求和国内生产总值（GDP）。

（3）解决的问题是资源利用问题，主要包括三个问题：实现充分就业；经济的稳定均衡增长；降低通货膨胀问题。

（4）分析问题的方法采用总量分析。

1.2.5　经济学的发展史

一直以来，对西方经济学发展阶段的划分看法不一，我们认为比较恰当的划分是分为重商主义、古典经济学、新古典经济学、当代经济学几个时期。

1．重商主义：经济学的萌芽阶段

重商主义产生于15世纪，终止于17世纪中期，这是资本主义生产方式的形成与确立时期。

重商主义的主要代表人物有英国经济学家约翰·海尔斯、威廉·斯塔福德、托马斯·曼，法国经济学家安·德·孟克列钦、让·巴蒂斯特·柯尔培等人。其代表作是托马斯·曼的《英国得自对外贸易的财富》。他们并没有什么系统的理论，其基本观点是：金银形态的货币是财富的唯一形态，一国的财富来自对外贸易，增加财富的唯一方法就是扩大出口，限制进口。由此可见，重商主义的基本政策是主张国家干预，即用国家的力量来增加出口、限制进口。

重商主义的这些观点，反映了原始积累时期资本主义经济发展的要求。马克思称重商主义是"近代生产方式的最早的理论研究"，但重商主义仅限于对流通领域的研究，其内容也只是一些政策主张，并没有形成一个完整的经济学体系，只能说是经济学的早期阶段。真正的经济科学只有在从流通领域进入到生产领域中时才会出现。

2．古典经济学：经济学的形成时期

古典经济学这个词在经济学中有三种不同的含义。第一种是指从17世纪中期到19世纪70年代之前的经济学，即本书中所用的含义。第二种是指从17世纪中期到20世纪30年代之前的经济学，包括本书中所说的古典经济学与新古典经济学。第三种是马克思所用的含义，指从17世纪中期到19世纪初期的资产阶级经济学。具体来说，在英国是从威廉·配第时期到大卫·李嘉图时期，在法国是从布·阿吉尔贝尔时期到西斯蒙第时期。马克思的这种用法肯定了这一时期的经济学有其合理的成分——提出并论述了劳动价值论，以及揭示了资本主义社会中的阶级对立关系，这就有别于以后时期马克思所说的庸俗经济学。

我们这里所说的古典经济学是从17世纪中期开始，到19世纪70年代结束，其中包括英国经济学家亚当·斯密、大卫·李嘉图、西尼耳、约翰·穆勒、马尔萨斯，法国经济学家让·巴蒂斯特·萨伊等人。其中最重要的代表人物是亚当·斯密，其代表作是1776年出版的《国富论》。

《国富论》的发表被称为经济学史上的第一次革命，即对重商主义的革命。这次革命标志着现代经济学的诞生，以斯密为代表的古典经济学的贡献是建立了以自由放任为中心的经济学体系。

古典经济学研究的中心是国民财富如何增长，他们强调了财富是物质产品，增加国民财富的途径是通过增加资本积累和分工来发展生产。围绕这一点，他们研究了经济增长、价值、价格、收入分配等广泛的经济问题。斯密从"人是利己的经济人"这一假设出发，论述了由价格这只"看不见的手"来调节经济的运行，可以把个人利己的行为引向增加国民财富和社会福利的行为。因此，由价格调节经济就是一种正常的自然秩序。由此得出了自由放任的政策结论。自由放任是古典经济学的核心，其他问题都是围绕这一问题展开的。

古典经济学自由放任的思想反映了自由竞争时期经济发展的要求。古典经济学家把经济研究从流通领域转移到生产领域，使经济学真正成为一门有独立体系的科学。

3. 新古典经济学：微观经济学的形成与建立时期

新古典经济学从19世纪70年代的"边际革命"开始，到20世纪30年代结束。这一时期经济学的中心仍然是自由放任。在这种意义上说，它仍是古典经济学的延续。但是，它又用新的方法，从新的角度来论述自由放任思想，并建立了说明价格如何调节经济的微观经济学体系，所以，在古典经济学前加一"新"字，以示其与古典经济学的不同之处。

19世纪70年代，奥国学派经济学家K. 门格尔、英国经济学家W. S. 杰文斯、瑞士洛桑学派的法国经济学家L. 瓦尔拉斯分别提出了边际效用价值论，引发了经济学上的"边际革命"，从而开创了经济学的一个新时期。

边际效用价值论认为商品的价值取决于人们对商品效用的主观评价。这种主观价值论引入了一种新的分析方法——边际分析法。边际分析是增量分析，即分析自变量变动所引起的因变量的变动。正是这种分析方法使经济学进入了一个新的时期。英国著名经济学家E. 罗尔评论说："边际效用概念不仅被看做经济'工具箱'的一种重要补充，并且还被看做经济科学研究方法上的一项极其重要的革新。"因此，边际效用价值论的出现被作为经济学史上继亚当·斯密革命之后的第二次革命——边际革命，这次革命标志着新古典经济学的开始。1890年英国剑桥学派经济学家A. 马歇尔出版了《经济学原理》，这本书综合了当时的各种经济理论，被称为新古典经济学的代表作。

新古典经济学同样把自由放任作为最高准则，但已不像古典学派那样只重视对生产的研究，而是转向了消费和需求。他们明确地把资源配置作为经济学研究的中心，论述了价格如何使社会资源配置达到最优化，从而从理论上证明了以价格为中心的市场机制的完善性。同时还把消费、需求分析与生产、供给分析结合在一起，建立了现代微观经济学体系及其基本内容。尽管20世纪30年代，英国经济学家J. 罗宾逊和美国经济学家E. 张伯伦分别提出的垄断竞争理论是对这一微观经济学体系的重要发展，在20世纪50年代之后，美国经济学家G. 贝克尔、A. 莱宾斯坦、科斯（R. H. Coase）等人仍对微观经济学做出了重大发展，但作为一个理论体系，微观经济学是由新古典学派建立的。

4. 当代经济学：宏观经济学的建立与发展

当代经济学是以20世纪30年代凯恩斯主义的出现为标志的。这一时期，经济学得到全面而深入的发展，无论是研究的内容、方法，还是深度与广度方面，都是过去所无法比拟的。但其中心是宏观经济学的建立与发展。我们还可以把这一时期分为三个阶段。

第一阶段：凯恩斯革命时期。这一阶段从20世纪30年代到50年代。

新古典经济学论述了市场调节的完善性，但20世纪30年代的大危机打破了这种神话。传统的经济理论与经济现实发生了尖锐的冲突，经济学面临着它有史以来的第一次危机。这时，英国经济学家J. M. 凯恩斯在1936年发表了《就业、利息和货币通论》（简称《通论》）一书。这本书把产量与就业水平联系起来，从总需求的角度分析国民收入的决定，并用有效需求不足来解释失业存在的原因。在政策上则提出了放弃自由放任，由国家干预经济的主张。凯恩斯的这些观点被认为是经济学史上的第三次革命——凯恩斯革命。这次革命提出了以国民收入决定理论为中心，以国家干预为政策基调的现代宏观经济学体系。因此，凯恩斯被称为当之无愧的现代宏观经济学之父。

第二阶段：凯恩斯主义发展时期。这一阶段从20世纪50年代到60年代末。

第二次世界大战后西方各国都加强了对经济生活的全面干预，凯恩斯主义得到了广泛的传播与发展。美国经济学家P. 萨缪尔森等人把凯恩斯主义的宏观经济学与新古典经济学的微观经济学结合在一起，形成了新古典综合派。新古典综合派全面发展了凯恩斯主义，并把这一理论运用于实践，对各国经济理论与政策都产生了重大影响。可以说，到目前为止，新古典综合派仍然是经济学的主流。

第三阶段：自由放任思潮的复兴时期。这一阶段是在20世纪70年代之后。

第二次世界大战后西方各国对经济生活的全面干预一方面促进了经济的巨大发展，另一方面也引起了许多问题。20世纪60年代末出现在西方国家的滞胀（即经济停滞与通货膨胀并存）引起了凯恩斯主义的危机，这次危机使自由放任思想得以复兴。以美国经济学家M. 弗里德曼为首的货币主义是自由放任的拥护者。货币主义的出现被认为是经济学史上的第五次革命——货币主义革命，或称"对抗凯恩斯革命的革命"。在20世纪70年代之后，又出现了以美国经济学家R. 卢卡斯为首的理性预期学派，这一学派以更为彻底的态度拥护自由放任。理性预期学派的出现被称为经济学史上的第六次革命——理性预期革命。

这些主张自由放任的经济学家认为滞胀的根源是凯恩斯主义的国家干预。他们从不同的角度论述了市场机制的完善性，提出了减少国家干预，充分发挥市场机制作用的主张。从20世纪70年代末起，西方各国采用了这些主张，实行经济自由化的政策，对经济的复兴起到了一定的作用。

在这一阶段，新古典综合派与货币主义和理性预期学派的争论成为经济学的主旋律。从理论上说，尽管新古典综合派的主流地位仍然没有丧失，但货币主义与理性预期学派对宏观经济学的发展有着重大的影响。他们的许多观点，例如，货币主义关于货币重要性的论述和理性预期学派的预期概念，已成为现代宏观经济学的重要组成部分。在经济政策上，尽管国家干预经济的基本格调并没有发生根本性的变化，但经济政策的自由化已产生了不可低估的影响。应该说，这三个流派之间的争论成为经济学发展的动力。

经济学是为现实服务的，经济学的发展与演变正是现实经济发展的反映。原始积累时期的重商主义、自由竞争时期的古典经济学与新古典经济学、国家垄断资本主义时期的凯恩斯主义，都是现实经济发展的要求在理论上的反映。一部经济学发展史说明一个平凡的真理——存在决定意识。

1.2.6 经济学的分析工具

这里主要是指微观经济学所采用的分析工具，主要是最优化和均衡分析，这两件工具正好用来解决微观经济学的两类基本问题：经济个体的理性行为或决策行为，以及它们之间的相互作用和相互关系。前者是优化问题，后者是均衡问题。一块农田，是用来种小麦还是种棉花？一位学生高中毕业后，是上大学还是直接参加工作？在价格双轨制下，一个工厂究竟是付高价从议价市场得到供应，还是设法从计划渠道得到供应？这些都是经济个体所面临的决策问题，即从各种可能中选择达到某一目标的最佳行为，因此要借助于最优化理论。另一类是均衡问题：给定今年小麦、棉花的种植面积，到收获时小麦和棉花的价格将是多少？如果越来越多的高中毕业生想考大学，那么录取分数线是提高还是降低？取消计划调配之后的市场价格将比在双轨制条件下的市场价格是高还是低？这里所要解决的问题是：经济个体各自在做最优决策时，他们之间是如何互相影响、互相约束而达到一定的平衡的。

均衡是经济个体相互作用、相互影响的稳定性结果。由于均衡涉及许多个体的优化行为以及他们之间的相互作用，在技术上处理起来比较复杂。而且，人们对所谓稳定可以有不同的解释，因此，经济学里有各种不同的均衡概念和定义。例如，某一商品在一定价格下供应量等于需求量，便是一种均衡，称为局部均衡；如果整个经济内所有的市场都达到供求平衡的状态，这样的状态便被称为一般均衡。进而，当经济个体的理性行为包括策略性行为时，均衡的内涵就更加丰富、更加复杂，此时，经济学就需要借助于对策论的工具。

对于经济个体决策行为的模型处理，我们有比较完善的工具。经济个体所面临的决策问题都可以抽象为有约束条件的优化问题。消费者在收入约束条件下最大化其满足程度（或用以后将学到的术语——效用最大化）。企业的经营目标在不同经济制度下也许有所不同，但最优化的实质都是一样的。在中央计划经济中，企业在计划分配的原材料约束下追求最大利润。由于约束条件下的优化问题在数学方面有比较完善的理论，数学自然地成为微观经济学的有力工具。数学模型的广泛应用，对微观经济学的发展有着不可忽视的贡献。至少，数学语言能比较经济地阐述经济原理。但是，不容否认，由于经济理论过分追求逻辑严密性及公理化的倾向，数学在当代微观经济学的研究中有时显得喧宾夺主。

案例与资料阅读1-1

中国的计划经济与市场经济

1. 计划经济的建立

中国内地结束了百年动乱，仅用几年时间，通过没收官僚资本，对个体手工业、私营工商业者实行社会主义改造，建立了庞大的公有经济。到1956年底，社会主义改造基本完成，生产要素市场基本消亡，产品市场也在国家的计划控制之下，形成了以指令性计划为主，指导性计划为辅的计划经济体制。

成立了国家及地方各级计划委员会，自上而下地颁发控制数字、编报计划草案、逐级批准和下达计划。由于缺乏经验，国家计委甚至缺乏最基本的国民经济具体情况统计数据，因此计划方法和管理体制只能学习苏联。

市场机制的调节作用和范围越来越小。生产资料逐步由国家实行直接计划管理，主要农副产品实行统购统销。劳动力市场基本消失。职工实行"包下来"。国有企业、公私合营企业,以至集体经济(手工合作社和合作商店),工资都由国家控制。农民转入公社(高级社),被固定在集体经济中。

2. 实行计划经济体制的原因

20世纪50年代,我国经济体制逐步转向行政管理为特征的计划经济,固然存在理论上对社会主义的主观认识、理解不足等原因,但也是当时的经济基础、发展要求和国际环境促成的。

(1) 百年挨打的教训与当时的国际环境,要求快速工业化。

(2) 人均资源短缺,使市场供求关系紧张,需要加强政府调控。

(3) 在资金短缺和农业剩余有限的条件下,保证优先发展重工业和高积累下的社会稳定。

(4) 历史遗产有助于政府掌握的国有经济居主导地位。

(5) 战时经济体制的影响延续。

在经济落后、资金和人才短缺的条件下,加速推进工业化。工业化被迫选择了一条实行进口替代和压缩消费的优先发展重工业的战略。通过实行单一公有制,将资源配置控制在政府手中,保证了"一五"计划时期经济的高速增长和重工业的迅速发展。

3. 计划经济体制的缺陷

辉煌与误区同在。1958~1978年的20年,中国共产党带着社会主义改造胜利和"一五"计划成功的喜悦开始,最后带着文革的痛苦与反思,对社会主义经济体制的困惑而进入新的探索时期。这20年间,在西方封锁、中苏交恶的国际环境下,完全依靠自己力量,基本建立起相对独立的工业体系,除了在国防工业、尖端科学方面取得巨大进展外,还在改善基础设施、缩小地区间差距方面取得了很大成绩。但与同期周边国家和地区相比,我国经济发展速度和效益是不能令人满意的。并且这种经济增长,伴随着剧烈的波动与发展不平衡,主要表现在:城市化进展缓慢;人民收入增长很慢,生活水平没有多大改善;人口过快增长。

主要缺陷如下:

(1) 不利于调动各方面的积极性,不利于国民经济的全面健康发展。

(2) 层层汇报、层层审批导致了机会和时机延误,使决策与实际情况难以相符。

(3) 市场机制的消失,企业失去外部的制约机制和信息,陷入"一统就死,一死就放,一放就乱,一乱又统"的循环。

(4) 政府失去来自外部的正确信息和参照,长官意志和空想计划可能存在。

4. 1978年之后的中国经济改革

首先,中国采取了渐进式改革的方式,先试点再全面推开,逐步发展市场经济。通过引入竞争、激励、分权机制和重视科技、对外开放,提高了集体和个人的福利。

其次,中国的改革始终坚实实事求是的原则,根据改革开放中遇到的新问题和新情况,不断地总结经验,形成了适合中国国情的发展模式,同时中国也积极地帮助其他发展中国家摆脱贫困,为世界的共同繁荣做出了积极的贡献。

改革二十九年来,中国经济取得了巨大的增长,目前**GDP**是改革前的几十倍,平均每年增长9%,人民生活水平有了很大的提高。

但伴随着经济增长也出现了很多问题,如城乡差距、收入差距扩大;资源浪费严重、环境污染破坏严重;贪污腐败现象增加;部分产业发展失衡。因此,中国现代化经济之路仍然任重而道远。

资料来源:中国近现代经济史。

习题

1. 通过表1-1中国同其他国家GDP的比较，思考下面的问题：

表1-1　中国同其他国家GDP的比较　　　　（单位：亿美元）

年份	中国	日本	欧洲	美国	俄国	印度	世界
1800	2 190	220	1 880	130	340	1 110	7 150
1913	2 420	690	9 970	5 200	2 290	2 010	26 670
1952	3 060	1 970	17 420	16 770	5 130	2 270	58 920
1978	3 624	9 738		25 900	11 500		
2005	18 200	46 690	129 550	124 860	6 718	7 400	400 000

为什么中国在古代经济、科技领先世界1000多年，而到近代却走向衰落，近代世界的分水岭是18世纪中叶到19世纪中叶发生在欧洲的工业革命，为什么工业革命没有在中国发生？

2. 什么是经济理性？日常生活中有哪些行为是符合这个原则的，有没有"非理性"或"反理性"行为？自私自利和损人利己是理性的还是反理性的，为什么？你给出的答案是实证性的还是规范性的？

第 2 章

需求、供给和市场均衡

西方经济学是从需求、供给与均衡价格入手来研究微观经济学的，这是因为微观经济学所要解决的是"资源配置"或"最优选择"问题，在市场经济中，这一问题是通过价格机制来解决的。也就是生产者运用可供选择的有限资源，做出最佳的生产抉择，以获取最大利润和经济效益；单个消费单位与消费者在市场与价格机制的作用下，如何做出最佳消费抉择，以获取最大的满足。因此，西方微观经济学的核心是价格理论。以价格分析代替价值分析，而价格又是由需求与供给这两种力量决定的，所以，要说明价格的决定，首先应从需求与供给进行分析。

本章主要阐述产品的需求与供给及其相互关系、均衡价格和均衡数量，并阐明需求弹性与供给弹性。

2.1 需求与供给

2.1.1 需求

1. 需求和需求价格定义

（1）需求定义。西方微观经济学中所说的需求是指假定其他情况（包括消费者收入、嗜好以及其他商品价格等）不变的条件下，消费者在一定时期内，在每一价格水平上愿意并且能够购买的某商品的各种数量。需求必须同时具备两个条件：第一是消费者有购买的欲望；第二是消费者有购买的能力。这两个条件是缺一不可的，仅有购买的欲望，只会被看做需要，而不是需求；同样，只有购买能力，而没有购买的欲望，也不能成为需求。

（2）需求价格定义。需求价格就是消费者对一定量商品（包括产品和劳务）所愿意支付的价格。西方经济学家认为，需求价格是由商品的边际效用决定的。因为商品的边际效用存在递减的规律，所以对消费者来说，不同的商品数量有相应不同的需求价格，数量越多，消费者所愿意支付的价格就越低；反过来说，一种商品的价格越低，消费者所愿意购买的数量就越多。总之，需求价格随着购买量的增加而递减；购买量随着需求价格的降低而递增。

2．需求表与需求曲线

（1）需求表。西方微观经济学家认为，消费者在一定时间、一定市场和在各种不同价格水平上，对某一商品愿意并能购买的数量是不同的：价格高，愿意并能购买的数量就少；价格低，愿意并能购买的数量就多。根据商品的价格与需求量之间的这种关系而列成的表，就称为需求表。

例如，某商品价格10元，某个消费者的需求量是1千克；价格8元，需求量是2千克；价格6元，需求量是3千克；价格4元，需求量是4千克；价格2元，需求量是5千克。列出需求表，如表2-1所示。

表2-1　对某种商品的需求量

价格（元）	10	8	6	4	2
需求量（千克）	1	2	3	4	5

（2）需求曲线。根据需求表画出的表示价格与需求量之间关系的曲线，就是需求曲线。例如，根据上面的需求表，可以在坐标图上画出需求曲线，如图2-1所示。在图2-1中，纵坐标OP表示价格，横坐标OQ表示数量。与不同价格相对应的是不同的购买量，价格的任何变动，都有一个与之相对应的需求量的变动数量。这样，在图上就形成了一系列点，如果数据连续，就会出现许多的点，连接所有的点就形成了需求曲线D。

但是，上面讲的是消费者个人，在一定时间、一定市场，在各种价格水平上愿意并能购买的某种商品各种数量的个人需求表，并根据个人需求表所画出的个人需求曲线。市场上的消费者个人很多，每一个消费者都有自己对某一商品的需求表。如果把市场上所有消费者对某一商品的需求表综合起来，就可得出市场需求表。市场需求表是表示在某一时间、某一市场上，与每一价格相对应的市场上所有消费者愿意并能购买的商品总量的表。根据市场需求表，

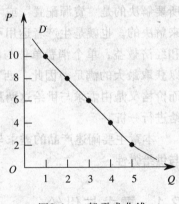

图2-1　一般需求曲线

可以画出市场需求曲线。西方微观经济学中所讲的需求表与需求曲线，一般指的是市场需求表与市场需求曲线。市场需求表的格式和市场需求曲线的形状与个人需求表的格式和个人需求曲线的形状相同。

从图2-1中可以看出，需求曲线是一条从左向右下方倾斜的线，其斜率为负值。这表明需求量与价格之间一般存在着反方向变动的关系，即在其他条件不变的情况下，需求量随着价格的上升而减少，随着价格的下降而增加。这也就是西方微观经济学所说的需求定理。那么，需求曲线为什么从左向右下方倾斜，也就是为什么需求量与价格存在反方向变动的关系？微观经济学认为，这是由商品的边际效用递减规律所决定的，具体在效用论中阐述。

3. 需求曲线例外

在一般情况下，商品的需求量与价格之间存在着反方向变动的关系，但是，在某些特殊情况下，可以发生例外。

（1）某些用于表示人们社会身份的炫耀性消费的商品。例如，珠宝、项链、指环之类的装饰品，占有它们能使别人嫉妒和羡慕，这类商品往往是价格越低，需求量越小。

（2）古玩、古画、文物之类的珍品，价格越高，越被人们珍视，越表明它们是珍品，从而对它们的需求越大。

（3）某些生活必需品的低档商品，在特定情况下，价格上升，需求量反而增加。例如，在1845年爱尔兰发生大灾荒时，马铃薯价格上升，需求量却大增。

（4）质量价格关系，就是人们往往把价格当做一个质量标志，认为价格越高的东西，其质量越好，因此，会出现价格低需求量少，价格高需求量多的情况。

在以上四种情况下，需求曲线就不是表现为从左向右下方倾斜的递减情况，而是呈现从左向右上方倾斜的递增情况，需求量与价格之间存在着同方向变动的关系，如图2-2所示。

（5）有些投机性商品，例如，证券、黄金等，当价格发生大幅度升降时，需求呈现出不规则的变化。由于消费者预期价格要继续上涨，因而在价格上升时抢购多买；反之，预期价格要继续下降，需求量会减少。这种情况的需求曲线如图2-3所示。

但是，西方微观经济学研究的主要是一般需求与价格的变化。

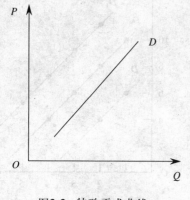

图2-2 特殊需求曲线

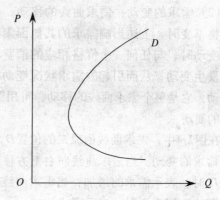

图2-3 投机性商品的需求曲线

4. 影响需求的因素与需求函数

（1）影响需求的因素。

1）消费者的收入水平影响需求。如消费者收入增加，会引起对某种商品需求的增加，也会引起对其他商品需求的减少。

2）社会人口的数量及其构成，在很大程度上影响需求。

3）消费者对未来的看法，即消费者对某种商品未来价格变化趋势的预期或对某种商品可能发生短缺的估计，都会影响需求量。

4）社会收入分配平等程度会影响需求。

5）消费者嗜好、风尚、年龄结构等的改变会影响对某种商品的需求量。同时，对一种商品于人体有益还是有害的宣传，也会影响人们对它的需求。

6）在某种商品的价格不变的情况下，其他可替代商品的价格和互补商品的价格发生变化，会对该种商品的需求量产生很大的影响。

7）社会制度、风俗习惯、地域也会影响需求量。

但是，西方微观经济学认为，价格是影响需求的最重要因素，因此，通常是在假定影响需求的其他因素不变的前提下，分析价格与需求之间的关系，集中说明价格效应。

（2）需求函数。上面讲了影响需求的各种因素，如果把它们作为自变量或独立变量，把需求作为因变量，则可以用函数关系来表示影响需求的因素与需求量之间的关系，这种函数就是需求函数。用 D 代表需求，用 a，b，c，d，…，n 代表影响需求的因素，则需求函数为：

$$D = f(a, b, c, d, \cdots, n)$$

如果假定影响需求的其他因素不变，只考虑商品本身的价格与该商品需求之间的关系，并用 P 代表价格，则需求函数为：

$$D = f(P)$$

5. 需求量的变动与需求的变动、需求曲线的移动

（1）需求量的变动。当影响需求的其他因素（消费者的收入、消费者对未来的看法、嗜好、可替代品和互补产品的价格等）不变时，一种商品的需求量随着它的价格变化而变动，这种由商品本身价格的变动所引起的需求量的变动，向右下方变动表示需求量的增加，向左上方变动表示需求量的减少。

（2）需求的变动、需求曲线的移动。在商品本身的价格不变时，上述影响需求的其他因素中的一项或几项变动时，与任何一个价格相应的消费者的需求量就会发生变动，从而引起的需求状况变动，叫做需求的变动。它是整个需求曲线的移动。可用图2-4来说明需求的变动。

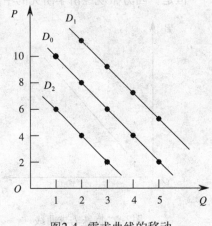

图2-4　需求曲线的移动

在图2-4中，需求曲线由原来的位置 D_0 移至 D_1 与 D_2 都是需求的变动。当需求曲线向右上方移动，即从 D_0 移至 D_1 时，表示需求的增加；当需求曲线向左下方移动，即从 D_0 移至 D_2 时，表示需求的减少。从图中可以明显看出，与任何一个价格相对应的消费者在需求曲线 D_1 的需求量都大于需求曲线 D_0 的需求量；需求曲线 D_2 的需求量都小于需求曲线 D_0 的需求量。

2.1.2 供给

1. 供给和供给价格定义

（1）供给定义。西方微观经济学中所说的供给，是指假定影响供给的其他因素（生产所需的各种要素价格、工艺状况、卖方对其他相关产品价格预期以及企业的计划等）固定不变的条件下，厂商（生产者）在一定时期内，在每一价格水平上愿意并且能够出卖某商品的各种数量，其中包括新生产的产品和已有的存货。供给必须同时具备两个条件：第一，厂商有出售愿望；第二，厂商有供应能力。这两者缺一都不能成为供给。

（2）供给价格定义。厂商（生产者）为提供一定量商品所愿意接受的价格，称为供给价

格。它是由生产一定商品的边际成本决定的。边际成本是指生产者多生产一单位商品所支付的追加成本。它是供给价格的基础，生产者一般是根据边际成本的变动情况来决定自己的产量：边际成本上升，则供给量将减少；边际成本下降，则供给量将增加。在其他情况不变的条件下，价格越高，生产者越愿意增加供给量，因此供给一般随价格升降而增减。

2. 供给表与供给曲线

（1）供给表。西方微观经济学认为，一种商品的供给价格，一般随着商品需求量的增加而递增。对生产者来说，不同的商品数量有相应不同的供给价格，因此，每一个生产者在不同的价格水平下，也会有不同的出售数量。价格高，愿意多出售；价格低，愿意出售的数量少。根据商品价格与供给量之间的这种关系所列成的表，就称为供给表。

例如，某商品价格10元，某个生产者的供给量是4千克；价格8元，供给量是3千克……价格2元，供给量是0.5千克。列出供给表，如表2-2所示。

表2-2 对某商品的供给表

价格（元）	2	4	6	8	10
需求量（千克）	0.5	1	2	3	4

（2）供给曲线。根据供给表所画出的表示价格与供给量之间关系的曲线，就是供给曲线。例如，根据表2-2，可以在坐标图上画出供给曲线，如图2-5所示。

在图2-5中，纵轴OP表示价格，横轴OQ表示供给量，S为供给曲线。

但是，上面讲的是指个别供给者在一定时期内、在各种价格水平上愿意和能出售的某种商品的各种数量的个人供给表，并根据个人供给表所画出的个人供给曲线。市场上的供给者很多，每一供给者都有自己对某一商品的供给表。如果把市场上所有供给者对某一商品的供给表综合起来，就可得出市场供给表。市场供给表是表示在每一价格水平上，全体供给者愿意并能够提供的商品总量的表。根据市场供给表，可以画出市场供给曲线。西方微观经济学中所讲的供给表与供给曲线，一般指的是市场供给表和市场供给曲线。市场供

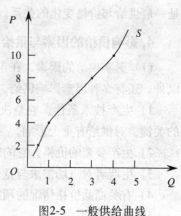

图2-5 一般供给曲线

给表的格式和供给曲线的形状与个人供给表的格式和个人供给曲线的形状相同。

从图2-5中可以看出，供给曲线是一条从左向右上方倾斜的线，其斜率为正值。这表明供给量与价格之间一般存在着同方向变动的关系。即在其他条件不变的情况下，供给量随着价格的上升而增加，随着价格的下降而减少，这也就是西方微观经济学中所讲的供给定理。那么，供给曲线为什么从左向右上方倾斜，也就是为什么供给与价格之间存在同方向变动的关系？这是因为生产者的生产目的是为了利润，若产品价格高有利可图，厂商愿意多生产，扩大设备，甚至把闲置的陈旧设备也利用起来。若产品价格低，则厂商无利可图，就会缩减生产。

3. 供给曲线例外

在一般情况下，商品的供给量与价格之间存在着同方向变动的关系，但在某些特殊情况下例外。

（1）劳动力的供给在开始阶段，随着工资小幅度上升而增加，当工资上升到一定限度后，劳动者对货币的需求不如开始时那么迫切。同时，他还要考虑是否有闲暇时间来花这些钱。这时如果再增加工资，劳动力的供给不仅不会增加，反而会减少。劳动力的供给是一条后曲的曲线，如图2-6所示。

在图2-6中，纵坐标OP表示工资，横坐标OL表示劳动力的供给，S为劳动力的供给曲线。从图示中可以看出，劳动力的供给开始是递增，而后是一条垂直线，最后是一条向后弯曲的线。

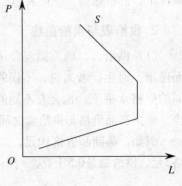

图2-6　劳动力供给曲线

（2）某些稀缺商品，特别是珍品，如古董、古画、名贵邮票等，价格提高后，人们开始会把存货拿出售卖，供给增加，而当价格上升到一定限度后，人们会以为它们是更值钱的商品，就不再拿到市场出售，供给反而减少。

（3）某些商品价格小幅度升降，供给量按正常情况变动；价格大幅度持续升降时，由于人的心理作用供给量将会出现不规则的变动。在证券、黄金市场上常有这种情况出现。

在上述（2）与（3）这两种情况下，供给曲线的变动情况如图2-7所示。但是，西方微观经济学所研究的主要是一般供给与价格变化的关系。

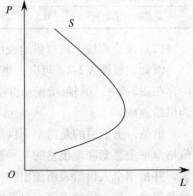

图2-7　稀缺商品供给曲线

4. 影响供给的因素与供给函数

（1）影响供给的因素。在市场上，除商品本身的价格以外，还有多种因素影响供给。

1）生产技术条件。它是决定产量增加的速度和幅度的关键，对供给有重大影响。

2）生产要素的价格。它的变动直接影响生产成本，必然使供给量发生变动。

3）生产者对市场需求与竞争情况的预期。

4）有关商品价格情况的预期。

5）生产者的计划。

6）政府的税收政策等。

（2）供给函数。如果把影响供给的各种因素作为自变量或独立变量，把供给作为因变量或他变量，则可用函数关系来表示影响供给的因素与供给量之间的关系，这种函数就是供给函数。用S代表供给，用a，b，c，d，…，n代表影响供给的各种因素，则供给函数为：

$$S = f(a, b, c, d, \cdots, n)$$

如果假定影响供给的其他因素不变，只考虑商品本身的价格与该商品供给之间的关系，并用P代表价格，则供给函数为：

$$S = f(P)$$

5. 供给量的变动与供给的变动、供给曲线的移动

（1）供给量的变动。当上述影响供给的其他因素不变时，一种商品的供给量随着其价格

的变化而变动，这种由商品本身价格的变动所引起的供给量的变动就称为供给量的变动。它是在同一条供给曲线上的移动。例如，在图2-5中，供给曲线S上各点的变动，就是供给量的变动，向右上方变动，表示供给量的增加，向左下方变动，表示供给量的减少。

（2）供给的变动、供给曲线的移动。在商品本身的价格不变时，上述影响供给的其他因素中的一项或几项变动时，与任一价格相应的生产者的供给量就会发生变动，从而引起的供给状况的变动，称做供给的变动。它是整个供给曲线的移动。可用图2-8来说明供给的变动。在图2-8中，供给曲线由原来的位置S移至S_1与S_2都是供给的变动。当供给曲线向右下方移动，即从S移至S_1时，表示供给的增加；当供给曲线向左上方移动，即从S移至S_2时，表示供给的减少。从图中可以明显看出，与任何一

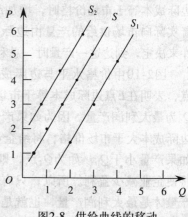

图2-8　供给曲线的移动

个价格相对应的生产者在供给曲线S_1的供给量都大于供给曲线S的供给量；供给曲线S_2的供给量都小于供给曲线S的供给量。

6. 供给曲线形成的原因：边际成本分析

西方经济学根据边际成本递增规律来解释供给规律的成因。边际成本递增规律是运用边际分析（增量分析）方法研究企业生产成本而发现的规律。关于这一规律在生产理论中将做详细的阐述，本章仅根据解释供给规律成因的需要做简略说明。

边际成本是生产者每增加一单位产量所增加的成本。边际成本随产量的增加而变动，一开始，当产量由零依次增加时，边际成本是下降的，到某点之后，产量的增加将引起边际成本递增。

边际成本变动趋势可用表2-3来表示。

表2-3　产量与边际成本的关系表

产量（Q）	0	1	2	3	4	5	6	7
边际成本（MC）	0	8	4	3	3	5	7	10

根据表2-3可以绘出一条边际成本曲线，如图2-9所示。

图中横轴OQ代表产量，纵轴OC代表成本，曲线MC为边际成本曲线，它先下降后上升，表示边际成本先递减后递增的变动趋势。

生产者为提供一定量商品所愿意接受的价格，称为供给价格，它取决于生产一定量商品所付出的边际成本。因此，供给价格是边际成本的另一种表述，但生产者实际上是按市场价格出售的。

市场价格由供求关系来决定，因此只有在供给价格（边际成本）小于市场价格的情况下，生产者才能取得盈利。在一般情况下，商品生产者为取得最大利润而生产。在边

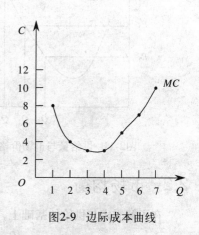

图2-9　边际成本曲线

际成本递减阶段增加产量可以降低成本，有利于增加盈利，所以生产者必然会增加产量。在边际成本递增阶段，只要边际成本小于市场价格，就能增加盈利，故必继续增加产量，直到边际成本等于市场价格时，增加产量将不再增加利润，生产者必停止增加产量。可见，生产者实际向市场供给的产量由边际成本等于市场价格这一条件来决定，到达这一产量时，总利润达极大值。

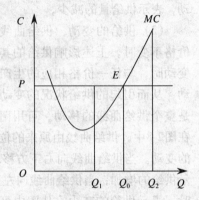

图2-10中价格水平与边际成本线的上升阶段相交于E点，表明在E点边际成本等于市场价格，由E点决定的产量Q_0为最大利润产量。因为如果产量大于Q_0，如为Q_2点，则边际成本大于市场价格，将给企业带来亏损（边际亏损）；如果产量小于Q_0，如为Q_1点，则边际成本小于市场价格，将使企业减少盈利。所以，只有边际成本等于市场价格的产量才是最大利润产量，也就是由市场价格决定的实际供给量。根据最大利润产量决定的规律可以推知，如果市场价格上升，则生产者提供的产量必增高，如果市场价格下

图2-10　最大利润产量的决定

跌，则生产者提供的产量必减少。如图2-11所示，当市场价格分别为P_1、P_2、P_3时，由其决定的最大利润产量将分别为Q_1、Q_2、Q_3，即供给量与市场价格正向变动。

以上分析表明，供给规律是生产者在边际成本递增阶段进行选择形成的。所以，企业边际成本曲线的上升阶段与供给曲线是重合的，且只有上升阶段的边际成本线才能代表供给曲线。因此，我们从边际成本曲线上截取上升阶段，得出一条企业的供给曲线S，如图2-12所示。供给曲线与边际成本线的上升阶段的本质差别在于，在边际成本曲线图2-11中，横轴表示的产量是自变量，而纵轴表示的成本是因变量，即产量增加引起边际成本由递减到递增。而在供给曲线图2-12中，纵轴表示的价格是自变量，横轴表示的产量是因变量，即价格上升引起产量（供给量）增加。以上由边际成本推导出的供给曲线是个别生产者供给曲线，它是形成市场供给曲线的基础。假定市场上有许多生产者，就可以综合个别生产者的供给曲线得出市场供给曲线，其性质同个别生产者的供给曲线是一样的。

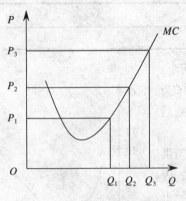

图2-11　供给量与市场价格变化

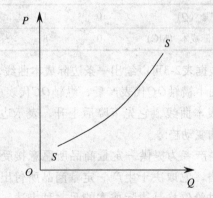

图2-12　供给规律曲线

2.2　市场均衡

在了解需求与供给的基础上，本节说明需求和供给如何决定一种商品的均衡价格及其变动。

2.2.1 均衡价格的决定

均衡是指经济中各种对立的、变动着的力量处于一种力量相当，相对静止、不再变动的状态。均衡一旦形成，便处于相对稳定的状态，若有某种力量使它离开原来均衡的位置，则会有其他力量使之恢复到均衡。

均衡价格是指一种商品需求与供给相等时的价格。这时该商品的需求价格与供给价格相等称为均衡价格，该商品的需求量与供给量相等称为均衡数量。如图2-13所示，横轴代表数量（需求量与供给量），纵轴代表价格（需求价格与供给价格）。D为需求曲线，S为供给曲线，D与S相交于E点（均衡点），这就决定了均衡价格为6元，均衡数量为150千克。

下面阐述一下均衡价格的形成过程。均衡价格是通过市场供求的自发调节形成的，是由需求与供给决定的。可以用表2-4和根据该表作的图2-14来说明均衡价格的形成过程。

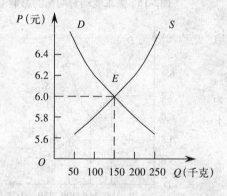

图2-13 均衡价格

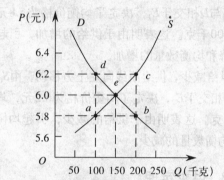

图2-14 均衡价格的形成

表2-4 均衡价格与需求、供给的关系

供给量（千克）	50	100	150	200	250
价格（元）	5.6	5.8	6.0	6.2	6.4
需求量（千克）	250	200	150	100	50

从图和表中我们可以看到，当价格为5.8元时，厂商认为价格低，供给量为100千克，而消费者的需求量为200千克，供小于求，于是价格上涨。当价格上涨到6.2元时，厂商供给为200千克，但消费者认为价格太高，需求量为100千克，供大于求，于是价格下降，当价格为6元时，需求量与供给量都是150千克，供给量与需求量达到了一致，这时，该商品的均衡价格是6元，均衡数量为150千克。

2.2.2 需求与供给变动对均衡的影响

均衡价格和均衡数量是由需求与供给决定的，而需求与供给是不断变化的，所以供求的变动会引起均衡的变动。

1. 需求变动对均衡的影响

需求变动对均衡的影响，可用图2-15来说明需求变动对均衡价格影响。在图中，需求曲线D_0与供给曲线S相交于E_0点，决定了均衡价格为6元，均衡数量为150千克。

需求增加，需求曲线向右上方移动，由D_0移动到D_1。D_1与S相交于E_1，决定均衡价格为

6.2元，均衡数量为200千克，这表明由于需求的增加，引起均衡价格和均衡数量的上升。

需求减少，需求曲线向左下方移动，由D_0移动到D_2。D_2与S相交于E_2，决定了均衡价格为5.8元，均衡数量为100千克。这表明由于需求的减少，引起均衡价格和均衡数量的下降。

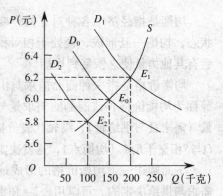

图2-15　需求变动对均衡的影响

2. 供给变动对均衡的影响

供给变动对均衡的影响，可用图2-16来说明。在图2-16中，供给曲线S_0与需求曲线D相交于E_0，决定均衡价格为6元，均衡数量为150千克。

供给增加，供给曲线向右下方移动，即由S_0移动到S_1，S_1与D相交于E_1，决定了均衡价格为5.8元，均衡数量为200千克。这表明由于供给的增加，引起均衡价格的下降和均衡数量的增加。

供给减少，供给曲线向左上方移动，由S_0移动到S_2。S_2与D相交于E_2，决定了均衡价格为6.2元，均衡数量为100千克。这表明由于供给的减少，引起均衡价格的上升和均衡数量的减少。

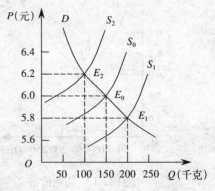

图2-16　供给变动对均衡的影响

2.2.3　供求定理

从以上关于需求与供给变动对均衡的影响的分析可以得出供求定理。

定理一：需求的增加引起均衡价格上升，需求的减少引起均衡价格下降。

定理二：需求的增加引起均衡数量增加，需求的减少引起均衡数量减少。

定理三：供给的增加引起均衡价格下降，供给的减少引起均衡价格上升。

定理四：供给的增加引起均衡数量增加，供给的减少引起均衡数量减少。

2.3　供需弹性

价格理论中的弹性概念是指需求量或供给量变动对价格或其他因素变动的敏感程度。每一种商品的供求量的变动对价格等因素的变动的敏感程度是不同的。比如，有些商品价格变动幅度小，而需求量变动幅度大。供给或需求弹性就是要说明价格等因素的变动影响供给或需求量变动的灵敏程度的经济指标。下面分别讨论需求弹性与供给弹性。

2.3.1　需求弹性

需求弹性可分为需求的价格弹性、需求的收入弹性和需求的相关弹性（交叉弹性），三者分别说明需求量变动与价格、收入和其他商品价格变动的关系。

1. 需求的价格弹性

（1）需求的价格弹性的定义。需求的价格弹性是用来衡量需求量变动对价格变动的敏感程度的经济指标，它是用需求量变动百分比与价格变动百分比的比值来表示的：

需求价格弹性系数 = 需求量变动百分比/价格变动百分比

以 E_d 代表需求价格弹性系数，P 代表价格，ΔP 代表价格变动量，Q 代表需求量，ΔQ 代表需求量的变动量，则需求价格弹性系数 E_d 可用公式来表示：

$$E_d = \left| \frac{\Delta Q/Q}{\Delta P/P} \right| \text{ 或 } E_d = -\frac{\Delta Q/Q}{\Delta P/P}$$

由于需求量与价格反方向变动，价格降低需求量增加，价格升高需求量减少，若按实际计算，需求的价格弹性应为负值。但弹性是关于因变量对自变量的敏感程度的指标，只能取正值，所以需求弹性系数一般都取其绝对值。

（2）需求的价格弹性与需求曲线斜率的关系。正常的需求曲线是一条由左上方向右下方倾斜的曲线。凡是具有斜度的需求曲线，其弹性系数在无限大与0之间，即 $\infty > E_d > 0$。需求曲线上每一点或每一线段上的弹性与需求曲线的斜率成反比，即需求曲线的陡度愈大，弹性愈小；陡度愈小，弹性愈大。如图2-17所示，图中 D_1 和 D_2 为两条不同斜率的需求曲线，D_1 的斜率小于 D_2 的斜率。原来的价格为 P，需求量为 Q。当价格下降为 ΔP 时，在斜率较小的 D_1 上引起的需求增量 ΔQ_1 较大，而在斜率较大的 D_2 上引起的需求增量 ΔQ_2 较小，因此，D_2 上的需求弹性 $\left(\frac{\Delta Q_2}{Q} \middle/ \frac{\Delta P}{P} \right)$ 小于 D_1 上的需求弹性 $\left(\frac{\Delta Q_1}{Q} \middle/ \frac{\Delta P}{P} \right)$。

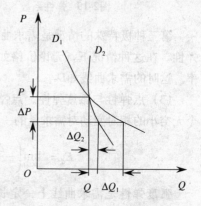

图2-17 弹性与需求曲线斜率的关系

在同一条需求曲线上各线段的弹性是不相同的。如果价格在较高水平上变动，需求在较少基数上变动，其需求弹性就较小；反之，如果价格在较低水平上变动，需求在较大基数上变动，其需求弹性就较大，如图2-18所示。当价格由 P_3 下降到 P_4 时，需求量由 Q_1 增加到 Q_2，从比例上看，价格下降1/5，需求增加1/2，需求价格弹性系数：$E_d = \frac{1}{2} \middle/ \frac{1}{5} = 2.5$。

当价格由 P_2 下降到 P_1 时，需求量由 Q_3 增加到 Q_4，价格下降1/2，需求量增加1/3，需求价格弹性系数：$E_d = \frac{1}{2} \middle/ \frac{1}{3} = 1.5$。

如果需求曲线为一直线，如图2-19所示，则总存在一个中间点，在这一点上的弹性系数 $E_d = 1$，在中间点以上的部分，其弹性系数 $E_d > 1$，在中间点以下的部分，其弹性系数 $E_d < 1$。

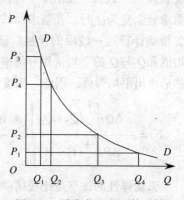

图2-18 需求曲线不同的弹性

西方经济学把弹性等于1，即 $E_d = 1$ 的情况称为单位弹性；把弹性大于1，即 $E_d > 1$ 称为有弹性或弹性充足；把弹性小于1，即 $E_d < 1$ 称为缺乏弹性或弹性不足。

从理论上讲特殊的需求曲线有三种，如图2-20所示，第一种情况是需求完全无弹性，即 $E_d = 0$。在这种情况下，无论价格如何变动，需求量都不会变动。这时的需求曲线成为一条与横轴垂直的线，如D_1。

第二种情况是需求完全有弹性，即$E_d \to \infty$。在这种情况下，当价格为既定时，需求量是无限的。这时需求曲线成为一条与横轴平行的线，如D_2。

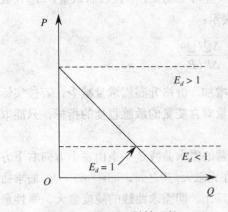

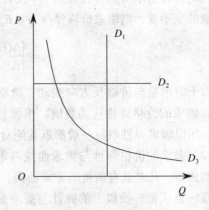

图2-19　弹性系数　　　　　　　　　　图2-20　特殊的需求曲线

第三种极特殊的情况是需求曲线上的任何一点的弹性都等于1，即$E_d = 1$，称为单位需求弹性。在这种情况下，无论价格如何变化，其价格变动的百分率总是等于需求量变动的百分率。这时的需求曲线如D_3。

（3）点弹性与弧度弹性。点弹性是需求曲线上某一点的弹性，其弹性系数是价格上的一个无穷小的相对变动对需求量的一个无穷小的相对变动之比，即：

$$E_d = \lim_{\Delta P \to 0}\left(-\frac{\Delta Q}{Q}\bigg/\frac{\Delta P}{P}\right) = \lim_{\Delta P \to 0}\left(-\frac{\Delta Q}{\Delta P}\bigg/\frac{P}{Q}\right) = -\frac{\mathrm{d}Q}{\mathrm{d}P} \times \frac{P}{Q}$$

弧度弹性是需求曲线上一定长度线段上的弹性。当价格和对应的需求量变动的幅度较大时，在需求曲线上就表现为一段弧，如图2-21所示。当价格由P_1变为P_2，需求量Q_1变为Q_2时，在需求曲线D上就表现为AB弧线段。要精确计算这一线段的弹性，就必须分别用P_1与P_2的平均值和Q_1与Q_2的平均值作分母来计算各自变动的百分率，然后求出平均弹性。因此，弧度弹性的计算公式是：

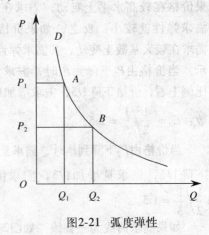

图2-21　弧度弹性

$$E_d = -\frac{\Delta Q\big/\left[\frac{1}{2}(Q_2 + Q_1)\right]}{\Delta P\big/\left[\frac{1}{2}(P_2 + P_1)\right]} = -\frac{(Q_2 - Q_1)\big/\left[\frac{1}{2}(Q_2 + Q_1)\right]}{(P_2 - P_1)\big/\left[\frac{1}{2}(P_2 + P_1)\right]}$$

弧度弹性的优点是比较精确。例如，同样是某商品的价格由10元下降到9元，需求量由40单位增加到48单位，按原来的价格（10元）和原来的需求量（40）作分母计算的弹性是$E_d = 2$，而按弧度弹性公式计算的结果则是：

$$E_d = \frac{(48 - 40)\big/\left[\frac{1}{2}(48 + 40)\right]}{|(9 - 10)|\big/\left[\frac{1}{2}(9 + 10)\right]} = 1.73$$

　　弧度弹性在经济实际中具有广泛的用处，当物价和需求量有较大幅度变动时，都可以用弧度弹性公式来计算弹性。相对说来，点弹性在经济理论分析中是一种更为方便的工具。

　　（4）影响需求价格弹性的因素。影响商品的需求价格弹性的因素很多，其中主要因素是：

　　1）商品本身的可替代程度。一般而言，一种商品可以被其他商品替代的程度越高，其需求的价格弹性就越大；反之，一种商品可以被其他商品的替代程度越低，其需求的价格弹性就越小。例如，容易被其他副食品替代的鸡蛋的弹性就较大，不容易被其他商品替代的食盐的弹性就比较小。

　　2）商品在消费者生活中的重要性。一般而言，生活必需品在消费者生活中占重要地位，故弹性较小；而奢侈品在消费者生活中占次要地位，故弹性较大。如柴米油盐的需求弹性就小于化妆品的弹性。

　　3）商品的用途是否广泛。一种商品的用途越多，就越有弹性，因为一种商品如果有多种用途，那么当价格上涨时，人们就会减少不重要的用途，从中保留重要的用途，从而使其弹性较大。

　　4）商品使用期的长短。一般而言，非耐用消费品的需求弹性大，耐用消费品的需求弹性小。

　　5）测算需求弹性的时间长短。一般而言，对一种商品的测算时间较短，其弹性就较小，而测算时间较长，其弹性就较大。这是因为在较长时间内，消费者容易找到其他替代品。

　　（5）需求的价格弹性对销售收益的影响。某种商品的需求弹性的大小与其价格变动所引起的出售该商品所得到的总收益的变动是密切相关的。这是因为总收益等于价格乘销售量，价格的变动引起销售量（需求量）发生变动，从而引起销售总收益的变动。不同商品的需求弹性是不同的，所以价格变动引起销售收益的变动是不同的。从表2-5中可以看出，随着价格由10依次下降至1，需求的价格弹性（弧度弹性）由6.33依次下降为0.18，而总收益增量即边际收益由Δ10依次下降为Δ-8。其中当价格由6下降为5时，需求弹性为1，边际收益为0。这说明在需求弹性等于1时，降低价格虽然能增加销售量但不能增加销售收益。当价格高于6时，需求弹性大于1，边际收益大于0。这说明，在需求弹性大于1时，降低价格可以增加总收益，而增加价格会减少总收益。当价格低于5时，需求弹性小于1，边际收益小于0。这说明，当需求弹性小于1时，降低价格会减少总收益，而提高价格会增加总收益。

表2-5　需求的价格弹性与销售收益的关系

价格P	销售量Q	弧弹性E_d	总收益$P \times Q$	边际收益MR
10	1	—	10	Δ10
9	2	>6.33	18	Δ8
8	3	>3.40	24	Δ6
7	4	>2.14	28	Δ4
6	5	>1.44	30	Δ2
5	6	>1.00	30	Δ0
4	7	>0.69	28	Δ-2
3	8	>0.47	24	Δ-4
2	9	>0.29	18	Δ-6
1	10	>0.18	10	Δ-8

　　根据表2-5列出的数量关系，可以画出一条需求曲线DD（它代表平均收益）和一条边际

收益线MR，如图2-22所示，在需求曲线DD上有一中间点M，其弹性等于1对应的边际收益线
与OQ相交，即边际收益等于0。在M点以上区间，弹性
大于1，边际收益大于0；在M点以下区间，弹性小于1，
边际收益小于0。

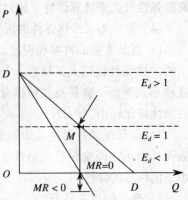

图2-22 需求、边际收益曲线

2. 需求的收入弹性

需求的收入弹性是指需求量的变化对消费者收入的
敏感程度，它用需求量变动百分比与收入变动百分比之
间的比率来表示。需求的收入弹性系数E_I的计算公式是：

$$E_I = \frac{需求量变化百分比}{收入变化百分比} = \frac{\Delta Q / Q}{\Delta I / I}$$

当收入和需求量变动的幅度较大时，可以采用弧度
弹性公式计算收入弹性，即

$$E_I = \frac{(Q_2 - Q_1)\left[\frac{1}{2}(Q_2 + Q_1)\right]}{(I_2 - I_1)\left[\frac{1}{2}(I_2 + I_1)\right]} = \frac{\Delta Q\left[\frac{1}{2}(Q_2 + Q_1)\right]}{\Delta I\left[\frac{1}{2}(I_2 + I_1)\right]}$$

点弹性是曲线上某一点的弹性，计算公式为：

$$E_I = \lim_{\Delta I \to 0}\left(\frac{\Delta Q}{Q}\bigg/\frac{\Delta I}{I}\right) = \lim_{\Delta I \to 0}\left(\frac{\Delta Q}{\Delta I}\bigg/\frac{I}{Q}\right) = \frac{\mathrm{d}Q}{\mathrm{d}I} \times \frac{I}{Q}$$

收入弹性系数可能大于0、小于0和等于0。收入弹性系数的大小与商品的性质有关。根据
商品的收入弹性系数大小可以将商品区分为正常商品、低档商品和中性商品。

（1）正常商品。如果一种商品的收入弹性大于0，这种商品称为正常商品。其特点是购买
量随消费者收入的增加而增加，或随收入的减少而减少。其中收入弹性值较低者（$E_I < 1$）称
为必需品，收入弹性值较高者（$E_I > 1$）称为奢侈品。

（2）低档商品。如果一种商品收入弹性小于0，则称这种商品为低档商品，其特点是收入
越高购买量越少，收入越低购买量越多。如土豆、玉米面在中国就是低档商品，其原因是，
当消费者的收入很低时，无力购买高档食品，只能多购买低档（便宜）的食品来充饥。

（3）中性商品。如果一种商品的收入弹性等于零（或接近零），则称该商品为中性商品。
其特点是购买量（消费量）不随收入的改变而改变。如火柴、食盐等，它们的收入弹性都很
小，有时是零或接近零。

3. 需求的交叉弹性

需求的交叉弹性又称相关弹性，是指某商品需求量的变动对其他商品价格变动的敏感程
度，它是用其他商品价格变动百分比与相关商品的需求量变动百分比之间的比率来表示的。
需求的交叉弹性系数E_{AB}的计算公式是：

$$E_{AB} = \frac{商品A的需求量变动百分比}{商品B的价格变动百分比} = \frac{\Delta Q_A / Q_A}{\Delta P_B / P_B}$$

当相关商品价格和需求量变动的幅度较大时，可以采用弧度弹性公式计算收入弹性，即

$$E_{AB} = \frac{\Delta Q_A \Big/ \left[\frac{1}{2}(Q_{A2} + Q_{A1})\right]}{\Delta P_B \Big/ \left[\frac{1}{2}(P_{B2} + P_{B1})\right]}$$

需求的交叉弹性系数的值可能大于0、小于0和等于0，其表示的意义是不同的。

（1）需求的交叉弹性系数大于0，即 $E_{AB} > 0$，这表明A与B两种商品是可以相互替代的。例如，牛肉和羊肉这两种商品是可以相互替代的，当羊肉价格上涨而牛肉价格不变时，人们就会减少羊肉消费量而增加牛肉的消费量，从而使牛肉的需求量与羊肉的价格正方向变动，故弹性系数大于零。

（2）需求的交叉弹性系数小于0，即 $E_{AB} < 0$，这表明A与B两种商品是互补商品。例如，录音机和磁带是互补商品。如果录音机价格下降，使录音机的需求量上升，就会提高磁带的需求量。所以，磁带的需求量与录音机的价格是反方向变动的，其交叉弹性系数为负值。

（3）需求的交叉弹性系数等于0，即 $E_{AB} = 0$，这表明A与B两种商品是无关的。如录音机价格下跌与食盐的消费量毫无关系，故弹性系数等于0。

2.3.2　供给弹性

供给弹性是指供给量的变动对价格变动的敏感程度，它是用商品供给量变动百分比与商品本身价格变动百分比之间的比率来衡量的。故供给弹性系数 E_S 的计算公式是：

$$E_S = \frac{\text{供给量变动百分比}}{\text{价格变动百分比}} = \frac{\Delta Q / Q}{\Delta P / P}$$

价格影响供给量正方向变动，所以供给弹性系数为正值。

供给弹性也可以采用弧度弹性公式来计算：

$$E_S = \frac{(Q_2 - Q_1)\left[\frac{1}{2}(Q_2 + Q_1)\right]}{(P_2 - P_1)\left[\frac{1}{2}(P_2 + P_1)\right]} = \frac{\Delta Q\left[\frac{1}{2}(Q_2 + Q_1)\right]}{\Delta P\left[\frac{1}{2}(P_2 + P_1)\right]}$$

点弹性是曲线上某一点的弹性，计算公式为：

$$E_S = \lim_{\Delta P \to 0}\left(\frac{\Delta Q}{Q}\Big/\frac{\Delta P}{P}\right) = \lim_{\Delta P \to 0}\left(\frac{\Delta Q}{\Delta P}\Big/\frac{P}{Q}\right) = \frac{dQ}{dP} \times \frac{P}{Q}$$

下面以直线性供给曲线的点弹性为例，供给弹性系数的大小与供给曲线的关系可以有五种情况。

（1）供给弹性无穷大，供给曲线的斜率为零，即供给曲线为一条与横轴平行的水平线。这时，只要价格为既定，供给者可以无限地提供产品，当价格稍有下降时，供给量变为零。这是一种极端的假定，在经济实践中是罕见的，如图2-23所示。

（2）供给弹性为零，供给曲线的斜率无穷大，即供给曲线为一条与纵轴平行的垂直线。这时，无论价格如何变动，供给量都不会变动，称为供给无弹性。由于生产过程需要时间，从一定时点上来观察，在不考虑存货供给变动的情况下，生产供给（产量）对价格是没有弹性的，如图2-24所示。

（3）供给弹性等于1，当供给曲线为一条延长线通过原点向右上方倾斜的直线时，这条线上的任一点的点弹性都为1，它表示供给变动的百分比等于价格变动的百分比。如图2-25所示，例如在任一点A，它的点弹性为：

$$E_S = \mathrm{d}Q/\mathrm{d}P \times P/Q = CB/AB \times AB/OB = CB/OB$$

因为$CB = OB$，所以$E_S = 1$。

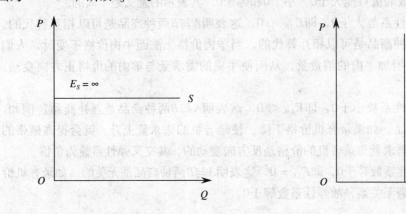

图2-23 供给弹性无穷大   图2-24 供给弹性为零

（4）供给弹性大于1，若线性供给曲线的延长线与坐标横轴的交点位于坐标原点的左边，则供给曲线上所有的点弹性都大于1。它表示供给变动的百分比大于价格变动的百分比，称为供给富有弹性。如图2-26所示，图中任一点A的点弹性为CB/OB，而$CB > OB$，所以E_S大于1。

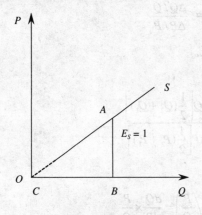
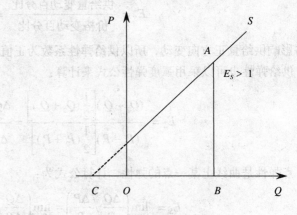

图2-25 供给弹性等于1   图2-26 供给弹性大于1

（5）供给弹性小于1，若线性供给曲线的延长线与坐标横轴的交点位于坐标原点的右边，则供给曲线上所有的点弹性都是小于1。它表示供给变动的百分比小于价格变动的百分比，称为供给缺乏弹性。如图2-27所示。因为任一点A的点弹性为CB/OB，而$CB < OB$，所以E_S小于1。

与直线型的需求曲线上的各点的弹性不同的特性相反，直线型供给曲线上各点（或线段）的弹性是相同的。如果供给曲线是曲线，如图2-28所示，可根据曲线上所求点的切线与坐标横轴的交点是位于坐标原点的左边，还是位于坐标原点的右边，或者是恰好过坐标原点，来分析判断该点的供给弹性是大于1、小于1，还是等于1。

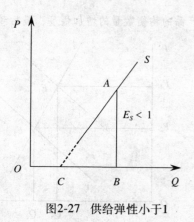

图2-27　供给弹性小于1

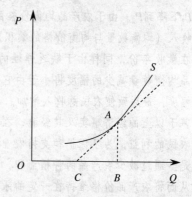

图2-28　曲线型供给曲线的弹性

案例与资料阅读2-1

易腐商品的售卖

　　易腐商品必须在短期内卖掉，易腐商品的销售者应该如何定价，才能使全部商品以最优的价格卖掉，得到最大化的收益？以夏天的鲜鱼为例，如果鲜鱼的销售者准确地知道消费者对鲜鱼的需求曲线，便可以根据需求曲线和准备出售的全部鲜鱼数量，来确定能使自己获得最高收入的价格，如图2-29所示。根据鲜鱼的需求曲线 D（一般是富有弹性的），当鲜鱼销售者准备出售的全部鲜鱼数量为 Q_1 时，他所应确定的鲜鱼价格为 P_1。

　　这是因为，根据鲜鱼的需求曲线，如果价格定得过高为 P_2，销售者将有 Q_2Q_1 数量的鲜鱼卖不出去。此外，由于鲜鱼的需求一般是富有弹性的，销售者还会因定价过高导致的销售量大幅度减少而使总收入减少。总收入的减少量相当于图中矩形 OP_1AQ_1 和 OP_2CQ_2 的面积之差。相反，如果价格定得过低为 P_3，销售者虽然能卖掉全部鲜鱼，但总收入却因单位价格过低而减少，减少量相当于图中的矩形 P_3P_1AB 的面积。由此可见，对于准备出售的鲜鱼量 Q_1 而言，唯有 P_1 的价格水平是能给销售者带来最大收入的最优价格。

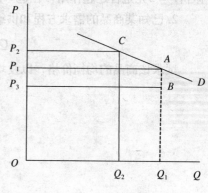

图2-29　鲜鱼的定价

　　资料来源：高鸿业. 西方经济学[M].

案例与资料阅读2-2

谷贱伤农

　　谷贱伤农是我国流传已久的一种说法，它描述的是这样一种现象：在丰收的年份，农民的收入却反而减少了。由于农产品的需求价格弹性较小，供给增加使交易量增加，但价格下降得更多，所以农民收入减少。如图2-30所示，农产品的需求价格弹性小，所以需求曲线较陡，以前均衡在 E_1 点，当某年供给增加，即供给线向右移动，使均衡点移到 E_2 点，农产品的均衡价格大幅度地由原

先的 P_1 下降到 P_2。由于农产品均衡价格的下降幅度大于农产品的均衡数量的增加幅度，最后致使农民总收入（均衡数量与均衡价格的乘积）减少。

在歉收年份，同样由于缺乏弹性的需求曲线的作用，农产品均衡数量减少的幅度将小于由它所引起均衡价格的上升幅度，最后致使农民总收入增加。

基于以上的经济事实及其经验，在不少的国家，为了保护农民的利益，为了保护和支持农业的发展，其一般的做法是：通过减少农产品的种植面积，来减少农产品的供给，从而将农产品价格维持在一定的水平，保证农场主和农民的收入。

资料来源：高鸿业. 西方经济学[M].

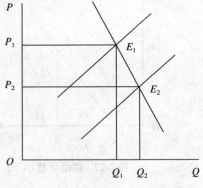

图2-30 谷贱伤农

习题

1. 商品的需求函数为 $Q = 40\,000 - 2000P$，供给函数为 $S = -10\,000 + 5000P$

（1）试求该市场的均衡价格与均衡交易量。

（2）如果实行最高限价 $P = 5$ 元，市场是否仍保持均衡状态？如果不是，市场的短缺数量是多少？

（3）假定因为这种商品不再流行，市场需求函数改变为 $Q = 20\,000 - 2000P$，此时，最高限价 $P = 5$ 元是否还起作用？在这一价格，市场上是否还存在过剩的供给或过多的需求？

2. 已知某商品的需求方程和供给方程分别为

$$Q_d = 14 - 3P \qquad Q_s = 2 + 6P$$

试求该商品的均衡价格，以及均衡时的需求价格弹性和供给价格弹性。

第3章

效 用 论

效用论根据对效用的观点不同分为基数效用论和序数效用论，进一步分析消费者行为。所以，效用论又被称为消费者行为理论。

3.1 基数效用论

3.1.1 效用的概念

效用是物品满足人的生活需要的性质（有用性或使用价值）。效用并不是商品固有的自然属性，而是因人的需要而产生的社会属性。一种商品或劳务是否具有效用或效用大小，是由它是否满足或在多大程度上满足人的需要来决定的。

效用具有如下特点：

（1）效用是消费者的主观评价。一种物品对于某一个人所具有的效用，是由他使用该物品得到的满足程度来决定的。

（2）效用因人、因时、因地而异。香烟对于酷爱吸烟的人有较大的效用，而对于不吸烟的人则没有效用，或产生负效用。冰块在冬季没有或较少有效用，而在夏季则有较大的效用。一杯水对于一个在河边钓鱼的人只有较小的效用，而对于一个在沙漠中旅行的人则有较大的效用。

（3）一种物品对同一个人所具有的效用，会因占用数量的不同而不同。例如，对于一个饥饿的人，吃第一个面包所感到的满足程度（效用程度）就比吃第二个或第三个面包时所感到的满足程度要大。当一个人吃饱时，多余的面包暂时没有效用。如在吃饱以后又勉强多吃一个，所得到的就是一种负效用。

（4）效用本身并不含有伦理学的意义。在经济学中说一种商品或劳务是否具有效用，只看它是否满足某人的欲望或需要，而不论这一欲望或需要的好坏。例如吸烟是一种不良习惯，但香烟能满足吸烟人的需要，对吸烟人来说就具有效用。

关于效用的观点有基数效用论和序数效用论两种。基数效用论者认为效用如同长度、重量等概念一样，可用基数表示，可以具体衡量并加总求和，具体的效用量之间的比较是有意义的。

3.1.2　总效用与边际效用

按照基数效用论的观点，效用是可以用一定的效用单位来表示的；不同物品或同一物品对一个人的效用大小可以用效用量的多少（1，2，3，…）来衡量。不过在大多数经济学著作中，基数效用论者都用货币来计算效用量，一单位物品所具有的效用量用消费者愿意支付的价格（消费者价格）来表示。

衡量效用的主要指标是总效用与边际效用。

（1）总效用（TU）：指消费者在一定时间内从一定数量的商品的消费中所得到的效用量的总和。

$$TU = f(Q)$$

式中　Q——商品数量。

（2）边际效用（MU）：指消费者在一定时间内增加一单位商品的消费所得到的效用量的增量。

$$MU = \Delta TU(Q)/\Delta Q$$
$$MU = \lim_{\Delta Q \to 0}(\Delta TU(Q)/\Delta Q) = dTU(Q)/dQ$$

边际效用函数即是对总效用函数求导，有些是求偏导函数。每一消费量上的边际效用值就是总效用曲线上相应点的斜率。

边际效用递减规律是指同一种物品的每一单位因消费次序的不同对消费者的满足程度是不同的。在一定时间内，在其他商品的消费数量保持不变的情况下，随着消费者对某种商品消费量的增加，消费者从该商品的连续增加的每一消费单位中所得到的效用增量是递减的。

边际效用递减的原因，一是从人的生理、心理的角度讲，随着相同消费品的连续增加从每一单位消费品中所感受到的满足程度和对重复刺激的反应程度是降低的。二是当一种商品具有多种用途时，消费者总是把第一单位的商品用在最重要的用途上。

请看总效用与边际效用表，如表3-1所示。

根据表3-1可以做出总效用与边际效用图。在这两个图中横轴OQ代表物品消费量，纵轴OP代表效用量。图3-1中的TU为总效用曲线，它随消费量的增加而依次上升至极大值，然后下降。图3-2中的MU为边际效用曲

表3-1　某种商品单位消费与总效用、边际效用表

	总　效　用	边际效用
1	30	30
2	50	20
3	65	15
4	75	10
5	83	8
6	89	6
7	93	4
8	96	3
9	98	2
10	99	1
11	99	0
12	98	-1

线，它随消费量的增加而依次下降，最后与横轴相交变为负值。

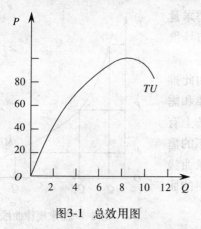

图3-1 总效用图

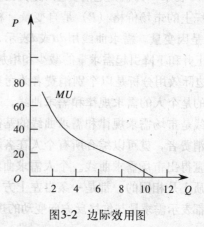

图3-2 边际效用图

3.1.3 消费者选择与需求规律

根据边际效用递减规律可以解释需求规律的成因。需求规律是消费者根据边际效用递减规律选择购买量时形成的规律。消费者选择的经济目标是追求剩余效用极大化。剩余效用又称消费者剩余，它是消费者愿意为某种商品或劳务付出的价格与其实际付出价格的差额。消费者愿意付出的价格称为消费者价格，它是消费者根据商品对他的边际效用来决定的。所以，消费者价格体现边际效用。消费者实际付出的价格是市场价格，它是由市场供求关系决定的。因此，消费者要获得剩余效用就只能购买边际效用（消费者价格）大于价格的数量。随着购买量增加，边际效用在递减，而市场价格却不变，所以，消费者的购买量只达到边际效用等于市场价格为止，此时消费者的剩余效用达极大值，如图3-3所示。图中横轴OQ表示购买量，纵轴OP表示市场价格和边际效用（消费者价格），MU是边际效用递减线。当购买量达到Q_0时，价格水平线于MU相交于E，表明在此点边际效用等于市场价格，此时消费者剩余（图中阴影部分的面积）达最大值，消费者的购买量也达到最优限度。因为若购买量小于Q_0，则每一购买量的边际效用都大于市场价格，为实现最大的剩余效用，消费者必须增加购买量。若购买量大于Q_0，每单位商品的边际效用都小于市场价格，从而增加购买必减少剩余效用，故消费者必放弃购买。由此说明，边际效用（消费者价格）等于市场价格是消费者在一定价格水平上决定需求量（购买量）的最优界限。

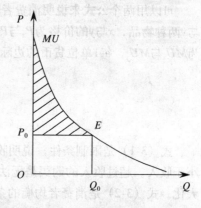

图3-3 消费者剩余图

需求规律是指市场价格变动影响需求量变动的规律。既然在一定价格水平下，消费者的需求量决定于边际效用等于市场价格，那么，在边际效用递减的情况下，市场价格变动就会引起消费者的最优购买量（需求量）发生反方向变动，如图3-4所示。在MU一定时，如果价格由OP_3依次上升至OP_2、OP_1，则消费者购买量由OQ_3依次减少至OQ_2、OQ_1。由此说明，消费者对一定商品的需求量是与价格反方向变动的。

从以上分析可以看出，需求曲线与边际效用线实际上是一条曲线。二者的区别在于，在边际效用曲线图中，横坐标上的消费量是自变量，纵坐标上的效用量是因变量，边际效用曲线用MU表示，其意义是消费量（Q）的增加引起边际效用（MU）减少。而在需求曲线图中，纵坐标上的市场价格（P）是自变量，横坐标上的需求量（Q）是因变量，需求曲线用dd或d表示，其意义是市场价格的上升和下降引起需求量的减少和增加。

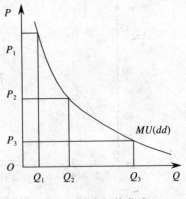

图3-4 需求规律曲线

边际效用分析是以个别消费者为考察对象的，由此推导出的是个人的需求规律和需求曲线，个人需求规律和需求曲线是市场需求规律和需求曲线的基础。假定市场上有许多消费者，就可以综合所有个人在各种价格水平下的需求数量得出市场需求曲线。个人需求曲线与市场需求曲线在性质上是相同的，都是一条自左上方向右下方倾斜的曲线，都表示需求量与价格反方向变动的规律。

3.1.4 消费者均衡

消费者的收入总是有限的，一个有理性的消费者总是尽力把他有限的收入用于购买各种物品，来满足自己的需要。而且还要获得最大限度的满足，使其得到效用最大化。消费者均衡就是指在消费者收入既定的情况下，消费者实现效用最大化的均衡购买行为。

在研究消费者均衡时，我们假设：第一，消费者的收入是既定的；第二，消费者的偏好是既定的，即他对各种物品效用与边际效用的评价是既定的，不会发生变动；第三，市场的价格是既定的。

在上述假定的条件下，消费者均衡的条件是：消费者用全部收入所购买的各种物品所带来的边际效用，与为购买这些物品所支付的价格的比例相等，或者说每1单位货币所得到的边际效用都相等。

可以用两个公式来说明消费者均衡的条件。假定消费者的收入为M，消费者购买并消费x与y两种物品，x与y的价格为P_x与P_y，所购买的x与y的数量为Q_x与Q_y，x与y所带来的边际效用为MU_x与MU_y，每1单位货币的边际效用为MU_m。这样，可以把消费者均衡的条件写为：

$$P_X \times Q_X + P_Y \times Q_Y = M \tag{3-1}$$

$$\frac{MU_x}{P_x} = \frac{MU_y}{P_y} = MU_m \tag{3-2}$$

式（3-1）是限制条件，说明收入是既定的，购买x与y物品的支出不能超过收入，也不能小于收入。超过收入的购买是无法实现的，而小于收入的购买也达不到既定收入时的效用最大化。式（3-2）是消费者均衡的条件，即所购买物品带来的边际效用与其价格之比相等，也就是说，每1单位货币所得到的边际效用都相等。

例如，某消费者的收入为500元，购买x与y两种商品，x商品每单位10元，y商品每单位5元，他用300元购买x商品30单位，用200元购买y商品40单位，x商品的边际效用为100单位，y商品的边际效用为50单位，将例中代入式（3-1）和式（3-2）得

$$10元 \times 30单位 + 5元 \times 40单位 = 500元 \tag{1}$$

$$\frac{100}{10} = \frac{50}{5} = 10 \tag{2}$$

同理，购买两种以上商品时，消费者的均衡条件为：

$$\frac{MU_1}{P_1} = \frac{MU_2}{P_2} = \cdots = \frac{MU_n}{P_n} = MU_m$$

其中，P_1，P_2，P_3，$\cdots$，P_n表示各种商品的价格，MU_1，MU_2，MU_3，$\cdots$，MU_n表示各种商品的边际效用。

3.2 序数效用论

序数效用论最初由意大利经济学家巴累托所倡导，之后，又由英国经济学家艾伦和希克斯、美国经济学家费希尔等加以阐述和补充。尽管序数效用受到学术界的批评，认为它的体系有不科学的地方，但在西方经济学中已被广泛地应用，因而有必要对这一学派的基本观点加以阐述。

3.2.1 偏好的假定

（1）偏好的完全性：对于任意两个商品组合A和B，消费者总可以做出下列判断之一：$A > B$、$A = B$、$A < B$。"$>$"为偏好强于，"$=$"为偏好等于，"$<$"为偏好弱于。

（2）偏好的传递性：对于任意三个商品组合A、B、C，如果消费者偏好存在$A > B$和$B > C$，则必有$A > C$。

（3）偏好的非饱和性：如果两个商品组合的区别仅在于其中一种商品的数量不同，那么消费者总是偏好于含有这种商品数量较多的那个商品组合。

3.2.2 无差异曲线

无差异曲线是序数效用论分析消费者行为，并用以解释需求曲线成因的主要工具。

无差异曲线表示的是两种物品的各种组合，这些组合对消费者产生的总满足程度（即提供的效用）是相同的。举例来说，一个消费者在一周内从4磅⊖牛排和3个面包所得到的满足程度，同他从3磅牛排与4个面包或2磅牛排和3个面包所得到的满足程度是相同的。如表3-2所示，这两种商品共有四种可能的组合，这些不同的组合将产生同等的满足程度。

根据表3-2，在平面坐标图上，以一种商品（牛排）作为横坐标，另一种商品（面包）作为纵坐标，可以画出各种组合的点，把各点连接起来可以画出一条曲线，如图3-5所示，这就是无差异曲线。它表明线上任何一点给某个消费者带来的满足程度是相同的。

从图3-5可以看出，无差异曲线是向右下方倾斜的，其斜率为负，并凸向原点。这表明，一种商品增加时，另一种商品将相应地减少，两种商品在满足消费者的需要时是可以相互替代的。

表3-2 满足程度相同的两种商品的不同组合

组合方式	牛排X（磅）	面包Y（个）
A	1	12
B	2	6
C	3	4
D	4	3

图3-5的无差异曲线是在一定收入和价格水平下得出的。如果消费者的收入与商品的价格不同，就可以有其他组合方式，从而可以产生若干条无差异曲线。如图3-6所示，L，M，N，

⊖ 1磅= 0.453 592 37千克。

C，…分别为不同的无差异曲线。在较高的收入或较低的价格水平下得出的无差异曲线距离原点较远，则其代表的满足程度较高。在较低的收入或较高的价格水平下得出的无差异曲线距离原点较近，则其代表的满足程度较低。同一条无差异曲线的满足程度是相同的，不同的无差异曲线的满足程度不同。因此，任何两条无差异曲线不能相交。因为，如果两条无差异曲线相交，则表示两条无差异曲线在交点处的满足程度是相同的，而在其他各点上的满足程度是不相同的，这同无差异曲线的定义是相矛盾的。

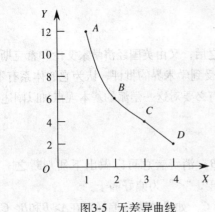

图3-5 无差异曲线

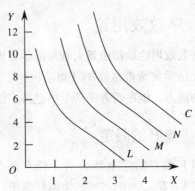

图3-6 不同条件下的无差异曲线

3.2.3 边际替代率

为了使一个人在一定的收入和价格水平下所得到的效用或满足程度保持不变，在改变商品的组合比例时，某一种商品的数量增加，就必须减少另一种商品的数量。消费者在保持相同满足程度的前提下，增加一种商品的消费量与必须放弃的另一种商品的消费量之比称为两种商品的边际替代率。例如，为了增加X商品而放弃Y商品，增加的X商品的数量与所放弃的Y商品的数量之比就是以X商品代替Y商品的边际替代率，写作MRS_{XY}，如以ΔX代表X商品的增加量，以ΔY代表Y商品的减少量，则：

$$MRS_{XY} = \Delta Y/\Delta X$$

按照西方经济学的说法，在维持满足程度不变的前提下，人们为得到1单位某种物品而愿意牺牲的另一物品的数量是递减的，所以这一规律被称为边际替代率递减规律。

根据表3-2的数字可以计算出牛排对面包的边际替代率，得出表3-3。

表3-3　牛排和面包的替代关系

组合方式	牛排X	面包Y	增加1单位牛排对面包的边际替代率
A	1	12	
B	2	6	从A到B　6
C	3	4	从B到C　2
D	4	3	从C到D　1

由表3-3中可以看出，从组合方式A到B，增加1单位牛排所能替代的面包为6单位，故边际替代率为6；从组合方式B到C，增加1单位牛排所能替代的面包为2单位，故边际替代率为2；从组合方式C到D，增加1单位牛排所能替代的面包为1单位，故边际替代率为1。这说明牛排对面包的边际替代率是递减的。显然，增加面包对牛排的边际替代率也是递减的。如从D到C，

从C到B，从B到A，边际替代率依次为1，1/2，1/6，呈现递减趋势。

边际替代率递减概念是以边际效用递减概念为基础的。所不同的是，在边际效用分析中是假定在其他条件不变时只增加一种物品的消费量，其边际效用是递减的（这里同时假定效用可以用基数来衡量）；而在无差异曲线分析时是假定在其他条件不变时两种物品的消费量同时变动，并在保持总效用不变的前提下，一种物品对另一种物品的边际替代率是递减的。这里的边际替代率其实就是一种物品用另一种替代品表示的边际效用（这里避免了效用可以用基数来衡量的假定）。

3.2.4 消费可能线

消费可能线又称预算限制线，或称等支出线。它是西方经济学来分析个人最佳购买行为和消费者均衡的工具。它表示在个人支出和商品价格既定的条件下，消费者所能购买的各种商品组合的轨迹。假定某个消费者的支出为60元，X商品的价格为15元，Y商品的价格为10元。如果将全部支出60元都购买X商品可以购买4单位，如果全购买Y商品可以购买6单位，据此可以做出图3-7。

图中A点为将支出全部购买X商品的数量，B点为将支出全部购买Y商品的数量，连接A、B两点即为消费可能线。在AB线上的任何一点都表示以现有支出能购买的X、Y两种商品的可能组合。如在AB线上的I点购买1单位X和4.5单位Y，在H点购买2单位X和3单位Y，在J点购买3单位X和1.5单位Y，其总支出分别都为60元。

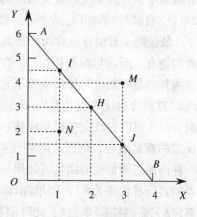

图3-7 消费可能线

消费可能线为一条直线，其斜率为负值，它等于两种商品的价格比率。如X商品的价格为15元，Y商品的价格为10元，价格比率为1.5，取负值为－1.5。这表示，在消费可能线上，每增加消费1单位X商品，须减少消费1.5单位Y商品，即两种商品的替代率为－1.5。

消费可能线也是一定的消费支出购买两种商品的最大限度的各种组合。在AB线外的任意一点，例如在M点，要购买4单位Y商品和3单位X商品，共需85元，大于现有支出60元，这是不可能实现的。在AB线内任意一点，例如在N点，要购买2单位Y商品和1单位X商品，共用35元，小于现有支出60元，这是可能实现的，但不是可以购买X商品和Y商品的最大组合。只有在AB线上的任何一点，例如H点，购买3单位Y商品和2单位X商品共用60元，才是所能实现的购买X与Y两种商品的最大可能的组合。

3.2.5 消费者最佳购买量的决定

如果将图3-6和图3-7画在同一平面坐标图上，那么消费可能线必定与无数条无差异曲线中的一条相切，则切点上表示的组合就是消费者对X商品和Y商品的最佳购买量。如图3-8所示，图中AB为消费可能线。I_1、I_2、I_3为三条无差异曲线，其中I_3代表的满足程度较高，I_2次之，I_1代表的满足程度最低。AB与I_2相切于E点，E点表示消费者的最佳购买量。这就是说，在支出与价格既定的条件下，消费者购买2单位X商品和3单位Y商品可以获得最大的满足程度，这一满足程度是I_2所代表的满足程度。

为什么说E点代表的购买量是消费者所能选择的最佳购买量呢？这可以从以下三点来说明：

（1）I_3代表的满足程度高于I_2代表的满足程度，但是I_3与AB线既不相交又不相切，这说明达到I_3的满足程度的任何X商品与Y商品组合，都是在现有支出水平下不可能的。

（2）AB线与I_1相交于F与G两点，F与G在AB线上虽然是在既定收入下所能购买的X与Y的最大数量组合，但在这两种组合下所能达到的满足程度I_1又小于I_2所代表的满足程度，因此并没有利用现有支出达到最大的满足程度。

（3）I_2上除E点之外的其他各点虽然代表同E一样的满足程度，但这些点在AB线之外，不是现有支出水平可能达到的。因此，只有I_2与AB线的切点E才代表了在既定支出和价格水平下可能实现的最大限度的满足，即只有购买E点上2单位X商品与3单位Y商品才是消费者最佳购买量组合。

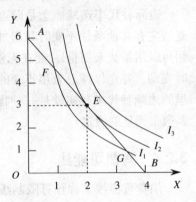

图3-8　消费者的最佳购买量

最佳购买量组合也称为均衡购买量，从而消费可能线与一条无差异曲线的切点E称为消费者均衡点。所谓均衡是指在E点消费可能线的斜率与一条无差异曲线的斜率相等，亦即指在E点两种商品间的边际替代率等于它们的价格比率。在E点上X商品对Y商品的边际替代率为3:2，而X与Y的价格比率也是3:2。这一关系之所以成立，是由于消费者只有在购买E点决定的商品组合时才可以在既定支出和价格水平下获得最大的满足。如果消费者购买E点以外的任何一点决定的商品组合，则因边际替代率不能等于价格比率，使消费者可借多买一种商品、少买另一种商品来增加他的满足（效用）。例如，如果消费者所购买的X与Y商品的数量组合使得这两者的边际替代率为6:1，即增加1单位X只需牺牲6单位Y，而X与Y的价格比率为1.5:1，即增加1单位X只需牺牲1.5单位Y。此时消费者增加X购买量以替代Y显然有利，从而消费者会继续进行这种替代，直到边际替代率递减至等于价格比率为止。由此说明，消费者均衡是消费者根据商品的价格比率和替代关系进行选择的结果。

当然，代表购买量的均衡点E点也是可以变动的，当消费可能线移动变化时，E点是消费可能线与无差异曲线的切点，必然也随之而变，如图3-9所示，图中AB、A_1B_1、A_2B_2为三条消费可能线，L、M、N为三条无差异曲线。当消费可能线是AB时，消费可能线与无差异曲线L的切点（均衡点）为E；当消费可能线向上移动到A_1B_1时，A_1B_1与M的切点为E_1；当消费可能线向下移动到A_2B_2时，A_2B_2与N的切点为E_2。

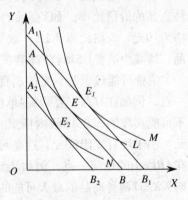

图3-9　消费可能线的移动

案例与资料阅读3-1

矿泉水和面包的购买

（1）假设矿泉水和面包的边际效用如表3-4所示。

再假定水的价格$P_水 = 1$元，面包的价格$P_面 = 1$元，某人有8元钱全部花出，问如何购买能实现效用最大。

表3-4　水和面包的边际效用

商品数量	1	2	3	4	5	6	7	8
水的边际效用	11	10	9	8	7	6	5	4
面包的边际效用	19	17	15	13	12	10	8	6

根据基数效用论消费者均衡条件：消费者应使自己花费在各种商品购买上的最后1元钱所带来的边际效用相等。

最终购买2瓶矿泉水、6个面包可实现效用最大。

（2）假设矿泉水和面包的边际效用如表3-5所示。

表3-5　水和面包的边际效用

商品数量	1	2	3	4	5	6	7	8
水的边际效用	11	10	9	8	7	6	5	4
面包的边际效用	20	18	14	13	12	10	8	6

再假定水的价格$P_水 = 1$元，面包的价格$P_面 = 2$元，某人有11元钱全部花出，问如何购买能实现效用最大。

根据基数效用论消费者均衡条件：消费者应该使自己所购买的最后1单位的各种商品的边际效用与价格之比相等。即消费者应使自己花费在各种商品购买上的最后1元钱所带来的边际效用相等。先将面包的边际效用除以2，再与水比较选择。

最终购买3瓶矿泉水，5个面包可实现效用最大。

资料来源：高鸿业. 西方经济学[M].

习题

1. 若消费者张某的收入为270元，他在商品X和Y的无差异曲线上的斜率为$dY/dX = -20/Y$的点上实现均衡。已知X和Y的价格分别为$P_X = 2$，$P_Y = 5$，那么此时张某将消费X和Y各多少？

2. 若消费者张某的收入为55元，全部用于购买食品（F）和衣服（C），食品和衣服的价格分别为5元和10元。已知两类商品对张某的边际效用值如表3-6所示，试求张某购买食品和衣服各多少？

表3-6　食品和衣服的边际效用

消费量	消费食品的边际效用MU_F	消费衣服的边际效用MU_C
1	25	40
2	23	35
3	20	30
4	18	25
5	15	20
6	10	15

3. 已知张某的无差异曲线和预算约束线如图3-10所示，商品X的价格为5元。试求：

（1）张某的收入为多少？他的预算约束线的方程是什么？

（2）商品Y的价格为多少？

（3）张某消费均衡点的边际替代率为多少？

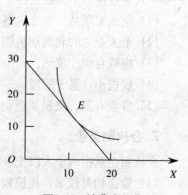

图3-10　消费者均衡

第 4 章

厂 商 理 论

4.1 厂商的基本理解

4.1.1 厂商的定义

生产者也称厂商或企业，是指在市场经济中为赚取经济利益而从事商品生产、销售或服务的经济单位。

4.1.2 企业的分类

可以从不同角度分类，这里从组织形式角度分：

1. 个人企业

个人企业指单个人独资经营的厂商组织，主要特点如下：

(1) 企业家既是所有者也是经营者。

(2) 个人业主的利润动机明确、强烈。

(3) 决策自由、灵活。

(4) 规模小，易于管理。

(5) 资金有限，限制了企业发展，易于破产。

2. 合伙制企业

合伙制企业指两个人以上合资经营的厂商组织，主要特点如下：

(1) 资金相对较多，规模较大，比较易于管理。

(2) 分工和专业化得到加强。

（3）多人所有和参与管理，不利于协调和统一。

（4）资金和规模仍有限，不利于企业发展。

（5）合伙人之间的契约关系缺乏稳定。

3. 公司制企业

公司制企业指按公司法建立和经营的具有法人资格的厂商组织。主要特点如下：

（1）公司为股东所有，但控制权掌握在董事会监督下的总经理手中。

（2）公司主要利用发行债券和股票来筹集资金。

（3）资金雄厚，利于规模生产，也进一步强化了分工和专业化。

（4）组织形式相对稳定，利于企业长期发展。

（5）规模过大可能造成企业内部管理协调上的一定困难。

（6）公司所有权和管理权的分离，也带来一系列问题。

4.1.3 企业的本质

传统微观经济学把厂商的生产过程看做一个"黑匣子"，企业本身的性质被忽略。美国经济学家科斯在1937年发表的《企业的本质》一文被认为是对企业本质探讨的开端。科斯认为企业的本质是通过企业内部交易对外部市场交易的替代，降低交易成本，从交易成本的角度分析企业的性质。

1. 交易成本

交易成本是围绕交易契约所产生的成本。一类交易成本产生于签约时交易双方面临的偶然因素所带来的损失。这些偶然因素或者是由于事先不可能被预见到而未写进契约，或者虽然能被预见到，但由于因素太多而无法写进契约。另一类交易成本是签订契约，以及监督和执行契约所花费的成本。

2. 市场与企业的比较

市场的优势在于大量厂商从同一个供应商处进货，有助于供应商在生产上实现规模经济和降低成本。另外，中间产品供应商之间的竞争，迫使供应商努力降低成本。

企业的优势在于自己生产部分中间产品，能消除或降低一部分交易成本，而且能保证质量。另外一些特殊的专门化投资只能自己提供。

3. 市场与企业的并存

由于信息不对称和信息不完全可能导致市场上的交易成本比较高，企业可以使市场交易内部化，从而降低交易成本。但企业内部也有其特有的交易成本，如企业内部签订、执行契约和内部监督、激励的成本，以及企业规模过大导致信息传导过程中效率的损失等。因此，有时市场交易成本低，有时企业内部交易成本低，这是市场与企业并存的主要原因。这将引出企业的最佳规模，一般企业的内部交易成本随着企业的规模增大而增加，当企业内部交易成本和市场交易成本相等时对应的规模就是企业的最佳规模，因此企业的扩张是有限的。

4.1.4 企业的目标

在微观经济学中，一般总是假定企业的目标是追求利润最大化的，但很多时候不一定是利润最大化，主要原因如下。

（1）企业的决策可能是非理性的。企业面临的需求可能是不确定的，企业对产量与成本的关系缺乏准确的了解。

（2）企业所有权与经营权的分离造成的信息不对称（委托-代理问题）。可能存在下面几种情况：

1）经营者利用公司款追求高档的个人消费。

2）经营者追求企业规模大。

3）经营者在经营中追求短期行为。

4.1.5 生产函数

1. 定义

生产函数表示在一定时期内，在技术水平不变的情况下，生产中所使用的各种要素的数量与所能生产的最大产量之间的数学表达式。

为简化分析，通常假定在生产中只用到劳动和资本两种要素，则生产函数为：

$$Q = f(K, L)$$

式中　Q——产量；

　　　K——资本量；

　　　L——劳动量。

2. 生产函数分类

（1）固定比例要素生产函数。即生产要素比例是不变的，如劳动与资本的比例。

（2）可变比例要素生产函数。即生产要素比例是可变的。

实证研究中最常用的生产函数是柯布-道格拉斯（Cobb-Douglas）生产函数。它的表达式为：

$$Q = AK^{\alpha}L^{\beta}$$

式中　$\alpha > 0$，$\beta > 0$，$A > 0$，都是常数；

　　　α——资本投入的产量弹性，即资本投入增加1%，产量增加α%；

　　　β——劳动投入的产量弹性，即劳动投入增加1%，产量增加β%；

　　　A——技术进步系数。

4.2 生产论

4.2.1 短期与长期

1. 短期

生产者来不及调整全部生产要素的数量，至少有一种生产要素的数量是固定不变的时间周期。这里涉及不变投入和可变投入，生产者在短期内无法进行数量调整的那部分要素投入被称做不变投入，如机器设备、厂房等；生产者在短期内可以进行数量调整的那部分要素投入被称做可变投入，如劳动、原材料、燃料等。

2. 长期

生产者可以调整全部生产要素数量的时间周期。在长期内，生产者根据企业的经营状况，可以缩小或扩大生产规模，甚至还可以加入或退出一个行业的生产。由于在长期中所有要素的投入量都是可变的，因而不存在可变投入和不变投入的区分。

4.2.2 一种可变投入品生产函数

由 $Q = f(K，L)$ 出发，假定资本投入量是固定的，用 K_0 表示，劳动投入量是可变的，用 L 表示，则生产函数可以写成：

$$Q = f(K_0，L) = f(L)$$

这就是通常采用的一种可变生产要素的生产函数形式，又被称为短期生产函数。

1. 总产量、平均产量与边际产量

（1）总产量、平均产量与边际产量的概念。为了分析可变比例的生产函数所包含的投入与产出关系，首先要明确总产量、平均产量与边际产量的概念。

总产量（total product）指的是一定量的投入根据生产函数所能得到的产品总量，用 TP 表示。

平均产量（average product）是指每一单位可变要素平均所能生产的产品数量，用 AP 表示。

边际产量（marginal product）是在其他投入不变的条件下，增加一单位要素投入所能增加的产量，用 MP 表示。

假定生产函数的具体形式为：

$$Q = f(K_0，L) = f(L) = 21L + 9L^2 - L^3$$

则劳动的平均产量 $AP_L = Q/L = (21L + 9L^2 - L^3)/L = 21 + 9L - L^2$

劳动的边际产量：$MP_L = dQ/dL = d(21L + 9L^2 - L^3)/dL = 21 + 18L - 3L^2$

（2）总产量、平均产量与边际产量曲线。设投入的劳动量从0个单位逐渐增加为8个单位，则相应的总产量、平均产量与边际产量如表4-1所示。

表4-1 只有一种可变要素的生产函数

总劳动量 L	总产量 Q	平均产量 Q/L	边际产量 $\Delta Q/\Delta L$	边际产量 dQ/dL
0	0	0	0	0
1	29	29	29	36
2	70	35	41	45
3	117	39	47	48
4	164	41	47	45
4.5	185.625	41.25	21.625	41.25
5	205	41	19.375	36
6	234	39	29	21
7	245	35	11	0
8	232	29	-13	-27

（3）总产量、平均产量与边际产量的关系。从图4-1中可以看到：总产量、平均产量和边际产量都随着某种可变要素的连续投入而呈现先递增，然后到某一点之后再开始递减的趋势，但三者递增和递减的转折点、幅度却有很大差异。三条曲线的几何关系是：TP线表示生产函数的总值，AP线表示生产函数的平均值，MP线表示生产函数的变化率或边际值，所以AP线测量由原点到TP线上各个点连线的斜率，MP线则是TP线上各个点切线的斜率。

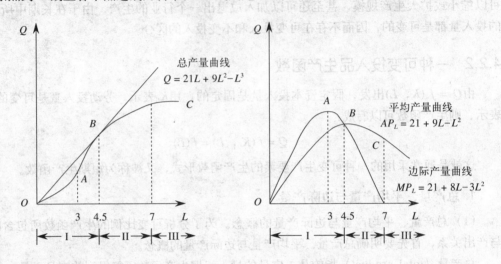

图4-1　总产量、平均产量与边际产量曲线

2. 边际报酬递减规律

如上所述，当两种（或两种以上）生产要素相结合生产一种产品时，若一种要素可以变动，其余要素固定不变，则随着可变要素增加，可变要素的边际产量，即可变要素增加微量单位（其他要素使用量固定不变）引起的总产量的增量（dQ/dL）一般经历两个阶段。

（1）可变要素的边际产量出现递增现象。如表4-1所示，当投入劳动从零开始增为4个单位，劳动每增加1个单位引起的总产量的增加量从29递增为47。在这个阶段的边际产量之所以出现递增现象，是因为固定要素的配合比例不恰当，即固定要素相对过多，而可变要素相对不足，因而增加可变要素的投入可以使每增加1个单位的可变要素所增加的产量递增。边际产量递增一般要以固定要素无法细分为前提：固定要素的金额越大，报酬递增的阶段越长。因为如果固定要素可以分割为极小的单位，那么，固定要素与可变要素相对而言，前者不会太多，所以报酬递增可能永远不出现。因为厂商总可以使固定要素与最适度的可变要素结合在一起。

（2）可变要素边际产量递减阶段。当可变要素的数目达到使固定要素得到最有效的利用时，继续增加可变要素，则相对固定要素来说，可变要素过多，此时虽然总产量继续增加，但是总产量的增加量则出现递减现象。当可变要素增多到一定限度以后，再增加可变要素，反而会引起总产量减少，即边际产量为负。这种现象称为可变要素的边际产量递减规律，亦称生产要素的报酬递减规律（law of diminishing returns）。

生产要素报酬递减规律，是经济分析中一条重要的自然规律，它所表达的内容，是人们从经济生活中所观察到的在任何种类的生产中普遍适用的一种纯技术关系。我国在1958年的所谓的"大跃进"曾提倡"合理密植"，但由于浮夸风，瞎指挥，弄到后来由于密植过度，结果颗粒无收，造成了中国历史上大规模的"人造灾害"。这正是由于不遵守报酬递减规律所带来的严重后果。

在理解要素报酬递减规律时，需要注意以下几点：

首先，上述生产要素报酬递减规律是以生产技术给定不变为前提的。技术进步一般会使报酬递减的现象延后出现，但不会使报酬递减规律失效。

其次，生产要素的投入比例可变。也就是说，这里所说的生产要素报酬递减，是以除一种要素以外的其他要素固定不变为前提，来考察一种可变要素发生变化时其边际产量的变化情况。

最后，生产要素报酬递减，是在可变的生产要素使用量超过一定数量以后才出现的。在此之前，当固定要素相对可变要素过多时，增加可变要素将出现报酬递增。也可能在一定范围内可变要素的增加使边际产量处于一种恒定不变状态，超过某一界限再继续增加可变要素的数量就会进入报酬递减阶段。

3. 生产要素的合理投入区间

总产量、平均产量与边际产量曲线充分说明了三者之间的几何关系，经济学家通常用这三条曲线来说明一种生产要素投入量的合理区间。

如表4-1和图4-1所示，可以把生产过程分为三个阶段。当可变要素从零增为4.5单位时，总产量逐渐增加，平均产量在劳动投入量增为4.5单位时达到极大值，边际产量在劳动投入增为3个单位时达到极大值，而后递减，这是第I阶段。当劳动投入量逐渐增到7个单位时总产量达到极大值，此时边际产量递减为零，平均产量递减，这是生产的第II阶段。第III阶段，可变要素超过7个单位，总产量逐渐减少，即边际产量为负，平均产量继续递减。根据三个生产阶段的特征，厂商的理性决策应该选择生产的第II阶段。

首先，任何厂商显然不会在第III阶段进行生产。因为在此阶段新追加的劳动与既定的固定要素相结合，反而使总产量减少。这个区域也叫厂商的禁区。

其次，厂商也不会使其生产规模停留在第I阶段，也就是厂商使用的劳动不会少于4.5单位。因为这一阶段，只要增加劳动投入量就能使总产量和平均产量都继续增加，所以，只要要素的价格和产品的价格给定不变，并且产品总可以销售出去，那么，就会使厂商的利润增加，所以厂商使用的可变要素至少会增加到边际产量等于平均产量（平均产量最大值）时对应的要素数量。

因此，厂商的理性决策将在第II阶段。也就是说，对于厂商而言，为了达到技术上的最大效率，应该在平均产量达到极大值的4.5单位劳动数量与劳动的边际产量为零的7单位劳动数量之间进行选择。至于厂商事实上会选择第II阶段的哪一点，则要看生产要素的价格、市场对产品的需求等多种因素。因为厂商的目标是追求利润最大化，所以单从技术因素分析，不能得出合理选择的具体某一点，还必须考虑其他因素。

4.2.3　两种可变生产要素的生产函数

1. 等产量曲线的定义与特点

等产量曲线是在技术条件不变的情况下，生产同一产量的两种生产要素投入量的所有不同组合的轨迹。如图4-2所示。

等产量曲线的特点如下：

（1）等产量线斜率为负。这表示为生产一定数量的产品，投入的两种生产要素之间存在着相互替代的关系。另外，等产量线是凸向原点O的。

（2）同一坐标平面上的任何两条等产量曲线之间，可以有无数条等产量曲线；同一坐标面上任意两条等产量曲线都不会相交。

（3）离原点越远的等产量曲线代表的产量水平越高，离原点越近的等产量曲线代表的产量水平越低。

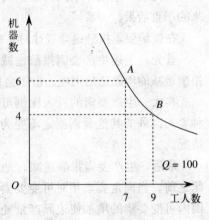

图4-2　等产量曲线

2. 边际技术替代率

经济学家一般用边际技术替代率这一概念说明两种生产要素之间的替代关系，边际技术替代率（marginal rate of technical substitution）用来测量在维持产出水平不变的条件下，增加1单位的某种要素所能够减少的另一种要素的投入量。在坐标图上，边际技术替代率表现为等产量线上某一点切线的斜率。如果以L代表劳动，K代表资本，以ΔL代表劳动的增加量，以$-\Delta K$代表资本的减少量，$MRTS_{LK}$代表以劳动代替资本的边际技术替代率，则有：

$$MRTS_{LK} = \Delta K/\Delta L$$

可以明显地看出，如果沿着一条等产量线连续增加劳动的投入量，等产量线的斜率（即边际技术替代率）的绝对值会变得越来越小。也就是说，边际技术替代率递减。这是因为边际报酬递减规律作用的结果。根据边际报酬递减规律，随着一种生产要素投入量的增加，它的边际产量会递减，因而增加同一单位的生产要素所能代替的另一种生产要素的数量越来越少，从而边际技术替代率是递减的。

等产量线的斜率为负，说明要保持总产量不变，增加一种要素的使用量就必须减少另一种要素的使用量。如果曲线的斜率为正，说明要保持总产量不变，两种生产要素必须同时增加。这时一定有一种生产要素的边际产量为负，也就是使用量过度，存在不经济现象，所以厂商的产量决策确定在等产量曲线的斜率为负的阶段。如图4-3所示，位于A、B、C和A'、B'、C'各点外侧的以虚线表示的线段，呈明显的正斜率，这意味着在这些线段上增加要素的投入量于产量增加丝毫无补，因此它们属于非理性投入区间。而厂商合理的投入决策位于由AA'、BB'、CC'所截的负斜率的线段上。图中，由$OABC$和$OA'B'C'$所构成的两条线，通常被称为脊线，脊线所夹的区间便代表了生产的合理投入区。

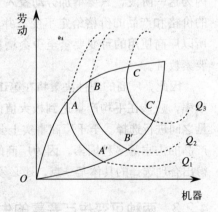

图4-3　生产的合理投入区间

3. 等成本线

假定生产要素的价格保持不变，对任意给定的总成本，有资本K和劳动L的一系列组合可供选择，因而有成本约束方程：

$$C = KP_K + LP_L$$

若每单位资本的价格$P_K = 1000$元，每单位劳动的价格$P_L = 2500$元，总成本$C = 15\ 000$元，令K代表资本的单位数，L代表劳动的单位数，则有多种K与L的组合满足约束方程：$15\ 000 = 1000K + 2500L$。满足方程的K与L的组合点连接在一起就形成一条等成本线，如图4-4所示。

等成本线（isocost curve）这条直线上的任一点，表示当资本与劳动的价格为已知时，花费某一固定量总成本所能买进的资本和劳动的组合。对于每一给定的总成本可以画出一条等成本线。等成本线斜率的绝对值等于两种生产要素价格的比率。因此，只要生产要素价格给定不变，任一条等成本线的斜率相同。总成本的增加（或减少）表现为等成本线向右上方（或左下方）平行移动。离原点越远的等成本线表示的总成本越大。假设总成本$C = 20\ 000$元，则上述K与L的各种可能的组合满足方程：$20\ 000 = 1000K + 2500L$，则根据此方程得到的等产量线与原来的等产量线斜率相同，但在横轴和纵轴上的截距变大。

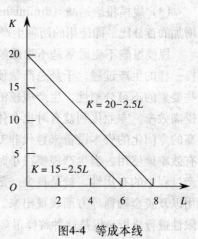

图4-4 等成本线

4. 最优的生产要素组合

在用等产量线描述生产函数，用等成本线描述成本支出和要素价格的约束之后，把二者结合在一起，就可以确定厂商的最佳要素组合。如图4-5中的E点。这是厂商能够以最低的成本生产出既定产量的一种要素组合，或者是厂商使既定产量的成本最小化的一种要素组合。

从图4-5中可以看出，虽然等产量曲线Q_1上的两点A、B也满足成本限制条件，但当等产量线向点E平行移动时，可以达到更高的等产量线Q_2，也就是说可以增加总产量而不增加生产成本。在所给定的成本之下，等产量曲线Q_2和等成本线的切点E代表最佳要素组合。这个最优组合所需的必要条件是：两种要素的边际技术替代率等于这两种要素的价格比，即$MRTS_{LK} = -PL/PK$。

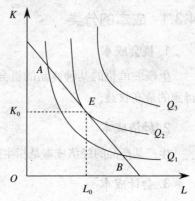

图4-5 既定成本条件下产量
最大的要素组合

4.2.4 规模报酬

前面讲过，生产一种产品使用的生产要素只有一种可以变动，其余要素固定不变，则厂商只能通过调整可变要素的使用量来调整产量，以及两种要素都变动，可以按照不同比例组合来生产一种产品的生产函数。经济学里还有一种生产函数，即产量随投入量的变化而变化的规模报酬（returns to scale）。

生产的规模报酬探讨这样一种投入和产出的数量关系，当两种生产要素同时增加或减少时，产量的变化情况。规模报酬通常具有三种变动情况：

（1）规模报酬递增（increasing returns to scale）。这时由于技术的改进和劳动分工的扩大，使总产量的增加的百分比大于要素增加的百分比。例如，所使用的两种生产要素都增加一倍，产量的增加大于一倍。

（2）规模报酬不变（constant returns to scale）。这是由于总产量增加的百分比等于要素增加的百分比。即如果使用的两种生产要素都增加一倍时，产量也相应增加一倍。

（3）规模报酬递减（diminishing returns to scale）。此时，总产量增加的百分比小于要素增加的百分比。即使用的两种生产要素都增加一倍时，产量的增加却小于一倍。

规模报酬不变通常是不难理解的，当所有的投入增加一倍时，我们可以如法炮制两个一模一样的生产过程，于是总产量便是原来的两倍。规模报酬递增可以归结为专业化利益和某些要素的不可分割性，生产规模的扩大，使用的劳动较多，劳动者可以进行专业分工，从而提高效率。专业化利益有时也会体现在资本设备上。当厂商扩大生产规模时，可以用效率更高的专门化的资本设备来替代非专门化的设备。同时，有些要素必须达到一定生产水平才能有效率地使用。当生产规模很小时，把这些要素分割为更小的单位，不是完全丧失它们在生产过程中的有用性，就是丧失一部分效率。此外，大规模经营的效益，也会在广告、研究费用以及资金融通等方面表现出来。至于规模报酬递减的原因一般经济学家都以管理方面的局限性进行分析，但是这种解释很难说明为什么协调组织的任务会比生产规模增长的更快。

4.3 成本论

企业的生产成本通常被看成是企业对所购买的生产要素的货币支出。

4.3.1 成本的分类

1. 机会成本

生产一单位的某种商品的机会成本是指生产者放弃使用该生产要素在其他生产用途中所得到的最高收益。

2. 经济成本

生产某产品的经济成本是指生产者将生产要素投入到当前使用领域而必须对其支付的报酬。

3. 会计成本

会计成本是指会计账簿中实际记载的各种费用支出。

4. 外显成本与隐含成本

外显成本是指厂商在生产要素市场上购买或租用他人所拥有的生产要素的实际支出。隐含成本是指厂商自己本身拥有的且被用于该企业生产过程的那些生产要素的总价格。或厂商动用自有要素所对应的支出，包括亲自管理企业，使用自己的资金等。

4.3.2 短期成本函数

1. 成本函数

研究企业成本，重点是研究成本函数。成本作为厂商要素投入的货币表现，其变动通常要受到两方面因素的影响：其一是要素投入的价格的变动，其二是产出水平的不同，因为不同的产量水平将需要不同的要素投入从而产生不同的成本支出。当要素投入的价格给定不变时，成本的变动显然将主要依产出水平为转移。所谓成本函数，就是关于厂商的成本与产量之间相互关系的一种数学描述。它表明在要素价格给定的条件下，随着产出水平的变动，生产特定产量所需的最低成本变动的规律性。因此，成本函数的一般表达式为：

$$C = f(Q)$$

式中　C——厂商的成本；

　　　Q——厂商的产量。

由于生产函数分为短期和长期，所以成本函数也分为短期成本函数和长期成本函数。在这里，我们将在明确定义短期和长期的基础上，分析企业的各种短期成本和产量的关系以及长期成本和产量的关系。

2. 总成本、平均成本和边际成本

为了分析成本函数，首先需要明确总成本、平均成本和边际成本三个概念。

（1）总成本与固定成本和可变成本。所谓总成本（total cost）是指为生产一定量产品而用在各种要素投入上的成本支出总额。它是相对于不同的产量而言的。表4-2中的第1栏和第4栏表明总成本（TC）随着产量（Q）的增加而上升。这是因为增加物品的产量必须使用更多的劳动和其他生产要素的投入量，而这些增加的生产要素又引起货币成本的增长。

表4-2　固定成本、可变成本和总成本

产量 Q	固定成本 FC	可变成本 VC	总成本 TC	平均固定成本 AFC	平均可变成本 AVC	平均总成本 AC	边际成本 MC
0	55	0	55	无限	不确定	无限	—
1	55	30	85	55	30	85	30
2	55	55	110	27.5	27.5	55	55
3	55	75	130	18.33	25	43.33	75
4	55	105	160	13.75	26.25	40	105
5	55	155	210	11	31	42	155
6	55	225	280	9.167	37.5	46.67	225

厂商的短期总成本可以分为固定成本和可变成本两部分。所谓固定成本（fixed cost）是厂商在短期内必须支付的固定生产要素的全部费用，其中主要包括厂房和设备的折旧以及管理人员的工资等。这种成本一般不随产量的变动而变动，因而在短期内是固定的，厂商即使在产量为零时也必须支付这部分费用。因此在表中它总保持不变的数值（55美元）。可变成本（variable cost）是厂商在可变要素上支付的成本。随着产量的增加，可变成本也在上升，其变动规律是，最初在产量开始增加时，由于各种生产要素的效率未得到充分的发挥，可变成本的增加率大于产量的增长率。以后随着产量的增加，各种生产要素的效率得到充分发挥，可变成本的增加率小于产量的增加率。最后，由于边际收益递减规律，可变成本的增加率又大于产量的增加率。这样当产量为零时，可变成本为零。可变成本和固定成本之和恰好等于总成本。在两个产量之间，总成本的增长量也就是可变成本的增长量。因为固定成本的数值始终保持不变，从而计算成本的变动时互相抵消。

我们把表中的数据描绘在坐标图上，就可以得到总成本和固定成本以及可变成本的变化

曲线，并可以看出三者之间的关系。

图4-6中横轴表示产量，纵轴表示成本。则依据表中数据所得到的固定成本曲线是平行于横坐标的一条直线，这条线与横坐标的距离表示固定成本的金额。它不随产量的变化而变化。图中的可变成本（VC）曲线，从原点出发，随产量的增加而递增。由于总成本是固定成本和可变成本相加之和，而且固定成本之值始终不变，总成本亦随产量的增加而上升，所以图中的总成本曲线，其变化趋势与可变成本曲线的变化趋势相同，TC线与VC曲线的任一点的垂直距离等于固定成本。

（2）平均成本与边际成本。在经济分析中经济学家更感兴趣的是平均成本，也就是用上面所说的三种成本推导出按每单位产量计的平均固定成本（AFC）、平均可变成本（AVC）以及平均总成本（AC）。有关数据分别见表4-2的第五列和第六列。

平均固定成本为：$AFC = FC/Q$

平均可变成本为：$AVC = VC/Q$

平均总成本为：$AC = TC/Q = FC/Q + VC/Q = AFC + AVC$

图4-7描述了这三种平均成本曲线。从图中可见，平均固定成本是随着产量的增加而持续下降的，它会越来越接近于横轴，但绝不会与横轴相交，这表明随着产量的增加，固定成本分摊到单位产品的份额会越来越小，但不会为零。平均可变成本一般呈U形，最初递减然后转入递增，是因为产量增加到一定数量之前，每增加一个单位的可变要素所增加的产量超过先前每单位可变要素的平均产量，这表现为平均可变成本随产量的增加而递减，当产量超过一定数量之后，随着投入可变要素的增加，每增加一单位可变要素所增加的产量小于先前的可变要素的平均产量，因而AVC曲线开始转入递增。基于同样的道理，平均总成本曲线也呈U形。平均总成本曲线在初期的产量水平上要比平均可变成本曲线高得多，因为这时平均固定成本在平均总成本中占的比重较大。而随着产量水平的进一步提高，平均总成本曲线则与平均可变成本曲线非常接近，因为平均固定成本在平均总成本中的比例相对减少。

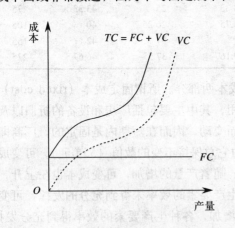

图4-6 总成本与固定成本和可变成本的关系

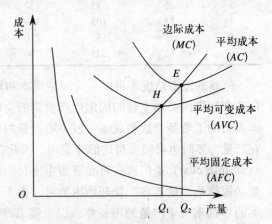

图4-7 各个成本项目之间的关系

为了使分析更精确些，经济学家还特别注重另一条短期成本曲线——边际成本曲线的分析。边际成本（MC）是增加一单位产量所增加的总成本，即

$$MC = \Delta TC/\Delta Q$$

其数据就是表4-2中所列的第八列。值得注意的是，当产品的成本由固定成本和可变成本

之和构成时，该产品的边际成本与固定成本无关，而只与可变成本有联系。这显然是由于，固定成本是始终固定不变的，而总成本等于固定成本加可变成本，所以边际成本，即多生产一个单位的产量时总成本的增加量实际上等于增加该单位产品所增加的可变成本，故

$$MC = \Delta TC/\Delta Q = \Delta VC/\Delta Q$$

所以，边际成本与固定成本无关，而等于可变成本的变化。边际成本（MC）也呈 U 形。边际成本从递减转入递增恰好与可变要素之边际产量的变化相对称，即与边际产量递增部分对应的是边际成本递减阶段，而与边际产量递减部分对应的是边际成本曲线递增（在边际成本转入递增以后，平均可变成本可能仍处于递减）。

（3）几种成本之间的关系。将上述的几种成本概念联系在一起，把它们的曲线描绘在一个坐标图中，就可以清楚地看出它们之间的关系，如图 4-7 所示。

AVC 曲线与 MC 曲线之间的相互关系是：

1）当 MC 曲线位于 AVC 曲线的下面时，AVC 曲线处于递减阶段；

2）当 MC 曲线位于 AVC 曲线的上面时，AVC 曲线处于递增阶段；

3）MC 曲线与 AVC 曲线相交（$MC = AVC$）之点，就是 AVC 最低点。

这时，生产一定数量产品的边际成本等于它的平均成本，即 AVC 曲线与 MC 曲线相交之点。那么为什么 MC 曲线必然在上升阶段穿过 AVC 曲线的最低点呢？由于边际成本是最后增加一单位产品所增加的成本，从而如果边际成本小于全部产量的平均可变成本，必引起平均可变成本的下降；如果边际成本大于平均可变成本，必引起平均可变成本上升，因此，边际成本曲线与平均可变成本曲线只能交于平均可变成本曲线的最低点 H，表明当产量为 Q_1 时，支出的平均可变成本为最小。如果厂商的平均收益线通过此点，则在此点生产只能补偿可变成本，而不能补偿固定成本。这意味着，若产量低于 Q_1，厂商的收益将不仅不能补偿固定成本，而且不能补偿可变成本，从而表明这种生产是有害无益的，只能停止生产。因此，把 MC 曲线与 AVC 曲线的交点 H 叫做停止营业点。

AC 曲线与 MC 曲线的关系同 AVC 曲线与 MC 曲线的关系完全一样：

1）当 MC 曲线位于 AC 曲线的下方时，AC 曲线处于递减阶段；

2）当 MC 曲线位于 AC 曲线的上方时，AC 曲线处于递增阶段；

3）MC 曲线与 AC 曲线相交（$MC = AC$）之点 E，就是 AC 最小点。

MC 与 AC 相等之点，表明当产量达到 Q_2 时，厂商的生产效率最高，E 点被称为最高效率点或最低成本点。但最高效率点并不是最大利润点，究竟最大利润产量是多少，还应该根据产品售价和边际收益来决定。

4.3.3 长期成本函数

上面考察厂商的短期成本时，实际上是假定某些生产要素不变。厂商根据产品的销售情况，通过调整各种可变要素的投入量来调整其产量。当产量超过一定限度后，正是不变要素的存在导致其他要素的收益递减并因此导致边际成本递减。在长期中，厂商的成本中不存在固定成本与可变成本的区别。因为包括厂房的大小和机器设备的规格、数量都是可以变动的。这样，厂商长期成本分析中所涉及的问题，实际上是考察，厂商从他打算提供的产量出发，根据技术状况可以利用的各种规模的厂房设备，来规划出与其打算提供的产量相应的厂房设

备的规模。因此在厂商的长期成本分析中，与任一产出量相对应的成本，不仅涉及某一既定规模的厂房设备的成本，即短期成本，而且涉及一系列不同规模的各种厂房设备的成本。

同厂商的短期成本分析一样，在长期成本分析中，与每一产量相对的成本也包括总成本、平均成本和边际成本。同时，只要知道与任一产量相应的总成本，即可推导出与任一产量相应的平均成本和边际成本。

在长期中，所有生产要素都是可以变动的，总成本完全由可变成本构成。因此，长期成本仅仅与厂商在既定要素价格下所生产的产量水平有关。所以，长期成本函数定义为：

$$C = f(Q)$$

1. 长期总成本

经济学家在讨论长期成本时，认为长期成本函数并不是长期本身所确定的，它实际上是根据各个不同经营规模的短期成本函数而形成的。企业家的短期问题主要在于最佳地利用既定规模生产最大的产量。在长期中，企业可以变动生产规模，所以长期所面临的问题实质上就转化为各个短期最优化的问题。

因此，只要厂商可以自由改变生产规模，则其长期总成本函数就能给出生产各种产量的最小成本。图4-8假设在短期内不同规模的短期总成本曲线：STC_1、STC_2、STC_3。厂商可以在任何一种生产规模中生产出Q_1的产量。对应于三种生产规模，与产量Q_1相对应的总成本分别是Q_1A、Q_1B、Q_1C，显然是STC_1曲线所表示的厂商的生产规模的生产成本最低。因此，STC_1与LTC相切于点A，当厂房设备的规模可以无限细分时，长期总成本曲线是数目很多的一族短期总成本曲线的包络线。

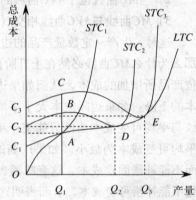

图4-8　长期总成本与短期总成本

2. 长期平均成本曲线

按照定义，长期平均成本等于总成本除以产出水平。所以长期平均成本曲线是一条与无数条短期平均成本曲线相切的线，即是短期平均成本曲线的包络线。其含义是：厂商在各种规模中都选择最佳产量，每一定规模的最佳产量都在该规模的短期平均成本曲线的下部，故当厂商调整生产规模时，就由无数条短期平均成本曲线连接为一条长期平均成本曲线。可以用图4-9来说明长期平均成本曲线的形成过程。

假定厂商选择Q_1、Q_2、Q_3等多种产量水平，在每一选定的产量水平上，厂商总可以根据产量的大小来决定生产规模，其目标是使其平均成本最低。例如在产量为Q_1时，要选择SAC_1这一规模，因为这时的平均成本OC_1是最低的，如果选择SAC_2，则平均成本大于OC_1。依此类推，得到的厂商的长期成本曲线（LAC）将是各个既定规模的短期平均成本曲线（SAC_1、SAC_2、SAC_3）最低点连接而成的一条曲线。理论上，可以假设厂房设备的规模能无限细分，因而短期平均成本曲线将是无限多的，这时LAC曲线成为一条顺滑线。这条曲线上的每一点代表与每一特定规模的SAC相切之点。几何学把这样画出来的LAC曲线称做一族SAC曲线的包络线。我们知道，当厂商进行生产时，事实上总是利用某一特定规模的厂房设备生产出他打算供应的产量。所以长期平均成本曲线事实上是一条计划曲线，即厂商在长期内计划生产的各种可能的产量相应的一条平均成本曲线。长期平均成本曲线一般呈U形。随着产量的扩大，使用的厂房设备的规模增大，因而产品的生产经历规模报酬递增的阶段，这表现为产品的单位成本随产量增加而递减。长期平均成本经历一段递减阶段后，最好的资本设备和专业化的利益已全部被利用，这时可能进入报酬不变，即平均成本固定不变阶段。长期平均成本转入递增阶段依存于下述前提：企业管理这个生产要素不能像其他要素那样增加，因而随着企业规模的扩大，管理的困难和成本越来越增加。

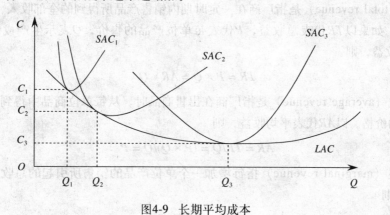

图4-9　长期平均成本

3. 长期边际成本

长期边际成本（*LMC*）表示厂商有足够充分的时间根据其产量调整生产规模时，每增加一单位的产量引起的总成本的增加量，即边际成本

$$MC = \Delta TC/\Delta Q$$

按照边际成本的定义，总成本的斜率就是边际成本，所以根据长期总成本曲线就可以得到长期边际成本曲线。不过，长期边际成本曲线并不是短期边际成本曲线的包络线：短期边际成本等于短期可变成本对于产出水平的变动率；长期边际成本却是当所有成本都为变量时总成本的变动率。

最后，长期边际成本与长期平均成本的关系，跟短期边际成本和短期平均成本的关系一样：①当该产品处于规模报酬递增阶段时，即*LAC*曲线处于递减阶段时，*LMC*曲线位于*LAC*曲线的下方；②当该产品转入规模报酬递减阶段时，即*LAC*曲线处于递增阶段时，*LMC*曲线位于*LAC*曲线的上方；③在*LAC*曲线从递减转入递增的转折点，即*LAC*曲线的最低点时，*LMC*曲线与*LAC*曲线相交。如图4-10中的*E*点，在*E*点，*LMC* = *LAC*。在相交之前*LMC*<*LAC*，在相交之后*LMC*> *LAC*。

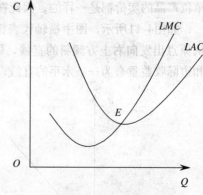

图4-10　长期边际成本

4.4　利润最大化

前两节都是在厂商追求利润最大化假设的基础上分析厂商的生产决策，分析时只是从投入和产出的数量关系来确定厂商的最优产量。本节引入成本和收益分析价值角度的利润最大化的产量，并对利润最大化实现的某些理论要素和条件做综合的考察。

4.4.1 收益

1. 收益的含义和分类

在经济学中，收益是指厂商销售产品所得到的全部货币收入。它等于商品价格和销售量的乘积。收益包括成本和利润。收益可分为总收益、平均收益和边际收益。

总收益（total revenue）是指厂商在一定时期内销售产品所得到的全部收入，也就是商品的全部卖价。如果以 TR 代表总收益，P 代表每单位产品的售价，Q 表示生产或销售的数量，AR 代表平均收益，则

$$TR = P \times Q = AR \times Q$$

平均收益（average revenue）是指厂商在出售商品时，从每单位商品中得到的平均收入，即单位产品的价格。以 AR 代表平均收益，则

$$AR = TR/Q = (P \times Q)/Q = P$$

边际收益（marginal revenue）指每增加一个单位产品的销售所引起的总收入的增加量，以 MR 表示，则

$$MR = \Delta TR/\Delta Q$$

如果 $\Delta Q = 1$，边际收益就等于最后卖出的一个单位所能增加的总收入。如果总收益方程连续且可导，则可以把边际收益定义为：

$$MR = \mathrm{d}TR/\mathrm{d}Q$$

这样，边际收益就是总收益的导数，反映在图形上就是总收益曲线上某一点切线的斜率。

2. 收益与价格的关系

可以分为价格不变条件下的销售收益和价格递减条件下的销售收益。

（1）价格不变条件下的销售收益。在价格不变的条件下，不论销售量即产量如何变化，单位产品的卖价都是一样的。因此在这种情况下，价格等于平均收益，而且等于边际收益。

如图4-11所示，图中横轴代表销售量，纵轴代表销售收益量，TR 是总收益线，它是一条从原点出发向右上方倾斜的直线，即总收益随销售量的增加按等差级数增加。图中平均收益和边际收益重合为一条水平的直线，这条水平线同时也是厂商的需求曲线。

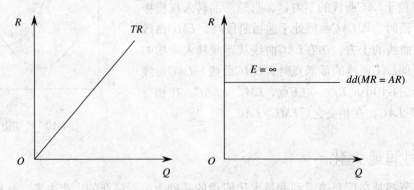

图4-11 价格不变条件下的销售收益

（2）价格递减条件下的销售收益。如果市场价格因销售量增加而下降，那么，总收益随

销售量的增加按递减级数增加。同时，产品的单位售价将只等于平均收益，而不等于边际收益。而且，平均收益同价格一起递减，边际收益的递减速度更快。表4-3说明价格递减条件下的总收益、平均收益和边际收益的变动趋势和相互关系。

表4-3 价格递减条件下的销售收益

销售量 Q	价格 P	总收益 $TP = Q \times P$	平均收益 $AR = TP \div Q$	边际收益 $MR = \Delta TR$
1	200	200	200	200
2	180	360	180	160
3	160	480	160	120
4	140	560	140	80
5	120	600	120	40
6	100	600	100	0
7	80	560	80	−40

根据表4-3可以得出三条销售收益的曲线，如图4-12所示，价格递减条件下的总收益曲线 TR 是一条从原点出发向上凸出的曲线，达到极大值 H 以前，它是以价格递减的速率增加的，在达到极大值以后，则是以递增的速率减少的。平均收益线 AR 和边际收益线 MR，都是向右下方倾斜的，但 MR 下降的速度较快，且在 AR 线的下方。MR 与横轴交于 H 点，此时边际收益为零，总收益达极大值。从平均收益的含义知道，平均收益始终与产品的单位售价相同，所以价格递减条件下的 AR 线就是向右下方倾斜的需求曲线。

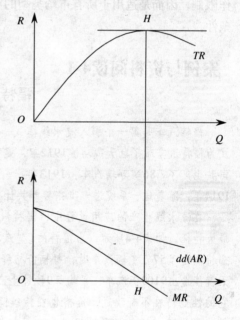

图4-12 价格递减条件下的收益曲线

4.4.2 利润最大化的原则

1. 利润函数

经济学所讲的利润是指经济利润，它是企业经营的全部收益减去生产的总成本后的剩余。一个厂商的利润函数表明的是利润与所生产并售出的产量之间的关系（这里假定产量与销量相等）。在一般情况下，我们用 Π 来代表利润，用 TR 和 TC 分别代表总收益和总成本，则利润函数为：

$$\Pi(Q) = TR(Q) - TC(Q)$$

式中 Q——产量（或销量）。

2. 利润最大化的条件

如何确定 Q 使得利润为最大呢？可将利润函数对 Q 求一阶导数，并令其等于零，得到

$$d\Pi/dQ = dTR/dQ - dTC/dQ = 0$$

从而有：

$$dTR/dQ = dTC/dQ,\ 即 MR = MC$$

因此，为使厂商实现利润最大化，应该将产量确定在边际收益等于边际成本的水平上。当然，上述边际收益等于边际成本的一阶导数条件只是利润有极值的情况下。因此，要保证这就是利润最大的产量，还需要利润函数的二阶导数小于零，即利润最大化的条件是边际收益的变化率小于边际成本的变化率。

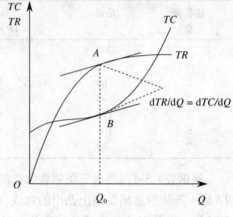

利润最大化的条件还可以用图形直观的表示出来，如图4-13所示。在图中，利润Π测量图中总收益曲线和总成本曲线之间的垂直距离，可以看出，只有当产量为Q_0时，总利润最大，此时TR与TC线的斜率刚好相等，故其垂直距离最大。这正好符合利润最大化的等边际（$MR = MC$）原则。

利润最大化的条件$MR = MC$，对总收益与总成本函数的形状没有限制，实际上也没有对市场结构作限制，因而是适用于所有市场类型的利润最大化条件。

图4-13 利润最大化的条件

案例与资料阅读4-1
福特汽车的规模经济

福特汽车是第一个引入流水线模式，实现规模化生产的企业，这种崭新的"规模化"生产方式为福特汽车带了巨大成功。1912年，是福特汽车利用传统生产方式生产T型汽车的最后一年，公司共生产了7.86多万辆汽车；1913年，引入流水线生产模式以后，福特生产的汽车达到18万辆；1914年，随着这一系统进一步完善，共计有26万多辆T型汽车驶出福特流水线生产车间。

在流水线生产的应用过程中，福特汽车的成本和价格都降低了——这成为"规模化生产"的最大特征。如表4-4所示，当福特的T型汽车在1908年面市时，每辆售价是850美元，到1916年，当福特制造了57万多辆汽车时，每辆价格降至360美元，而到1925年只卖到240美元一辆。当时，一天就能造出9109辆汽车，平均每9秒钟生产一辆。1927年是T型汽车销售得最好的一年，即使如此，它的性能仍在不断改进，价格也在持续降低。流水线装配汽车，产量急剧增多，价格不断下降，销售量也随着增大。通过规模化，福特汽车的产量越大，成本越低，利润不断增长，最终使得福特汽车公司在同行业中遥遥领先。

福特的规模化生产取得成功以后，这一生产方式在企业和管理人员中迅速普及，并让很多人深信"规模化生产是成功的关键"，这对美国的传统制造业形成了冲击，并进而影响了整个20世纪的制造业。如此高的评价，并不为过，在20世纪，规模化生产的采用者都几乎获得了巨大的成功，特别是那些早期采用规模化生产的制造企业，很多都成了工

表4-4 福特的T型汽车生产规模和价格
（1908～1916年）

年份	零售价（美元）	T型汽车销量
1908	850	5 986
1909	950	12 292
1910	780	19 293
1911	690	40 402
1912	600	78 611
1913	550	182 809
1914	490	260 720
1915	440	355 276
1916	360	577 036

业巨头，比如通用汽车、杜邦、美国钢铁公司、IBM和德州仪器等。

剖析福特的这种"规模化生产方式"不难发现，其核心原则是利用通用的零件、专用的机器和流水线的生产模式，将劳动者进行高度分工，提升劳动者对特定技能的掌握，来生产标准化的产品，并向统一的市场投放。这些原则特别适用于当时的汽车产业，况且汽车行业发展初期的消费者对个性化还不存在需求，因此"规模化生产"首先在汽车行业被提出来也就不奇怪了。总之，"规模化"的关键是先进的技术和高水平的流水线设备，其核心竞争力就是规模经济带来的成本优势。

自从1885年，德国工程师卡尔·奔驰制成了第一辆汽车——一辆三轮内燃机汽车以来，世界汽车工业已经走过了120多年的历史。汽车业已经从整个制造领域到消费领域对世界产生了重大影响，福特汽车的"规模化生产"影响了整个20世纪的制造业。而今，消费者的"个性化需求"正在潜移默化地促使众多汽车企业向"规模化定制"的方向发展。随着时代的发展，汽车工业以其自身特点，既在不断推进自身生产方式和管理模式的演进，也在不断影响消费者的生活方式。

资料来源：零点数据。

案例与资料阅读4-2
软件的成本与定价

目前，软件行业仍然是利润极高的行业，不然盖茨也就不会是世界首富了。我们熟悉的Windows 98卖了近8年，赚的钱已经足够搞几十个Windows 98了。

1. 较大的固定成本和趋近于零的边际成本

与其他传统商品有很大的不同，软件程序的开发、设计是复杂的创造性劳动，凝结了人类的智慧与创新，为此生产者支付较大的成本，这是软件商品生产中的固定成本支出。如果软件开发出来之后，增加一个产品带来的总成本的增量，即向载体附着的成本就是生产的边际成本，例如把程序刻在一张光盘上，这个成本显然是很低的。对于一套正版软件来说，每张光盘的制造成本是1块多钱，高档软件加上包装成本充其量也就几块钱，当然软件的价格不能仅仅看制作成本，因为它更大的成本来自研发和设计费用。

软件商品具有较大的固定成本和趋近于零的边际成本的特点，这种独特的生产成本结构使得规模效益成为软件商品生产者极力追求的目标，只有大批量的销售才能使生产者收回先期支付的较大固定成本并盈利，如果商品有了较大的市场占有率，那么就会因为资金的积累在新的竞争中处于优势。如果一个软件商品的生产者不能大量地出售自己的产品，那么他先期的巨额投入将无法回收，成为沉没成本。

另外，趋近于零的边际成本也使得盗版现象频繁发生，刻录一张光盘很便宜，一方面盗版使得普通消费者以低廉的价格使用软件商品，扩大了软件商品的用户群体。另一方面盗版将侵蚀正版软件商品的市场，损害软件商品生产者的利益，削弱了他们创新的动力。并且迫使生产者花费大量成本去防止盗版的发生，道高一尺，魔高一丈，防伪技术和伪造的技术都在提高，造成正版和盗版商品成本的双重攀升，这部分成本对于整个社会来说是净损失，而消费者是这种成本增量的最后承担者。

2. 软件商品的特殊定价方式

对于一般的物质产品来说，大多采用成本定价法，先是计算固定设备的折旧、原材料的投入、工人的工资、生产的管理费用等，把成本加总，然后加上一定的比率，确定产品的价格，但是对于软件商品来说却不是这样。因为独特的成本结构，很难判断软件产品的平均成本，它的价格主要是根据消费者对软件商品的价值判断形成的，消费者的评价是其价格确定的主要依据。

第一，软件商品的提供者会根据顾客对软件商品的价值评价和对价格的敏感程度来确定软件商品的价格，对软件商品计价高的或对价格敏感性弱的顾客，生产者卖给高价的精装版本，对评价低的或对价格较敏感的顾客则卖给价格低的平装版本。比如，同样功能的一套软件，有的标明是办公用的，有的则是家庭用的，其价格的差异并不足以反映其功能的差别。

第二，软件商品实行分期定价的原则，即对不同时期的顾客实行不同的价格，在产品新推出的时候，有的顾客追求功能的领先，马上购买，这时候价格是比较高的。有的人就对软件商品的需求并不急切，过了一段时间之后，就等着买降价产品。

资料来源：网络经济研究。

习题

1. 假设利润为总收益减总成本后的差额，总收益为产量和产品价格的乘积。某产品的总成本（单位：万元）的变化率即边际成本是产量（单位：百台）的函数 $C' = 4 + Q/4$，总收益的变化率即边际收益也是产量的函数 $R' = 9 - Q$，试求：

（1）产量由1万台增加到5万台时总成本和总收益各增加多少？

（2）产量为多少时利润最大？

（3）固定成本 $FC = 1$（万元），产量为18时总收益为零，则总成本和总利润函数如何？最大利润为多少？

2. 假设某产品的边际成本函数为：$MC = 3Q$，当生产3单位产品时，总成本为292。试求总成本函数、平均成本函数和可变成本函数。

第 5 章

市场结构理论

经济学家根据市场上竞争与垄断的程度把现实中的市场分为四种类型：完全竞争市场、完全垄断市场、垄断竞争市场和寡头垄断市场。完全竞争市场和完全垄断市场是两个极端，垄断竞争市场和寡头垄断市场是介于这两种极端之间的状态，是竞争和垄断不同程度的结合，又称为不完全竞争或不完全垄断市场。

5.1 完全竞争市场

5.1.1 完全竞争市场的含义与条件

完全竞争市场又称纯粹竞争市场，是指一种竞争不受任何阻碍和干扰的市场结构。一种行业市场实现完全竞争的条件包括：

（1）市场上有许多生产者与消费者。这些生产者与消费者的规模都很小，其任何一个的销售量或购买量在整个市场上都只占很小的比例，从而也就无法通过自己的买卖行为影响市场价格。市场价格是由整个市场的供求关系决定的，每个生产者与消费者都只能是市场既定价格的接受者，而不是这一价格的决定者。

（2）市场上的产品是同质的，也就是不存在产品差别。这里所说的产品差别不是指不同产品之间的差别，而是指同种产品在质量、包装、牌号或销售条件等方面的差别。例如，产品差别不是指自行车与汽车的差别而是指自行车在质量、包装、牌号或销售条件方面的差别，即永久牌自行车和奔月牌自行车的差别，或者28男车与26女车的差别，黑色车与绿色车的差别等。产品差别会形成垄断，不存在产品差别厂商就无法以自己产品的特点来形成垄断，在不存在垄断的情况下就能实现完全竞争。

（3）市场信息是畅通的。生产者与消费者都可以获得完整而迅速的市场供求信息，不存在供求以外的因素对价格决定和市场竞争的影响。

（4）资源完全自由流动。这也就是说每个厂商都可以根据自己的意愿自由进入或退出某个行业。

在形成完全竞争市场的条件中，前两个条件是最基本的。现实中完全符合这些条件的市场实际上是不存在的。接近于这些条件的市场是农产品市场。因此，一般把农产品市场作为完全竞争的市场。

5.1.2 完全竞争市场上的价格、需求曲线、平均收益与边际收益

1. 价格与需求曲线

在论述这一问题时，首先必须区分整个行业与个别厂商。对整个行业来说，需求曲线是一条向右下方倾斜的曲线，供给曲线是一条向右上方倾斜的曲线，整个行业产品的价格就由这种需求与供给决定。但对个别厂商来说，情况就不同了。当市场价格确定之后，对个别厂商来说，这一价格就是既定的，无论它如何增加产量都不能影响市场价格。换言之，在既定的价格之下，市场对个别厂商产品的需求是无限的。因此，市场对个别厂商产品的需求曲线是一条由既定市场价格出发的平行线。可用图5-1来说明市场价格的决定与个别厂商的需求曲线。

在图5-1中，图5-1a说明了整个行业的供求如何决定价格，这时的价格水平为P_0。图5-1b为个别厂商的情况，这时价格为市场的既定价格P_0，在这种价格下，市场对个别厂商的需求是无限的，因此，需求曲线为D。

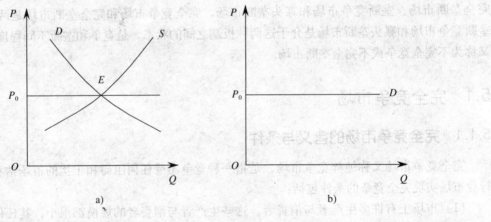

图5-1　市场价格的决定与个别厂商的需求曲线

2. 平均收益与边际收益

厂商按既定的市场价格出售产品，每单位产品的售价也就是每单位产品的平均收益，即价格等于平均收益。

在完全竞争的条件下，个别厂商销售量的变动并不能影响市场价格，这就是说，厂商每增加一单位产品销售的边际收益也不会变，因此，平均收益与边际收益相等。

设总收益为价格与产量（即销售量）的乘积，即

$$TR = P \times Q$$

平均收益为总收益与销售量的商，即

$$AR = TR/Q = PQ/Q = P$$

上式说明，平均收益一定等于价格。

边际收益是增加一单位销售量所得到的收益，因为对一个厂商来说，无论销售量增加多少，市场价格是不变的，所以

$$MR = \frac{\mathrm{d}(TR)}{\mathrm{d}Q} = \frac{\mathrm{d}(PQ)}{\mathrm{d}Q} = P$$

由 $AR = P$，$MR = P$，可得 $MR = AR$。

必须注意的是，在各种类型的市场上，平均收益与价格都是相等的，因为每单位产品的售价就是其平均收益。但只有在完全竞争市场上，对个别厂商来说，平均收益、边际收益与价格才相等。因为只有在这种情况下，个别厂商销售量的增加才不影响价格。可以用表5-1来说明完全竞争市场上，价格、平均收益与边际收益的相等关系。

表5-1 完全竞争市场上的价格与收益

销售量	价格	总收益	平均收益	边际收益
0	10	0	0	0
1	10	10	10	10
2	10	20	10	10
3	10	30	10	10
4	10	40	10	10
5	10	50	10	10
6	10	60	10	10

正因为价格、平均收益和边际收益都是相等的，所以，平均收益曲线、边际收益曲线与需求曲线都是同一条线，即图5-1b中的 D。这条需求曲线的需求价格弹性系数为无限大，即在市场价格为既定时，对个别厂商产品的需求是无限的。

5.1.3 完全竞争市场上厂商的短期均衡

在短期内，厂商不能根据市场需求来调整全部生产要素，因此，从整个行业来看，有可能出现供给小于需求或供给大于需求的情况。从整个行业的市场来看，如果供给小于需求，则价格高；如果供给大于需求，则价格低。短期均衡就是要分析这两种情况下厂商产量的决定与盈利状况。

我们先用图5-2a来分析供给小于需求、价格水平高的情况。

在图5-2a中，市场价格为 ON，对个别厂商来说，需求曲线 dd 是从 N 引出的一条平行线。这条需求曲线同时也是平均收益曲线 AR 与边际收益曲线 MR。SMC 为短期边际成本曲线，SAC 为短期平均成本曲线。

厂商为了实现利润最大化就要使边际收益等于边际成本。因此，边际收益曲线与边际成本曲线的交点 E 就决定了产量为 OM。这时，厂商的总收益为平均收益与产量的乘积，即图5-2a中的 $OMEN$。总成本为平均成本与产量的乘积，当产量为 OM 时，平均成本为 OG，所以总成本为图中的 $OMKG$。从图上看，总收益大于总成本，即 $OMEN > OMKG$，所以存在超额利润，

超额利润就是图中的*GKEN*。

然后，我们用图5-2b来分析供给大于需求，价格水平低的情况。在图5-2b中，产量仍由边际收益曲线与边际成本曲线的交点决定，为*OM*。厂商的总收益仍为平均收益与产量的乘积，即图中的*OMEN*。总成本仍为平均成本与产量的乘积，即图中的*OMKG*。从图上看，总收益小于总成本，即*OMEN*<*OMKG*，所以存在亏损，亏损就是图中的*NEKG*。

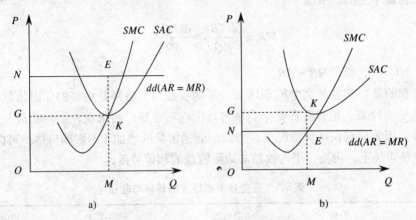

图5-2 完全竞争市场上的短期均衡

在短期中，厂商均衡的条件是边际收益等于边际成本，这就是说，个别厂商按*MR* = *MC*决定产量时就实现利润最大化（或者说亏损最小化）。

那么，如果整个行业供大于求，市场价格低，个别厂商处于亏损状态，它们还会生产吗？这就涉及前面所讲的停止营业点的问题。我们用图5-3来说明这一点。

在图5-3中，市场价格P_1低于均衡价格P_0，厂商有亏损。这时，厂商是否生产则取决于平均可变成本*AVC*的状况。价格P_1所决定的需求曲线*dd*与*AVC*相交于E_1，E_1就是停止营业点。当价格为P_1时，所得到的收益正好抵偿平均可变成本。因为短期中固定成本是不变的，无论是否生产都要支出，所以，只要收益可以弥补可变成本，厂商就要生产。但如果价格低于P_1，厂商连可变成本也无法弥补，它就无论如何不生产了。这就是E_1点作为停止营业点的意义。停止营业点是由平均可变成本与价格水平决定的，在这一点上平均可变成本等于价格水平。

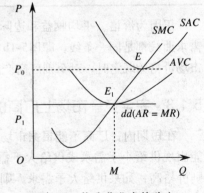

图5-3 停止营业点的确定

5.1.4 完全竞争市场上厂商的长期均衡

在长期中，各个厂商都可以根据市场需求来调整全部生产要素和生产规模，也可以自由进入或退出该行业。这样，整个行业供给的变动就会影响市场价格，从而影响各个厂商的均衡。具体来说，当供给小于需求、价格高时，各厂商会扩大生产，其他厂商也会涌入该行业，从而整个行业供给增加，价格水平下降。当供给大于需求、价格低时，各厂商会减少生产，有些厂商会退出该行业，从而整个行业供给减少，价格水平上升。最终价格水平会达到使各个厂商既无超额利润又无亏损的状态。这时，整个行业的供求均衡，各个厂商的产量也不再调整，于是就实现了长期均衡。可用图5-4来说明这种情况。

在图5-4中，LMC是长期边际成本曲线，LAC是长期平均成本曲线。虚线dd_1为整个行业供给小于需求时个别厂商的需求曲线，虚线dd_2为整个行业供给大于需求时个别厂商的需求曲线。如上所述，当整个行业供给小于需求时，由于价格高会引起整个行业供给增加，进而造成价格下降，个别厂商的需求曲线dd_1向下移动。当整个行业供给大于需求时，由于价格低会引起整个行业供给减少，从而价格上升，个别厂商的需求曲线dd_2向上移动。这种调整的结果使需求曲线最终移动到dd。这时，边际成本曲线（LMC）与边际收益曲线（MR）相交于E，决定了产量为OM。这时，总收益为平均收益与产量的乘积，即图上的OMEN，总成本为平均成本与产量的乘积，也就是图上的OMEN。这样，总收益等于总成本，厂商既无超额利润又无亏损，因此，也就不再调整产量，从而实现了长期均衡。

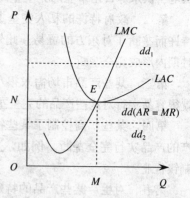

图5-4 完全竞争市场上的长期均衡

由图5-4还可以看出，当实现了长期均衡时，长期边际成本曲线（LMC）和长期平均成本曲线（LAC）都相交于E点。这说明，长期均衡的条件是：

$$MR = AR = LMC = LAC$$

在理解长期均衡时要注意两点：第一，长期均衡的E点就是收支相抵点，这时成本与收益相等。厂商所能获得的只能是作为生产要素之一企业家才能的报酬——正常利润。正常利润作为用于生产要素的支出之一，是成本。所以，在收支相抵中就无法实现超额利润。第二，当实现长期均衡时，平均成本与边际成本相等。我们知道，平均成本与边际成本相等，也就是这两条曲线相交时，平均成本一定处于最低点。这就说明，在完全竞争的条件下，厂商可以实现成本最小化，也就是经济效率最高。这正是经济学家把完全竞争作为最优状态的理由。

5.2 完全垄断市场

5.2.1 完全垄断的含义与条件

1. 含义

完全垄断又称垄断，是指整个行业的市场完全处于一家厂商所控制的状态，即一家厂商控制某种产品的市场。

在理解完全垄断时要注意两点：第一，完全垄断市场中只有一家厂商，没有第二家。因为只有一家厂商时才能形成完全垄断。因此，完全垄断市场中一家厂商构成了一个行业，这一厂商的均衡也就是全行业的均衡。这一点与其他市场不同。第二，完全垄断也是经济中的一种极端情况。如果说完全竞争是只有竞争而没有垄断因素的一个极端的话，完全垄断则是只有垄断而没有竞争因素的另一个极端。严格来说，在市场经济中除了个别行业外，完全垄断并不多，但在计划经济中，完全垄断则是普遍存在的。

2. 形成完全垄断的条件

第一，政府借助于政权对某一行业进行完全垄断。例如，许多国家政府对铁路、邮政、供电、供水等公用事业的完全垄断。

第二，政府特许的私人完全垄断。例如，英国历史上的东印度公司就是由于英国政府的特许而垄断了对东方的贸易。此外，政府根据法律赋予某些产品生产的专利权，也会在一定时期内形成完全垄断。

第三，某些产品市场需求很小，只有一家厂商生产即可满足全部需求。这样，某家厂商就很容易实行对这些产品的完全垄断。

第四，某些厂商控制了某些特殊的自然资源或矿藏，从而就能对使用这些资源和矿藏生产的产品实行完全垄断。例如，加拿大国际制镍公司也由于控制了世界镍矿的90%而垄断了制镍行业。

第五，对生产某些产品的特殊技术的控制。例如，美国可口可乐公司就是控制了制造可口可乐饮料的配方而在很长时期内垄断了这种产品的供给。

5.2.2 完全垄断市场上的需求曲线、平均收益与边际收益

1. 需求曲线

在完全垄断市场上，一家厂商就是整个行业。因此，整个行业的需求曲线也就是一家厂商的需求曲线。这时，需求曲线就是一条表明需求量与价格呈反方向变动的向右下方倾斜的曲线。

2. 平均收益与边际收益

在完全垄断市场上，每单位产品的卖价也就是它的平均收益，因此，价格仍等于平均收益。

但是，在完全垄断市场上，当销售量增加时，产品价格会下降，从而边际收益减少，这样，平均收益就不会等于边际收益，而是平均收益大于边际收益。如前所述，收益变动规律与产量变动规律相同。根据平均产量与边际产量的关系，当平均产量或平均收益下降时，边际产量或边际收益小于平均产量或平均收益。在完全垄断市场上，需求曲线向右下方倾斜，从而平均收益曲线向右下方倾斜，即平均收益下降，因此，边际收益就一定小于平均收益。

可以用表5-2来说明平均收益、价格、边际收益之间的关系。

表5-2 完全垄断市场上的价格与收益

销售量	价格	总收益	平均收益	边际收益
0	—	0	—	—
1	6	6	6	6
2	5	10	5	4
3	4	12	4	2
4	3	12	3	2
5	2	10	2	-2
6	1	6	1	-4

从表5-2中可以看出，价格随销售量增加而下降，价格与平均收益相等，但平均收益并不等于边际收益。平均收益是在下降的，边际收益小于平均收益。由表还可以看出，需求曲线与平均收益曲线是重合的，是一条向右下方倾斜的线，而边际收益曲线则是平均收益曲线之

下一条向右下方倾斜的线，这说明边际收益的下降速度要快于平均收益。如图5-5中，$dd(AR)$是需求曲线与平均收益曲线，MR是边际收益曲线。

5.2.3　完全垄断市场上厂商的短期均衡

在完全垄断市场上，厂商可以通过对产量和价格的控制来实现利润最大化，但居于完全垄断地位的厂商并不能为所欲为，要受市场状况的限制。

如果价格太高，消费者会减少其需求，或购买其他替代商品。在短期内，厂商对产量的调整也要受到限制，因为在短期内，产量的调整同样要受到固定生产要素（厂房、设备等）无法调整的限制。在完全垄断市场上，厂商仍然根据边际收益与边际成本相等的原则来决定产量，这种产量决定后，短期中难以完全适应市场需求进行调整。这样，

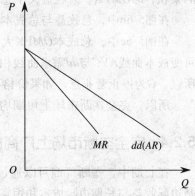

图5-5　平均收益、价格、边际收益
之间的关系

可能出现供大于求、供小于求和供求相等几种情况。在供大于求的情况下，会有亏损；在供小于求的情况下，会有超额利润；供求相等时，则只有正常利润。

可用图5-6来说明有超额利润、收支相抵、亏损这三种情况：

在图5-6a中，边际收益曲线（MR）与边际成本曲线（MC）的交点E决定了产量为OM，从M点向上的垂线就是产量为OM时的供给曲线，它与需求曲线dd相交于G，决定了价格水平为ON。

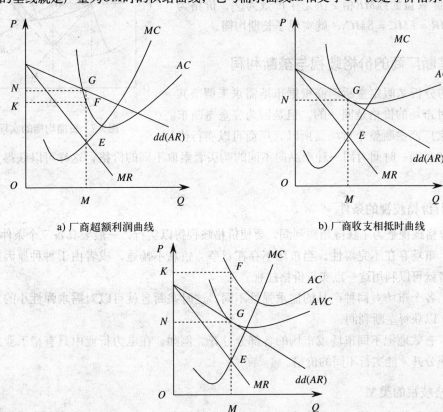

a) 厂商超额利润曲线

b) 厂商收支相抵时曲线

c) 厂商有亏损时曲线

图 5-6

这时总收益等于平均收益（价格）与产量的乘积，即$OMGN$，总成本为平均成本与产量的乘积，即$OMFK$。总收益大于总成本，$KFGN$为超额利润。

在图5-6b中，总收益与总成本相等，都为$OMGN$，所以收支相抵，只有正常利润。

在图5-6c中，总成本$OMFK$大于总收益$OMGN$，亏损为$NGFK$。这时只有如图所示，平均可变成本曲线AVC与dd需求曲线相切于G点，即总收益可以弥补可变成本，才可维持OM产量。所以，G为停止营业点，如果价格再低，就无法再生产了。

所以，完全垄断市场上短期均衡的条件是：$MR = MC$。

5.2.4 完全垄断市场上厂商的长期均衡

在长期中，垄断厂商可以通过调节产量与价格来实现利润最大化。这时厂商均衡的条件是边际收益与长期边际成本和短期边际成本都相等，即

$$MR = LMC = SMC$$

在图5-7中，在短期平均成本曲线为SAC_1时，产量为SMC_1与MR相交所决定的OQ_1时，$MR \neq LMC$，即边际收益不等于长期边际成本，所以，只是短期均衡，而不是长期均衡。在长期内，厂商要通过调整产量，实现$MR = LMC$。假设厂商把生产规模调整为短期平均成本曲线为SAC_2，这时短期边际成本曲线SMC_2与边际收益曲线MR相交决定了产量为Q_2，价格为P_2，这时$MR = LMC = SMC_2$，就实现了长期均衡。

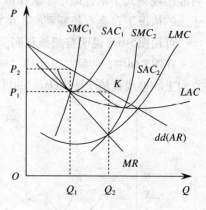

图5-7 长期均衡的实现

5.2.5 垄断厂商的价格歧视与垄断利润

以上的分析是假定垄断厂商根据市场需求来调节其产量，这时市场的价格是同一的。但是因为完全垄断市场上是一家厂商垄断整个市场，所以，厂商可以实行价格歧视，即在同一时间对同一种产品向不同的购买者索取不同的价格，这样可以获得更多的垄断利润。

1. 实行价格歧视的条件

实行价格歧视是为了获得超额利润，要使价格歧视得以实行，一般要具备三个条件：

第一，市场存在不完善性。当市场不存在竞争、信息不畅通，或者由于种种原因被分割时，垄断者就可以利用这一点实行价格歧视。

第二，各个市场对同种产品的需求弹性不同。这时垄断者就可以对需求弹性小的市场实行高价格，以获得垄断利润。

第三，有效地把不同市场或市场的各部分分开。例如，在电力行业中只有把工业用电网和民用电网分开才能实行不同的价格。

2. 价格歧视的类型

第一，一级价格歧视，又称完全歧视。这是指假设垄断者了解每一消费者为了能购进每单位产品所愿付出的最高价格，并据此来确定每一单位产品的价格。完全价格歧视就是每单

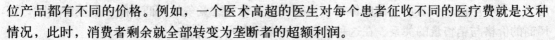

位产品都有不同的价格。例如，一个医术高超的医生对每个患者征收不同的医疗费就是这种情况，此时，消费者剩余就全部转变为垄断者的超额利润。

第二，二级价格歧视。这是指垄断厂商了解消费者的需求曲线，把这种需求曲线分为不同段，根据不同购买量确定不同的价格。例如，电力部门对不同的用电量区间（1~100、101~200、201~300）实行不同的价格，此时，垄断厂商可以把部分消费者剩余转变为自身的超额利润。

第三，三级价格歧视。这是指垄断厂商对不同市场的不同消费者实行不同的价格。例如，电力部门对工业用电与民用电实行不同的价格，此时，厂商可以在实行高价格的市场上获得超额利润，即把这个市场上的消费者剩余变为超额利润。

5.3　垄断竞争市场

5.3.1　垄断竞争的含义与条件

垄断竞争是指一种既有垄断又有竞争，既不是完全竞争又不是完全垄断的市场结构。

引起这种垄断竞争的基本条件是产品差别的存在。如前所述，产品差别是指同一种产品在质量、包装、牌号或销售条件等方面的差别。一种产品不仅要满足人们的实际生活或其他需要，而且还要满足人们的心理需要。同一种产品在质量、包装、牌号或销售条件等方面的差别，则会满足不同消费者的心理需要。例如，我们前面所提到的自行车，它除了满足人们便利交通的需要之外，还可以满足多种心理需要；名牌自行车可以满足显示社会身份的需要，式样别致、颜色鲜艳的自行车可以满足人们对美的追求；等等。每一种有差别的产品都可以以自己的产品特色在一部分消费者中形成垄断地位。这样，产品差别就会引起垄断，这就是经济学家所说的"有差别存在就会有垄断"的意思。但是，产品差别是同一种产品的差别，这样各种有差别的产品之间又存在替代性，即它们可以相互代替，满足某些基本需求。例如，不同牌号、颜色、类型的自行车都可以满足便利交通的需求，因此，可以互相替代。有差别产品之间的这种替代性就引起这些产品之间的竞争，所以，产品差别既会产生垄断，又会引起竞争，从而形成一种垄断竞争的状态。

有差别的产品往往是由不同的厂商生产的，因此，垄断竞争的另一个条件就是存在较多的厂商。这些厂商努力创造自己产品的特色以形成垄断，而这些产品之间又存在竞争，这就使这些厂商处于垄断竞争的市场中。

经济中许多产品都是有差别的，因此，垄断竞争是一种普遍现象，而最明显的垄断竞争市场是轻工业品市场。

5.3.2　垄断竞争市场上厂商的需求曲线

垄断竞争市场上，厂商面临着两条需求曲线，这就涉及每个厂商与其行业中其他厂商的关系。一条需求曲线表示，当一个厂商改变自己产品的价格，而该行业中其他与之竞争的厂商并不随它而改变价格时，该厂商的价格与销售量的关系。在这种情况下，该厂商的销售量会大幅度变动。如果该厂商在其他厂商价格不变的情况下降价，就把对其他厂商的需求吸引过来了。这条需求曲线比较平坦，表示价格小有变动，但需求量变动大。另一条需求曲线表示，当一个厂商改变自己产品的价格，该行业中其他与之竞争的厂商也随之改变价格时，该厂商的价格与销售量的关系。在这种情况下，该厂商的销售量变化不大。可用图5-8来说明这两条需求曲线。

在图5-8中，D_1为其他厂商价格不变而一家厂商价格变动时的需求曲线，D_2为其他厂商随一家厂商变动价格时的需求曲线。在图中，设原来的价格水平为OP_0，销售量为OQ_0。现在价格由OP_0下降为OP_1，当需求曲线为D_1时，某厂商的销售量由OQ_0增加至OQ_1，当需求曲线为D_2时，某厂商的销售量只能由OQ_0增加至OQ_2。价格下降的程度相同，但Q_0Q_2的增加显然小于Q_0Q_1。

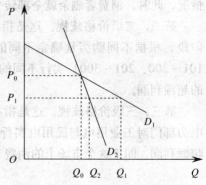

图5-8 垄断竞争市场的需求曲线

5.3.3 垄断竞争市场上厂商的短期均衡

图5-9可用来说明短期中一个厂商的均衡情况。

在图5-9中有两条需求曲线D_1与D_2，D_1是其他厂商价格不变时一家厂商的需求曲线，D_2是其他厂商价格也变动时一家厂商的需求曲线。每一家厂商都认为，由于厂商数目众多，如果它通过降低价格来增加销售量，那么，其他厂商并不会采取相同的方法，所以，自己的需求曲线为D_1。而当各家厂商都按这种想法行事时，实际上各厂商的需求曲线都是D_2。在短期中，厂商所面临的需求曲线D_2是不变的。和完全垄断市场上的厂商一样，垄断竞争厂商也要按利润最大化原则行事。结果从价格较高的A点开始，不断降低价格，增加销售量，当到B点时，边际收益等于边际成本，所决定的产量为OQ_0，价格为OP_0。在这一过程中，D_1实际上移动到了D_2，这时就实现了短期均衡。除了有两条需求曲线之外，垄断竞争市场上的厂商的短期均衡与完全垄断市场上相同。均衡条件是：

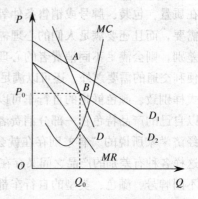

图5-9 垄断竞争市场的短期均衡

$$MR = MC$$

和完全垄断市场一样，垄断竞争市场上实现短期均衡时也可能有超额利润、收支相抵，或亏损。

5.3.4 垄断竞争市场上厂商的长期均衡

在垄断竞争市场上，长期中厂商可以调整自己的产量，其他厂商也可加入或退出某一行业，通过这些变动会最终使市场实现长期均衡。这种均衡状态如图5-10所示。

在图5-10中，边际收益与边际成本相等决定了产量为OQ_0，价格为OP_0，长期平均成本曲线与需求曲线相切于点E。所以，长期均衡的条件就是：

$$MR = MC, \quad AR = LAC$$

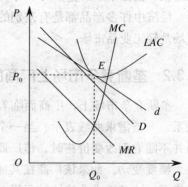

图5-10 垄断竞争市场的长期均衡

5.4　寡头垄断市场

5.4.1　寡头垄断的含义与条件

寡头垄断又称寡头，寡头原意是指为数不多的销售者，寡头垄断是指少数几家厂商垄断了某一行业的市场，控制了这一行业的供给。在这种市场上，几家厂商的产量在该行业的总供给中占了很大的比例，每家厂商的产量都占有相当大的份额，从而每家厂商对整个行业价格与产量的决定都有举足轻重的影响，而这几家厂商之间又存在着不同形式的竞争。

寡头垄断市场不受产品差别的影响，生产无差别产品的寡头称为纯粹寡头（例如钢铁、石油行业的寡头），生产有差别产品的寡头称为差别寡头（例如汽车、香烟、造船行业的寡头）。

寡头垄断市场在经济中占有十分重要的地位。例如在美国，钢铁、汽车、炼铝、石油、飞机制造、机械、香烟等重要行业都是寡头垄断市场，这些行业中大都是四五家公司的产量占全行业产量的70%以上。在日本、欧洲等发达国家也存在着同样的现象。

为什么在钢铁、汽车、造船这类行业中寡头垄断是最普遍的呢？我们知道，这些行业有一个基本特点，这就是这类产品只有在大规模生产时才能获得好的经济效益。因为这些行业都要使用先进的大型设备，要有精细的专业分工，这样，在开始投资时所需的资金十分巨大，只有在产量达到一定规模后平均成本才会下降，生产才是有利的。也就是说，在这一行业中，大规模生产的经济特别明显。这些行业中每个厂商的产量都十分大，这就决定了只要几家厂商存在他们的产量就可以满足市场的需求。此外，在开始建厂时所需投资的巨大，也使其他厂商很难进入这一行业，与这一行业中已有的几家大厂商进行竞争。何况已有的几家寡头也要运用各种方法阻止其他厂商的进入。因此，寡头垄断的形成首先是某些产品的生产与技术要求决定的；其次是这些寡头本身所采取的种种排他性措施，以及政府对这些寡头的扶植与支持造成的。

5.4.2　寡头垄断市场的特征

寡头垄断市场具有其他市场结构所没有的一个重要特征：几家寡头之间的相互依存性。在完全竞争与垄断竞争市场上，厂商数量都相当多，各厂商之间并没什么密切的关系，就像一袋互不相关的马铃薯一样。完全垄断市场上只有一家厂商，并不存在与其他厂商关系的问题。在完全竞争和垄断竞争市场上，各厂商都是独立地做出自己的决策，而不用考虑其他厂商的决策或对自己的决策的反应。在寡头垄断市场上，厂商数量很少，每家厂商都占有举足轻重的地位。他们各自在价格或产量方面决策的变化都会影响整个市场和其他竞争者的行为。因此，寡头垄断市场上各厂商之间存在着极为密切的关系。每家厂商在做出价格与产量的决策时，不仅要考虑到本身的成本与收益情况，而且要考虑到这一决策对市场的影响，以及其他厂商可能做出的反应。这就是寡头之间的相互依存性。

5.4.3　寡头垄断市场上产量的决定

各寡头相互之间有可能存在勾结，也有可能不存在勾结。在这两种情况下，产量的决定是有差别的。

1. 寡头之间存在勾结时产量的决定

当各寡头之间存在勾结时，产量是由各寡头之间协商确定的。而协商确定的结果有利于谁，则取决于各寡头实力的大小。这种协商可能是对产量的限定（例如，石油输出国组织对各产油国规定的限产数额），也可能是对销售市场的瓜分，即不规定具体产量的限制，而是规定各寡头的市场范围。当然，这种勾结往往是暂时的，当各寡头的实力发生变化之后，就会要求重新确定产量或瓜分市场，从而引起激烈的竞争。

2. 寡头之间不存在勾结时产量的决定

在不存在勾结的情况下，各寡头是根据其他寡头的产量决策来调整自己的产量，以达到利润最大化的目的的。这要根据不同的假设条件进行分析。经济学家曾做了许多不同的假设，并得出了不同的答案。例如伯兰特解、埃奇沃思解、斯塔克尔贝格解、张伯伦解、对策论解等。这里我们主要介绍古诺模型（又称双头理论）。

19世纪法国经济学家古诺研究了寡头垄断市场的一种特例：两家寡头垄断一个市场，提出了解释产量决定的古诺解。

古诺模型的假设条件是：第一，只有两个寡头甲与乙，生产完全相同的产品；第二，为了简单起见，假设生产成本为零；第三，需求函数是线性的；第四，各方都根据对方的行动做出反应；第五，每家寡头都通过调整产量来实现利润最大化。

可以用图5-11来说明古诺模型。

在图5-11中，DB 为两家寡头所面临的需求曲线。当不考虑生产成本时，总产量为 OB，价格为零。在开始时，市场上只有甲寡头，它以价格 AP（OC），供给产量 OA，（$OA = 1/2 \times OB$）。这就是说，在销售量为 OA，价格为 OC 时，它可以实现利润最大化。这时利润为 $OAPC$（$OAPC$ 为直角三角形 OBD 的最大内接四边形）。

当乙寡头加入后，甲寡头的销售量仍为 OA，市场剩余的需求量为 AB，乙寡头供给 AB 的一半，即 AH，可获得最大利润。当乙寡头供给 AH 时，总供给量增加到 OH，因此，价格下降为 ON。这时，甲寡头的收益减少为

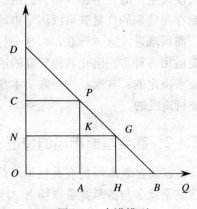

图5-11 古诺模型

$OAKN$。假定甲寡头认为乙寡头会保持销售量为 AH，甲寡头为了达到利润最大就要供给 $1/2 \times (OB-AH)$。由于 $1/2 \times OB > 1/2 \times (OB-AH)$，甲寡头的销售量减少了。这样留下由乙寡头供给的数量就增加了，乙寡头的供给就要大于 AH，即乙寡头根据甲寡头减销售量的行动做出的反应是增加自己的销售量。在双方对对方行动做出反应的过程中，甲寡头的产量逐渐减少，乙寡头的产量逐渐增加，直至两个寡头平分总供给量为止。这时，他们的总销售量将为 $2/3 \times OB$，每人各为 $1/3 \times OB$。由此可以推出，当有三个寡头时，总销售量为 $3/4 \times OB$，各个寡头为 $1/4 \times OB$。所以，从古诺模型所推导出的是：当有 n 个寡头时，总供给量为 $\left(\dfrac{n}{n+1}\right)OB$，每个寡头的供给量是 $\left(\dfrac{1}{n+1}\right)OB$。

5.4.4 寡头垄断市场上价格的决定

寡头垄断市场上价格的决定也要区分存在或不存在勾结。在不存在勾结的情况下，价格

决定的方法是价格领先制和成本加成法；在存在勾结的情况下，则是卡特尔。

1. 价格领先制

价格领先制又称价格领袖制，指一个行业的价格通常由某一寡头率先制定，其余寡头追随其后确定各自的价格。如果产品是无差别的，价格变动可能相同，即价格变动幅度相同。如果价格是有差别的，价格变动可能相同，也可能有差别。作为价格领袖的寡头厂商一般有三种情况：

第一，支配型价格领袖。领先确定价格的厂商是本行业中最大的、具有支配地位的厂商。它在市场上占有份额最大，因此对价格的决定举足轻重。它根据自己利润最大化的原则确定产品价格及其变动，其余规模较小的寡头则根据这种价格来确定自己的价格以及产量。

第二，效率型价格领袖。领先确定价格的厂商是本行业中成本最低，从而效率最高的厂商。它对价格的确定也使其他厂商不得不随之变动。

第三，晴雨表型价格领袖。这种厂商并不一定在本行业中规模最大，也不一定效率最高，但它在掌握市场行情变化或其他信息方面明显优于其他厂商。这家厂商价格的变动实际是首先传递了某种信息，因此，它的价格在该行业中具有晴雨表的作用，其他厂商会参照这家厂商的价格变动而变动自己的价格。

2. 成本加成法

这是寡头垄断市场上一种最常用的方法，即在估算的平均成本的基础上加上一个固定百分率的利润。例如，某产品的平均成本为100元，利润率确定为10%，这样，这种产品的价格就可以定为110元。平均成本可以根据长期中成本变动的情况确定，而所加的利润比率则要参照全行业的利润率情况确定。这种定价方法可以避免各寡头两败俱伤。从长期来看，这种方法能接近于实现最大利润，是有利的。

3. 卡特尔

各寡头之间进行公开的勾结，组成卡特尔，协调它们的行动，共同确定价格。例如，石油输出国组织就是这样一个国际卡特尔。卡特尔共同制定统一的价格，为了维持这一价格还必须对产量实行限制。但是，由于卡特尔各成员之间的矛盾，有时达成的协议也很难兑现，或引起卡特尔解体。在不存在公开勾结的卡特尔的情况下，各寡头还能通过暗中的勾结（又称默契）来确定价格。

案例与资料阅读5-1

草原兴发的"绿鸟鸡"
产品差异化

"草原绿鸟鸡"是草原兴发的起家产业，也是支柱产业。该公司创建于1993年，目前该公司发展为拥有总资产30亿元、员工1万人的中国最大的草原肉食品的生产企业，是我国农业产业化国家重点龙头企业。其产品远销日本、阿联酋、阿曼、俄罗斯、中国香港特别行政区等7个国家和地区。"草原绿鸟鸡"、"羔羊肉"、"世界屋脊牛"是其三大主业，2004年实现销售收入29亿元。其中，"草原绿鸟鸡"占公司销售收入的55%以上，利润的60%以上。"草原绿鸟鸡"以其独特的绿色产品形象占据了国内肉鸡市场一席之地，迄今为止，还没有出现同类产品（绿色产品）成规模的竞争对手，其产品具有持久竞争优势。

我国的白羽肉鸡是从美国引进的（两代退化后，再引进），其优点是生长速度快，从蛋到出栏仅需要8周时间，重量2.5千克左右，国内市场价格每吨7000～8000元。缺点是疫病多且严重，特别是按照国内肉鸡业的"集中舍养"养殖模式，更容易产生各种病菌和传染。为此，饲养者不得不喂药，平均每只肉鸡大约用1～1.5元的抗生素等药，致使肉鸡存在药残留问题。面对国际贸易中的"规定疫病、药残、动物福利"等贸易壁垒，无法克服和解决。而且中国的肉鸡产业经营模式雷同，竞争激烈。"草原兴发"经过十几年的努力，改变了产业规则——肉鸡的传统养殖模式。通过养殖模式的创新，成功地开发了绿色产品——"草原绿鸟鸡"，实现了产品差异化，从而建立了产品竞争优势。

"草原兴发"的养殖模式是：在草地上进行放养，好处是野外通风好，又给鸡运动的机会，不容易得病，也不容易传染。"绿鸟鸡"养殖模式采用的是生态学方法，卓有成效地解决了肉鸡疫病防治难题（包括禽流感防治）。饲养符合人类食品安全标准的健康家禽，需要绿色饲养场所和新鲜的空气，"绿鸟鸡"在绿鸟鸡牧场里放牧饲养，符合绿色生态养殖对环境的要求，主要体现在：①放牧减少了饲养密度，增大了鸡的活动空间，改善鸡群所处的环境，使其融入大自然之中，有利于提高鸡的健康素质。②放牧增加了运动量，从而改善了鸡肉的品质。③放牧条件使得鸡只可以采食到青草、昆虫、草籽和砂粒，补充多种维生素和微量元素，使鸡肉品质得以提高。④放牧场内有许多有益的药草，鸡采食后，有利于体质的调理，增强免疫力，提高健康状况。"草原绿鸟鸡"放养8周时间，重量1.5千克左右。尽管比"集中舍养"的肉鸡产量低了60%，但是其产品具有了差异化，成功地塑造了绿色产品形象，市场需求增加。而且由于是绿色产品，每吨市场售价达到17 000～18 000元，比其他企业的肉鸡售价高出约140%。

目前，"草原兴发"控制了"草原绿鸟鸡"的整个产业链，涉及第一、二、三产业。

第一产业主要是控制了养殖业（通过贷款渠道、种鸡、养殖技术指导、防疫、高价收购），首先，"草原兴发"控制了放养的雏鸡，其与中国农业大学等科研单位合作，将从美国进口的种鸡改良成为自己能够控制的种鸡。其次，为放养户申请小额贷款提供服务：贷款是由放养户申请，"草原兴发"证明其用途，信用社分发，并且由"草原兴发"回收商品鸡时，直接归还。农户投资塑料大棚1万元左右的规模，一般可养殖5000只鸡，通风不用电风扇，照明不用电灯，成本比较低。一年可从4月份开始养殖，到9月份可养殖三批。养殖鸡是由"草原兴发"控制的种鸡孵化出的，卖给放养户（同时领取一个登记手册，详细记录养殖数量，并且在此还会陆续登记由"草原兴发"提供的防疫、购买的饲料情况等），放养户到鸡出栏期，如数再卖给"草原兴发"（以高于市场价）。到了冬天"草原兴发"利用天然的冷冻季节，存储一批肉鸡以平衡产销。

第二产业的加工业是"草原兴发"的主业，主要包括饲料加工、肉鸡加工、肉食品加工（熟食品），而且饲料加工、肉鸡加工也是其主要的增值环节。饲料加工一部分是"草原兴发"自己建立的加工厂，一部分是他人投资或者是地方政府投资，"草原兴发"对饲料加工的控制是以饲料质量检验和饲料添加产品实现的，所用玉米则由加工厂收购或放养户委托加工时自己提供。

第三产业是通过"一园二店"的模式发展起来的。"一园"为涮烤园，"二店"为快餐店和绿食店。其中，快餐店经营内容实行快餐与火锅相结合，店内就餐与打包送餐相结合，餐饮与熟食零售相结合。绿食店基本上专营"草原兴发"产品，在超市中建立"店中店"，在农贸市场建立"场中店"，还有嫁接在涮烤园中的"园中店"。在建立自营样板店（自称为"旗舰店"）的基础上，发展加盟连锁店，目前草原兴发涮烤园在全国发展到1500多家，"草原绿鸟鸡"火锅快餐店达到1000多家，绿食店达到3000多家。这些环节为"草原兴发"的产品迅速进入市场和直接满足消费者需求起到了关键性的作用，也使"草原绿鸟鸡"拥有了自己独特的销售渠道。同时，也为绿色品牌形象的树立起到了重要作用。

"草原绿鸟鸡"是"草原兴发"在天然草原和人工草地上放牧饲养的肉食鸡，我国东北地区是进行"草原绿鸟鸡"发展的理想区域，这些地方地理环境干燥、丘陵、荒坡、草原的植被和通风条件好，有利于放养"草原绿鸟鸡"，而且气候四季分明，在春、夏季节放养，在冬季可以彻底灭菌。如果有新的竞争对手出现，会首先在这些地方出现。"草原兴发"迅速占据和覆盖了这些养殖地，并迅速扩张，相继在内蒙古的赤峰、通辽、兴安盟等东四盟市，黑龙江、吉林、辽宁三省西部农牧交错带，建立了11家工厂，年饲养加工能力1亿只。在黑龙江、吉林、辽宁发展了养殖、饲料加工、肉鸡加工。在发展过程中，与当地政府建立共同发展经济的同盟关系，使政府在以下政策方面对"草原兴发"给予了支持：为农户养殖解决水、电等基础设施，为农户养殖融资、投资开办养殖场和饲料厂。由于当地政府为了带动当地养殖业和农业的发展，投资积极，投资额往往达到70%左右，但是建成后所有权归"草原兴发"。事实上，这就牢固地建立了"草原兴发"的放牧饲养基地。

资料来源：经济管理。

案例与资料阅读5-2
"移动公司高利润"的思考⊖

在提倡科学发展观，构建和谐社会的今天，我们仍然看到许多垄断企业的霸气，让我们上网打出"霸王条款"、"××垄断公司乱收费"，众多信息简直让人难以置信。人们抱怨的焦点是"短信骚扰、话费误差、信息费乱收"等行为，这些行为在许多地区可以说达到了泛滥的程度，例如在某县移动公司的营业厅，一个小时内来此取消"各种定制业务"的人就达20人左右。

以上现象的长期发生说明我国现行的电信产业管制有很大缺陷，不是说"不要管制"，而是要"改进管制"。要实现"电信产业公平发展，电信产业发展对社会公平"。下面简要叙述一下我国电信产业管制存在的问题及对策。

1. 中国电信产业存在的问题

目前信息产业部作为我国电信管制机构，按照《中华人民共和国电信条例》规定对全国电信业实施监督管理。目前我国电信管制体系存在以下问题。

（1）现有电信监管的法规不够完善。我国信息产业部天生与各电信企业有着千丝万缕的联系，再加上监管政策的制定缺乏足够透明的谈判过程，因此导致违法行为责任过轻、违法成本过低且得不到有力制裁。同时，《电信法》等迟迟不能出台，信息产业部缺乏明确的法律地位，致使监管部门在行使具体的行政执法职能时依据不足，监管效率受到严重影响。

（2）监管机构能力不强。一方面，电信监管机构编制紧张，在地市以下基层电信市场缺少监管力量，导致电信监管能力有限；另一方面，现有电信监管机构的人员大部分来自企业，缺乏对政府公共事务管理、电信市场监管的专业知识和执法理念，因此在理解和实施法律制度方面出现

⊖ 此为自编案例。

了较大的差异，出现了全国市场针对同一问题采用不同处理方式的现象。

（3）信息产业管制机构缺乏权威性和相对独立性。我国信息产业部受国务院的直接干预，如电信产业的一些重要项目由国务院拍板决定，也受国家发改委等横向政府部门的直接制约，如国家发改委对电信价格调整等具有更大的决定权。这就使信息产业部难以独立地对电信产业的市场进入、价格、服务质量、重大投资等实行综合性管制。根据现有的干部管理体制，不仅信息产业部的主要领导，中国电信、中国网通、中国移动、中国联通等中央直属企业的主要领导都由中央组织部统一任命，随着相当一部分信息产业部的领导和这些大型国有电信企业的领导互换岗位，管制者与被管制者的关系也发生转变，这使信息产业部难以对实际上具有较高行政级别的国有大型电信企业采取有力的管制措施，管制者与被管制者一对一的没完没了的"讨价还价"，很难维护管制者的权威性。

2. 重构我国电信监管体系的总体思路与政策建议

在分析具体存在问题的基础上，充分学习和借鉴发达国家的经验和做法，尽快完善我国电信管制体制，少走弯路，发挥后发优势，早日实现电信产业公平有序的发展环境。

（1）重构电信监管的法制基础。即将出台的《电信法》中，针对电信市场的类型、主体和利益关系，应前瞻地制定原则性和方向性的纲领。首先，明确立法的基本目标是：实现"电信产业公平发展，电信产业发展对社会公平"；其次，要明确独立性管制机构的法律地位、管制目标及权利、责任，最后，还要坚持在实践中推进阶段性的法律制度建设。随着电信产业发展和市场竞争状况的变化，不同时期的利益关系矛盾有所区别，电信法律制度应当适度变化。

（2）建立独立的电信管制机构——设立国家通信监管委员会。考虑到通信产业的专业特点及发展趋势，应该破除广电与电信相分离的人为政策界限，组建新的国家通信监管委员会。具体设想如下。

1）加强电信管制机构的独立性建设。要确保电信管制机构站在社会利益的角度，公平、公正地开展高效的管制工作，应做到以下几方面：管制机构实行集体负责制，成员经全国人民代表大会决定，对全国人民代表大会负责，独立于政府系列之外；成员一半以上是经济、法律方面的专家和电信技术专家；它是一个全国性机构，可在各省市设立分委员会或派出办事处，实行垂直管理；委员会具有相当充分的经费预算、人员聘用自主权，对人员招聘要规定必要条件，制定严格透明的程序，以防止"裙带关系"的发生。

2）电信管制机构的管制职能应适度集中。目前，我国的电信管制职能过于分散，在若干个政府部门之间分割：电信价格的制定和调整权在国家发改委，电信市场的准入权和市场结构的控制权在国务院，作为我国电信管制机构的信息产业部实际上只拥有电信产业政策的制定权、互联互通、普遍服务和服务质量的监管权。电信管制权分割造成的后果是责、权、利不对等，遇到问题，相互推诿。采用集权模式，电信管制机构的管制权力和管制职能相对集中，这样有利于管制机构更好地履行管制职能，也便于其积累电信领域的监管实践和经验。

3）建立和完善"监管"电信管制机构的监督体系。要求电信管制机构通过网站、新闻发布会等方式让社会公众充分了解电信管制机构的管制目标、工作流程和各种政策措施，通过听证会制度对电信管制机构的通信管制价格进行监督；建立电信管制的申诉和争端解决机制；人民代表大会通过调查、审计和绩效评估等多种手段对电信管制机构的工作进行全面考核和评价。保证电信管制机构努力改进管制工作，提高管制效率。

（3）以"国家通信监管委员会"为主管制，同时协调好与有关各方的关系。在政策部门与监管机构相互独立的情况下，政策部门的宏观政策职能与监管机构的微观监管职能之间的界限有可能会出现交叉或者重叠。因此，在保持监管权独立行使的前提下，应该通过一定的渠道加强各方之间的沟通，可以考虑设立政策部门与监管机构之间的一定沟通机制，如信息共享、人员流动、协商咨询等。

（4）电信管制体制改革的难点。在推进电信管制体制改革的过程中必然触及到既得利益者，如增加新的市场准入可能会冲击在位运营商的市场地位，给在位运营商的股东，包括政府及其他股东，带来直接的损失，因此各种阻力的存在是难免的。但是，绝不能够屈服于利益集团的阻挠，不能够听任各制度创新主体通过自发博弈行为来形成低效率的制度均衡格局。他们采取集体行动以增加其自身收益，不会关心社会总收益的下降或公共损失，他们的活动不是增加社会总收入而是减少社会总收入，为了社会的发展，必须严格管制。现代电信监管体制建立和实施的结果，我们将看到现有电信运营商所得的不合理垄断收入和非法收入的铲除，得到正常企业该得的合理收入；同时有助于增加电信国有资产经营效率提高所带来的增大的税收和投资收益、电信业竞争力增强和发展给国民经济带来的关联效应收益。

综上所述，我国政府应当抓住目前仍处于入世后过渡期的机遇，抓住我国通信行业仍处于上升周期的机遇，加快推进上述各项改革的进行，从而为我国通信产业的健康发展、社会可持续和谐发展奠定坚实的基础。

案例与资料阅读5-3
关于广告的争论

用于广告的资源是不是一种社会浪费？或者说广告有没有有价值的目的？判断广告的社会价值是困难的，而且往往引起经济学家之间的激烈争论。我们来考虑争论的双方。

1. 广告的批评者

广告的批评者认为，企业做广告是为了操纵人们的嗜好。许多广告是心理性的，而不是信息性的。例如，考虑某些品牌软饮料的典型电视商业广告。大部分商业广告并不是要告诉观看者产品的价格或质量。它只展现在一个阳光明媚的日子里，海边沙滩上有一群快乐的年轻人。每个人手中都拿一罐那种软饮料。商业广告的目的是要下意识地（如果不明显的话）传递一个信息："只有你喝我们的产品，你才能有这么多朋友和幸福。"广告的批评者认为，这种商业广告创造了一种本来不存在的欲望。

批评者还认为，广告抑制了竞争。广告往往努力使消费者相信，产品差别大于实际情况。通过增加产品差别的感觉和促进品牌忠诚，广告使买者不太关心相似产品之间的价格差别。在需求曲线缺乏弹性时，每个企业都要收取远远高于边际成本的价格加成。

2. 广告的拥护者

广告的拥护者认为，企业用广告向顾客提供信息。广告提供用于销售的物品的价格、新产品的存在，以及零售店的位置。这种信息可以使顾客更好地选择想购买的物品，从而提高了市场有效地配置资源的能力。

拥护者还认为，广告加剧了竞争。因为广告使顾客更充分地了解市场上的所有企业，这样顾客可以更容易地利用价格差别。因此，每个企业拥有的市场势力小了。此外，广告使新企业进入更容易，因为它给予新进入者从现有企业中吸引顾客的一个手段。

随着时间的推移，决策者逐渐接受了广告可以使市场更有竞争性的观点。一个重要的例子是对某些职业的管制，这些职业是律师、医师和药剂师。过去，这些集团都以广告"非职业性"为理由，成功地使州政府禁止这些行业做广告。但近年来，法院得出结论：这些对广告限制的主要影响是抑制了竞争。因此，它们取消了许多禁止广告的法律。

3. 广告与眼镜的价格

广告对一种物品的价格有什么影响呢？一方面，广告使消费者认为这种产品与他们在其他地方可以得到的不同。如果是这样的话，广告就减少了市场的竞争性，而且使企业的需求曲线更缺乏弹性，这就使企业收取较高的价格。另一方面，广告使消费者更易于找到提供最优价格的企业。在这种情况下，这就会使市场更有竞争性，并使企业需求曲线更富有弹性，从而使企业降低价格。

经济学家李·宾哈姆（Lee Benham）在1972年发表于《法学与经济学》杂志的一篇文章中检验了广告的这两种观点。20世纪60年代的美国，各州政府对配镜师做广告有极为不同的规定。一些州允许眼镜和验光服务做广告。但是，也有许多州禁止这种广告。例如，佛罗里达州的规定如下：

任何个人、企业或公司直接或间接地对治疗或矫正用镜片和镜架、完全治疗或矫正用的眼镜或任何验光服务做广告，无论是否有确定或不确定的价格与信用条件，都是违法的……这项规定符合公众健康、安全和福利的利益，而且，其规定在字面上体现了它的精神与目标。

专业配镜师热烈地支持这些对广告的限制。

宾哈姆把各州法律的差别作为检验两种广告观点的一个自然实验。结果令人惊讶。在那些禁止广告的州里，为一副眼镜支付的平均价格是33美元。（这个数字并不像看起来那么低，因为这是1963年的价格，当时所有的价格都比现在低得多。把1963年的美元折算成现在的美元，你可以乘以5。）在那些不限制广告的各州中，平均价格是26美元。因此，广告使平均价格下降了20%以上。在眼镜市场上，也许还在许多其他市场上，广告促进了竞争并使消费者得到了降低的价格。

4. 作为质量信号的广告

许多种广告很少有广告所宣传产品的明显信息。考虑一个引进一种新早餐麦片的企业。典型的广告会是某个高薪演员正在吃麦片，并感叹味道好极了。这个广告真正提供了多少信息呢？

回答是：可能比你想到的还多。广告的拥护者认为，即使看起来没有什么信息的广告，实际上也会告诉消费者关于产品质量的某些信息。企业愿意用大量的钱来做广告，这本身就向消费者传递了一个所提供产品质量的信号。

考虑两个企业——波斯特和凯洛格——所面临的问题。每个公司都将有新麦片上市，每盒销售价格为3美元。为了使事情简单，我们假设，生产麦片的边际成本是零，因此，3美元全是利润。每个公司都知道，如果把1000万美元用于广告，就能有100万消费者试用自己的新麦片。而且，每一个公司都知道，如果消费者喜欢麦片，他们就不是买一次，而是买许多次。

先来考虑波斯特的决策。根据市场研究，波斯特知道，它的麦片味道一般。虽然广告能使100万个消费者每人买一盒，但消费者很快就会知道，麦片并不怎么好，并不再购买了。波斯特决定，支付1000万美元广告费而只得到300万美元销售额并不值得。因此，它不打算做广告。它让厨师回厨房找另一种口味。

另一方面，凯洛格知道，它的麦片极棒。尝试过它的每一个人第二年每个月会买一盒。因此，1000万美元的广告费能带来3600万美元的销售额。在这里，广告有利可图，是因为消费者会反复购买凯洛格的好产品。因此，凯洛格选择做广告。

我们已经考虑了两个企业的行为，现在来考虑消费者的行为。我们从断言消费者倾向于尝试他们从广告上看到的新麦片开始。但这种行为是理性的吗？消费者会尝新麦片仅仅是因为卖者选择了做广告吗？

实际上，消费者尝试他们从广告上看到的新产品是完全理性的。在我们的故事中，消费者决定尝试凯洛格的新麦片，因为凯洛格做了广告。凯洛格选择做广告，是因为它知道它的麦片极棒，而波斯特选择不做广告，是因为它知道，它的麦片很平常。凯洛格通过为广告支付货币的意愿向消费者传递了其麦片质量的信号。每一个消费者会十分敏感地想到："孩子，如果凯洛格公司愿意用这么多钱为这种新麦片做广告，那么它肯定是好的。"

这种广告理论最令人惊讶的是，广告的内容是无关的。凯洛格通过它为广告支出的意愿传递了其产品质量的信号。广告说什么并不像消费者知道广告昂贵那么重要。与此相比，便宜的广告在向消费者表示质量上不可能有效。在我们的例子中，如果广告宣传用了不足300万美元，波斯特和凯洛格都可以用广告来推销它们的新麦片。由于好东西和一般东西都做广告，消费者不能从做广告这一事实中了解新麦片的质量。长期以来，消费者就学会了不理会这种便宜广告。

这种理论可以解释为什么企业会给著名演员大笔钱来做广告，而从表面上看，似乎又根本没有提供什么信息。信息并不在广告的内容中，而简单地在于广告的存在与昂贵中。

资料来源：经济学原理。

案例与资料阅读5-4

石油输出国组织

1960年9月，由伊朗、伊拉克、科威特、沙特阿拉伯和委内瑞拉的代表在巴格达开会，决定联合起来共同对付西方石油公司，维护石油收入，14日，五国宣告成立石油输出国组织（Organization of Petroleum Exporting Countries，OPEC），简称"欧佩克"。随着成员的增加，欧佩克发展成为亚洲、非洲和拉丁美洲一些主要石油生产国的国际性石油组织。欧佩克总部设在维也纳。

石油输出国组织的宗旨是，协调和统一各成员国的石油政策，并确定以最适宜的手段来维护它们各自和共同的利益。主要机构有：大会，是最高权力机关；理事会，负责执行大会决议和指导该组织的管理，秘书处，在理事会指导下主持日常事务。秘书处内设有一专门机构——经济委员会，协助该组织把国际石油价格稳定在公平合理的水平上。

2003年，该组织成员石油总储量为1191亿吨，约占世界石油储量的69%，其中排在前三位的成员分别是沙特阿拉伯（355亿吨）、伊朗（172亿吨）和伊拉克（157亿吨）。2003年，该组织成员原油产量为13亿吨，约占世界原油产量的39%，其中排在前三位的成员分别是沙特阿拉伯（4.2亿吨）、伊朗（1.8亿吨）和尼日利亚（1.06亿吨）。

为使石油生产者与消费者的利益都得到保证，欧佩克实行石油生产配额制。为防止石油价格飙升，欧佩克可依据市场形势增加其石油产量；为阻止石油价格下滑，欧佩克则可依据市场形势减少其石油产量。

资料来源：经济学原理。

习题

1. 完全竞争行业中的某企业的短期成本函数为$SC = 0.04Q^3 - 0.8Q^2 + 10Q + 5$。

（1）如果市场价格为$P = 10$元，试求企业利润最大化的产量和利润总额。

（2）当市场价格为多高时，企业只能赚取正常利润？当市场价格为多高时，企业将终止生产？

2. 假设市场中有大量企业，每家企业的长期成本函数都相同，为$LC = Q^3 - 4Q^2 + 8Q$，

（1）试求该市场达到长期均衡的价格。

（2）如果市场需求函数为$Q = 2000 - 100P$，在市场达到长期均衡时，市场交易量是多少？市场中容纳了多少家企业？

3. 假设垄断企业的成本函数为$50 + 20Q$，其面对的市场需求函数为$P = 100 - 4Q$，试求垄断企业利润最大化的产量、价格与利润。

4. 若垄断企业的成本函数为$C = 6Q + 0.05Q^2$，产品的需求函数为$Q = 360 - 20P$。

（1）计算垄断企业最大利润及相应的产量、价格。

（2）若政府限定最高售价为13元，此时垄断企业会提供多少产品？能得到多少利润？市场会出现短缺吗？

第 6 章

要素收入及分配理论

分配理论要解决为谁生产的问题，即生产出来的产品按什么原则分配给要素所有者。

英国经济学家马歇尔提出"四位一体"公式。这个公式概括了经济学分配理论的中心，即在生产中，工人提供了劳动，获得了工资；资本家提供了资本，获得了利息；地主提供了土地，获得了地租；企业家提供了企业家才能，获得了利润。简言之，各种生产要素都根据自己在生产中所做出的贡献而获得了相应的报酬，这份报酬就是生产要素的价格。所以，分配理论就是要解决生产要素的价格决定问题。生产要素的价格与产品的价格一样，是由供求关系决定的，这就是说，生产要素的需求与供给决定了生产要素的价格。因此，分配理论是价格理论在分配问题上的应用，分配是由价格决定的。本章从生产要素的需求与供给入手，然后介绍工资、利息、地租和利润理论，最后，从社会的角度来研究分配问题。

6.1 生产要素的需求与供给

6.1.1 生产要素的需求

1. 生产要素需求的性质

在商品经济条件下，生产要素市场和新产品市场是相互依存、相互制约的，因此，生产要素需求表现出许多特性。

（1）生产要素需求是一种引致需求。就需求来说，生产要素的需求是一种引致需求（derived demand）。所谓引致需求是指某种生产要素的需求是由它所生产的产品的需求决定的，亦称派生需求。企业雇用劳动力、资本、土地是为了生产产品，企业雇用生产要素的数量取决于他们的产品销售量能有多少。因此，企业对生产要素的需求反映了或根源于人们对产品本身的需求。例如，美国通用汽车公司对生产工人、机器和土地及建筑物的需求取决于人们对它的汽车的需求量。

（2）生产要素需求具有相互依存关系。在生产过程中，不可能仅用一种生产要素来生产产品，必须有若干要素相互配合。例如生产汽车，不仅需要钢材、设备、电力、厂房，还需要劳动力、企业家管理。因此，各种生产要素之间具有相互依存的关系。

在生产要素需求的相互依存关系中，既有合作关系，又有替代关系。合作关系，是指在生产某一种产品时，两个或两个以上的生产要素必须同时使用，它们的需求是互长互消的。在一定范围内，机器设备与劳动力又具有相互替代性。也就是说，为了生产相同数量的汽车，可能使用较多的机器设备和较少的劳动力，也可使用较多的劳动力和较少的机器设备。

在生产要素之间，不论具有合作关系，还是具有替代关系，它们之间的这种相互依存关系影响着相关生产要素的需求。

2. 生产要素需求的影响因素

由以上生产要素需求的性质可以看出，影响生产要素需求的主要因素包括：

（1）市场对产品的需求及产品的价格。这两个因素影响产品的生产与厂商的利润，从而也就要影响生产要素的需求。一般而言，市场对某种产品的需求越大，该产品的价格越高，则生产这种产品所用的各种生产要素的需求也就越大；反之，则需求减少。

（2）生产技术状况。生产的技术决定了对某种生产要素需求的大小。如果技术是资本密集型的，则对资本的需求量大；如果技术是劳动密集型的，则对劳动的需求大。

（3）生产要素的价格。各种生产要素之间有一定程度的替代性，如何进行替代在一定范围内取决于各种生产要素本身的价格。厂商一般要用价格低的生产要素替代价格高的生产要素，从而生产要素的价格本身对其需求就有重要的影响。

生产要素需求的派生性与相互依存关系，决定了它的需求比产品的需求要复杂得多，在分析生产要素需求时要注意这样一些问题：

第一，产品市场结构的类型是完全竞争还是不完全竞争。

第二，一家厂商对生产要素的需求与整个行业对生产要素需求的联系与区别。

第三，只有一种生产要素变动与多种生产要素变动的情况。

第四，生产要素本身的市场结构是完全竞争的还是不完全竞争的。

在以下的分析中，我们都假定一家厂商对一种生产要素的需求。

3. 完全竞争市场上的生产要素需求

厂商购买生产要素是为了实现利润最大化。这样，它就必须使购买最后一个单位生产要素所支出的边际成本与其所带来的边际收益相等。在完全竞争市场上，边际收益等于平均收益，即等于价格。因此，厂商对生产要素的需求就是要实现边际收益、边际成本与价格相等，即 $MR = MC = P$。

在完全竞争市场上，对一家厂商来说，价格是不变的。由此可见，厂商对生产要素的需求就取决于生产要素的边际收益。

生产要素的边际收益取决于该要素的边际生产力。在其他条件不变的情况下，增加一单位某种生产要素所增加的产量（或者这种产量所带来的收益）就是该生产要素的边际生产力。如果以实物来表示生产要素的边际生产力，则称为边际物质产品。如果以货币来表示生产要素的边际生产力，则称为边际收益产品。

根据边际收益递减规律，在其他条件不变的情况下，生产要素的边际生产力是递减的。因此，生产要素的边际收益曲线是一条向右下方倾斜的曲线。这条曲线也是生产要素的需求曲线。如图6-1所示。

在图6-1中，横轴OQ为生产要素需求量，纵轴OP为生产要素价格，MPP为边际物质产品曲线，即向右下方倾斜的边际生产力曲线，也就是生产要素需求曲线。当生产要素的价格为OP_0时，生产要素的需求量为OQ_0，这时使得生产要素量可以实现$MR = MC$。如果生产要素价格高，就是$MR < MC$，从而减少生产要素需求；如果生产要素价格低，就是$MR > MC$，从而增加生产要素需求。

整个行业的生产要素需求是各个厂商需求之和，也是一条向右下方倾斜的线。

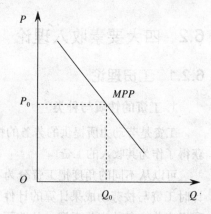

图6-1　生产要素需求曲线

4. 不完全竞争市场上的生产要素需求

不完全竞争（即垄断竞争、完全垄断、寡头垄断）市场上，对一个厂商来说价格也并不是不变的，因此，边际收益不等于价格。边际收益取决于生产要素的边际生产力与价格水平。这时，生产要素需求仍要取决于$MR = MC$，因此，生产要素的需求曲线仍然是一条向右下方倾斜的线。这两种市场上的差别在于生产要素需求曲线的斜率不同，从而在同一生产要素价格时，对生产要素的需求量不同。一般而言，同一价格时完全竞争市场上的生产要素需求量大于不完全竞争市场。

6.1.2　生产要素的供给

生产要素的供给分为要素的总供给和用于某一特定用途的要素的供给。

生产要素的总供给是指土地、资本、劳动这几种要素在某一特定时期的总供给。各种生产要素的总供给是固定的。例如，劳动的总供给在一定时期是固定的数，因为构成劳动总供给的人口规模、可工作的人数、每个人可工作的时数在一定时期内都是一个固定的数目。资本的总供给，即厂房、机器、设备等的供给量在一定时期内也是固定的。土地、矿藏等自然资源不仅在一定时期内是固定的，在长期内还有可能减少。

但对于某一个厂商、某一个行业的特定用途来说，生产要素的供给又是可以变动的。例如，土地可以用于种庄稼，也可以用于搞建筑，这取决于使用生产要素的人对生产要素支付的价格。对于单个厂商而言，它所面临的要素的供给曲线近似于水平线，对于市场确定的要素的价格，它只要按这一价格购买要素，它便可以得到想要得到的数量。

生产要素有各种各样，不同种类的生产要素各有自己的特点。一般说来，可以把生产要素分为三类：第一类是自然资源，在经济分析中假定这类资源的供给是固定的。第二类是资本品，资本品是利用其他资源生产出来的，也是和其他产品一样的产品，在经济活动中，这一行业的产品往往就是另一行业的生产要素。因此，这种生产要素的供给与一般产品的供给一样，与价格同方向变动，供给曲线向右上方倾斜。第三类是劳动，这种生产要素的供给有其特殊性，我们将在工资理论中再详细介绍。

生产要素的价格是由其供求所决定的，以下各节就介绍各种生产要素价格的决定，即各种收入理论。

6.2 四大要素收入理论

6.2.1 工资理论

1. 工资的性质与种类

工资是劳动力所提供的劳务的报酬，也是劳动这种生产要素的价格。劳动者提供了劳动，获得了作为其收入的工资。

可以从不同的角度把工资分为不同的种类。从计算方式分，可以分为按劳动时间计算的计时工资与按劳动成果计算的计件工资；从支付手段来分，可以分为以货币支付的货币工资和以实物支付的实物工资；从购买力来分，可以分为按货币单位衡量的名义工资（或称货币工资）与按实际购买力来衡量的实际工资。在工资理论中主要分析货币工资的决定与变动。

2. 完全竞争市场上工资的决定

这里所说的完全竞争指在劳动市场上的完全竞争状况，无论是劳动力的买方或卖方都不存在对劳动的垄断。在这种情况下，工资完全是由劳动的供求关系所决定的。

（1）劳动的需求。厂商对劳动的需求取决于多种因素，例如，市场对产品的需求、劳动的价格、劳动在生产中的重要性，等等。但劳动的需求主要还是取决于劳动的边际生产力。劳动的边际生产力是指在其他条件不变的情况下，增加一单位劳动所增加的产量，劳动的边际生产力是递减的。厂商在购买劳动时要使劳动的边际成本（即工资）等于劳动的边际产品。如果劳动的边际产品大于工资，劳动的需求就会增加；如果劳动的边际产品小于工资，劳动的需求就会减少。因此，劳动的需求曲线是一条向右下方倾斜的曲线，表明劳动的需求量与工资呈反方向变动。如图6-2所示。

在图6-2中，横轴OL代表劳动的需求量，纵轴OW代表工资水平，D为劳动需求曲线。

（2）劳动的供给。劳动的供给主要取决于劳动的成本，这种劳动的成本包括两类：一类是实际成本，即维持劳动者及其家庭生活必需的生活资料的费用，以及培养、教育劳动者的费用；另一类是心理成本，劳动是以牺牲闲暇的享受为代价的，劳动会给劳动者心理上带来负效用，补偿劳动者这种心理上负效用的费用就是劳动的心理成本。

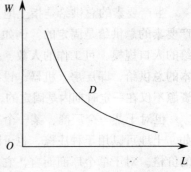

图6-2 劳动需求曲线

劳动的供给有自己的特殊规律。一般来说，当工资增加时劳动增加，但工资增加到一定程度后如果再继续增加，劳动不但不会增加，反而会减少。这是因为，工资收入增加到一定程度后，货币的边际效用递减，不足以抵消劳动的负效用，从而劳动就会减少。如图6-3所示，横轴OL代表劳动供给量，纵轴OW代表工资水平，S为劳动的供给曲线。在C点之前，劳动的供给量随工资增加而增加，在C点到D点之间，工资增加而劳动供给量不变，这是一个短暂的过渡。D点之后，工资增加而劳动供给量减少，这时的供给曲线称为"向后弯曲的供给曲线"。此外，劳动的供给还取决于人口增长率、劳动力的流动性、移民的规模等因素。

（3）工资的决定。劳动的需求与供给共同决定了完全竞争市场上的工资水平。如图6-4所示，劳动的需求曲线D与劳动的供给曲线S相交于E，这就决定了工资水平为W_0，这一工资水平等于劳动的边际生产力，这时劳动的需求量与供给量都是L_0。20世纪30年代以前的西方经济学家一般认为，当劳动的需求大于供给时，工资会上升，从而增加劳动的供给，减少劳动的需求；当劳动的需求小于供给时，工资会下降，从而减少劳动的供给，增加劳动的需求。正如价格的调节使物品市场实现供求相等一样，工资的调节也使劳动市场实现供求相等，并保证充分就业。

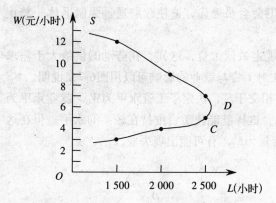

图6-3　劳动供给的特殊规律

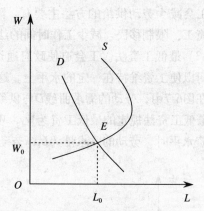

图6-4　劳动供求与市场工资关系

3. 不完全竞争市场上工资的决定

不完全竞争是指劳动市场上存在着不同程度的垄断。这种垄断有两种情况：一种是劳动者对劳动的垄断，即劳动者组成工会，垄断了劳动的供给；另一种是厂商对劳动购买的垄断。当然，这两种情况的结合就是双边垄断，即卖方与买方都有一定的垄断。在不完全竞争的市场上，工资可能高于或低于劳动的边际生产力。这里我们主要分析工会的存在（即劳动市场上卖方垄断）对工资决定的影响。

工会作为劳动者的组织，目的在于维持较高的工资。工会凭借对劳动力的垄断可以通过以下三种主要方式达到增加工资的目的。

（1）增加对劳动的需求。在劳动供给不变的条件下，通过增加对劳动的需求的方法来提高工资，不但会使工资增加，还可以增加就业。这种方法对工资与就业的影响可用图6-5来说明。在图6-5中，劳动的需求曲线原来为D_0，这时，D_0与S相交于E_0，决定了工资水平为W_0，就业水平为L_0。劳动的需求增加后，劳动的需求曲线由D_0移动到D_1，这时D_1与S相交于E_1，决定了工资水平为W_1，就业水平为L_1。当$W_1 > W_0$时，说明工资上升；当$L_1 > L_0$时，说明就业水平提高。

工会增加厂商对劳动需求的方法最主要的是增加市场对产品的需求，因为劳动需求是由产品需求派生

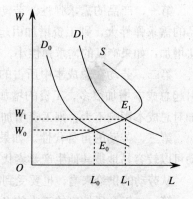

图6-5　增加劳动需求与提高工资的关系

而来的。增加对产品的需求就是要通过议会或其他活动来增加出口，限制进口，实行贸易保护政策。此外，机器对劳动的代替是劳动需求减少的一个重要原因，因此，工会也会从增加对劳动的需求这一目的出发，反对用机器代替工人。尤其在早期，这一方法被广泛使用。

（2）减少劳动的供给。在劳动需求不变的条件下，通过减少劳动的供给同样也可以提高工资，但这种情况会使就业减少。这种方法对工资与就业的影响如图6-6所示，当劳动的供给曲线原来为S_0时，S_0与D相交于E_0，决定了工资水平为W_0，就业水平为L_0。当劳动的供给减少后，劳动的供给曲线S_0移动到S_1时，S_1与D相交于E_1，决定了工资水平为W_1，就业水平为L_1。即$W_1 > W_0$时，说明工资上升；当$L_1 < L_0$时，说明就业水平下降。

工会减少劳动供给的方法主要有：限制非工会会员受雇，迫使政府通过强制退休、禁止使用童工、限制移民、减少工作时间的法律等。

（3）最低工资法。工会迫使政府通过立法规定最低工资，这样，在劳动的供给大于需求时也可以使工资维持在一定的水平上。这种方法对工资与就业的影响可以用图6-7来说明。

在图6-7中，劳动的需求曲线D与供给曲线S相交于E_0，决定了工资水平为W_0，就业水平为L_0。最低工资法规定的最低工资为W_1，$W_1 > W_0$。这样就能使工资维持在较高的水平。但在这种工资水平时，劳动的需求量为L_1，劳动的供给量为L_2，有可能出现失业。

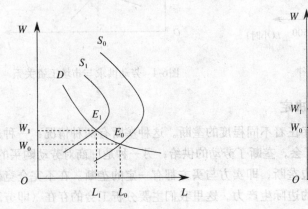

图6-6　减少劳动供给与提高工资的关系

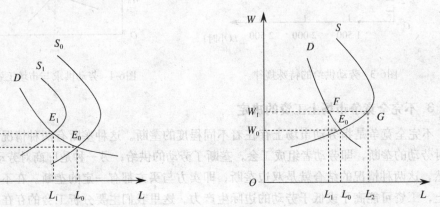

图6-7　最低工资法与提高工资的关系

4. 工会影响工资决定的限制条件

工会对工资决定的影响是有一定限度的。从劳动的需求来看要受到三种因素的影响：

第一，产品的需求弹性。劳动的需求也是一种派生需求，取决于对产品的需求。如果产品的需求弹性大，则工资增加引起产品价格上升，会使产品需求量大幅度减少，从而工资无法增加；如果产品的需求弹性小，则工资增加较为容易。

第二，劳动在总成本中所占的比例。如果劳动成本在总成本中占的比例大，则工资增加引起总成本增加很多，工资的增加就有限；如果劳动成本在总成本中所占的比例小，工资增加对总成本影响不大，则工资增加较易。

第三，劳动的可替代性。如果劳动不易被其他生产要素代替，则提高工资容易；如果劳动可以较容易地被其他生产要素代替，则工资提高就有限制。

从劳动的供给来看，也要受到以下三种因素的影响：

第一，工会所控制的工人的多少。如果控制的工人多，工会力量强大，则易于增加工资。

这也就是说，工会的垄断程度越高，要求增加工资的力量越大。

第二，工人的流动性大小。如工人流动性大，某一行业或地区可以从其他来源得到工人，则工会难以增加工资。反之，则工会容易增加工资。

第三，工会基金的多少。如果工会保证罢工期间工人生活基金多，提高工资就较容易一些。反之，则较难提高工资。

工会提高工资的斗争能否成功在很大程度上还要取决于整个经济形势的好坏，劳资双方的力量对比，政府干预程度与倾向性，工会的斗争方式与艺术，社会对工会的同情和支持程度，等等。工会只有善于利用各方面的有利条件，才能在争取提高工资的斗争中取得胜利。

当然，在劳动市场上还有厂商买方的垄断因素。当厂商的垄断程度高时，就会竭力把工资压低到劳动的边际生产力之下。这一点不详细论述了。

应该说，尽管劳动市场上的垄断因素对工资的决定有相当大的影响，但从长期来看，还是劳动的供求状况在起决定性作用，劳动的供求是决定工资的关键因素。

6.2.2　利息理论

利息是资本这种生产要素的价格。资本家提供了资本，得到了利息。利息与工资计算的方式不同，它不是用货币的绝对量来表示，而是用利息率来表示。利息率是利息在每一单位时间内（例如一年内）在货币资本中所占的比率。例如，货币资本为10 000元，利息为一年1000元，则利息率为10%，或称年息10%。这10%就是货币资本在一年内提供生产性服务的报酬，即这一定量货币资本的价格。

经济学家在解释利息时说明了为什么要给资本支付利息，以及为什么资本可以带来利息。

1. 时间偏好与利息

为什么对资本应该支付利息呢？他们认为，人们具有一种时间偏好，即在未来消费与现期消费中，人们是偏好现期消费的。换句话来说，现在多增加一单位消费所带来的边际效用大于将来多增加这一单位消费所带来的边际效用。之所以有这种情况，是因为未来是难以预期的，人们对物品未来效用的评价总要小于现在的效用。例如，人们对现在和5年后购买同一辆汽车所带来的效用评价就不同。也许他认为自己不一定能活到5年之后，这样，现在购买这辆汽车能给他带来效用，5年之后则没有用了。也许他现在更加需要汽车，5年之后则不如现在这样需要，因此，现在这辆汽车带来的效用比未来大。也许，他会认为未来汽车不如现在这样稀缺，所以，未来汽车的效用不如现在，等等。人们总是喜爱现期消费，因此，放弃现期消费把货币作为资本就应该得到利息作为报酬。

2. 迂回生产

为什么资本也能带来利息呢？他们用迂回生产理论来解释这一点。迂回生产就是先生产生产资料（或称资本品），然后用这些生产资料去生产消费品。迂回生产提高了生产效率，而且迂回生产的过程越长，生产效率越高。例如，原始人直接去打猎是直接生产，当原始人先制造弓箭而后用弓箭去打猎时就是迂回生产。用弓箭打猎比直接打猎的效率要高。如要延长迂回生产的过程，先采矿、炼铁、造机器，然后制造出猎枪，用猎枪打猎，那么，效率就会更高。现代生产的特点就在于迂回生产。但迂回生产如何能实现呢？这就必需有资本。所以说，资本使迂回生产成为可能，从而提高了生产效率。这种由于资本而提高的生产效率就是资本的净生产力。资本具有净生产力是资本能带来利息的根源。

3. 利率的决定

利息率取决于对资本的需求与供给。资本的需求主要是企业投资的需求，因此，可以用投资来代表资本的需求。资本的供给主要是储蓄，因此，可以用储蓄来代表资本的供给。这样就可以用投资与储蓄来说明利息率的决定。

企业借入资本进行投资，是为了实现利润最大化，这样投资就取决于利润率与利息率之间的差额。利润率与利息率的差额越大，即利润率越是高于利息率，纯利润就越大，企业也就越愿意投资。反之，利润率与利息率差额越小，即利润率越接近于利息率，纯利润就越小，企业也就越不愿意投资。这样，在利润率既定时，利息率就与投资呈反方向变动，从而资本的需求曲线是一条向右下方倾斜的曲线。

人们进行储蓄，放弃现期消费是为了获得利息。利息率越高，人们越愿意增加储蓄，利息率越低，人们就越要减少储蓄。这样，利息率与储蓄成同方向变动，从而资本的供给曲线是一条向右上方倾斜的曲线。

利息率是由资本的需求与供给双方共同决定的。可用图6-8来说明利息率的决定。

在图6-8中，横轴OK代表资本量，纵轴Oi代表利息率，D为资本的需求曲线，S为资本的供给曲线，这两条曲线相交于E，决定了利息率水平为i_0，资本量为K_0。

还可以用可贷资金的需求与供给来说明利息率的决定。可贷资金的需求包括企业的投资需求、个人的消费需求与政府支出的需求，可贷资金的供给包括个人与企业的储蓄，以及中央银行发行的货币。可贷资金的需求与利息率呈反方向变动，可贷资金的供给与利息率成同方向变动。可贷资金的需求与供给决定利息率的原理和投资与储蓄决定利息率相同。

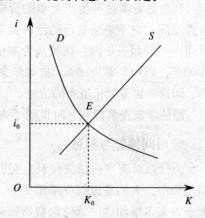

图6-8 利息率与资本需求和供给关系

4. 利息在经济中的作用

在经济中，通过利率的调节作用，资本市场实现了均衡。这也是价格调节经济的作用之一。因为利率是资本的价格，它所调节的是资本市场。这种调节作用就在于当资本的需求大于供给时，利息率会上升，从而减少资本的需求，增加资本的供给。当资本的需求小于供给时，利息率会下降，从而增加资本的需求，减少资本的供给。所以，利息率的调节会使资本市场处于均衡状态。

从利息率的这种调节中可以看出，利息在经济中具有十分重要的作用。

首先，利息的存在可以鼓励少消费、多储蓄。增加储蓄是发展经济的关键，而刺激人们增加储蓄的最有力的手段就是提高利息率，因此，一般国家在经济开始发展时总要采取高利息率的政策。其次，利息的存在可以使资本得到最有效的利用。如果社会的利息率水平是既定的，那么，人们就会把资本用于获得利润率最高的部门，利润率高的部门也就是资本能最好地发挥其作用的部门。此外，企业在支付利息的情况下就要更节约、更有效地利用资本。因此，利息的存在是刺激企业有效地利用资本的最好手段。最后，当一个社会出现了通货膨胀时，提高利息率可以压抑对可贷资金的需求，刺激可贷资金的供给，从而制止通货膨胀。正因为利息有这样的作用，所以利用利息率来调节经济是很重要的。

6.2.3　地租理论

1. 地租的性质

地租是土地这种生产要素的价格，地主提供了土地，得到了地租。如前所述，土地可以泛指生产中使用的自然资源，地租也可以理解为使用这些自然资源的租金。

地租的产生首先在于土地本身具有生产力，这也就是说地租是利用"土壤原始的、不可摧毁的力量"的报酬；其次，土地作为一种自然资源具有数量有限、位置不变，以及不能再生的特点。这些特点与资本和劳动不同，因此，地租的决定就有自己的特点。

地租的产生与归属是两个不同的问题。地租产生于以上两个原因，这就是说，无论在什么社会里，实际上都存在地租。但不同社会里，地租的归属不同。在私有制社会里，地租归土地的所有者所有。在国有制社会里，地租归国家所有。在社会团全体所有制的社会里，地租归某一拥有土地的社会团体所有。正因为土地有地租，所以，土地不能无偿使用。有偿使用土地正是地租存在的表现。

2. 地租的决定

地租由土地的需求与供给决定。土地的需求取决于土地的边际生产力，土地的边际生产力也是递减的。所以，土地的需求曲线是一条向右下方倾斜的曲线。但土地的供给是固定的，因为在每个地区，可以利用的土地总有一定的限度。这样，土地的供给曲线就是一条与横轴垂直的直线。地租的决定可以用图6-9来说明。

在图6-9中，横轴ON代表土地量，纵轴OR代表地租，垂线S为土地的供给曲线，表示土地的供给量固定为N_0，D为土地的需求曲线，D与S相交于E，决定了地租为R_0。

随着经济的发展，对土地的需求不断增加，而土地的供给不能增加，这样，地租就有不断上升的趋势。这一点可用图6-10来说明。

在图6-10中，土地的需求曲线由D_0移动到D_1就表明土地的需求增加了，但土地的供给仍为S，S与D_1相交于E_1，决定了地租为R_1。R_1高于原来的地租R_0，说明由于土地的需求增加，地租上升了。

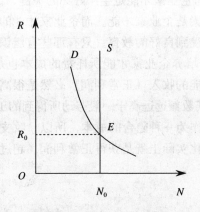

图6-9　土地的供需曲线

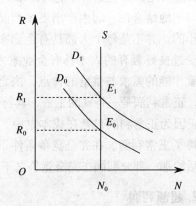

图6-10　土地供给与地租的关系

3. 级差地租的形成与决定

以上关于地租决定的讨论实际上假设所有的土地都是同质的，即不考虑不同土地在肥沃程度、地理位置等方面的差别。但实际上，土地肥沃程度与地理位置的差别是相当大的，而且这种差别对地租的形成也有相当重要的影响。由于土地在肥沃程度和地理位置等方面的差别而引起的地租在经济学上称为级差地租。

我们可以用表6-1来说明级差地租的形成与决定。

在表6-1中，A、B、C、D、E是五块肥沃程度不同的土地。在使用的其他生产要素相同，从而支出的生产成本相同的情况下，各块土地的产量不相同。在市场上，农产品的市场价格是相同的，从而各块土地的总产值（即总收益）就不相同。这样，A、B、C三块土地由于条件好、产量高，就分别产生了200、160和100的地租，这种地租就是级差地租。D块土地没有级差地租，被称为"边际土地"。E块土地连生产成本也无法弥补，不会被利用。由此可以看出，级差地租是由于土地肥沃程度（或地理位置）的不同而引起的。

表6-1 级差地租的形成与决定

土地	产量	价格	总产量	生产成本	级差地租
A	200	2	400	200	200
B	180	2	360	200	160
C	150	2	300	200	100
D	100	2	200	200	0
E	80	2	160	200	−40

6.2.4 利润理论

在经济学上，一般把利润分为正常利润与超额利润。这两种利润的性质与来源不相同，因此要分别加以论述。

1. 正常利润

正常利润是企业家才能的价格，也是企业家才能这种生要素所得到的收入。它包括在成本之中，其性质与工资相类似，也是由企业家才能的需求与供给所决定的。

如前所述，对企业家才能的需求是很大的，因为企业家才能是生产好坏的关键，使劳动、资本与土地结合在一起生产出更多产品的决定性因素是企业家才能。而企业家才能的供给又是很小的，并不是每个人都具有企业家的天赋，能受到良好的教育。只有那些有胆识、有能力又受过良好教育的人才具有企业家才能，所以，培养企业家才能所耗费的成本也是高的。企业家才能的需求与供给的特点，决定了企业家才能的收入（正常利润）必然是很高的。可以说，正常利润是一特殊的工资，其特殊性就在于其数额远远高于一般劳动所得到的工资。

正因为正常利润包括在成本之中，而且往往是作为一种隐含的成本，所以，收支相抵就是获得了正常利润。在完全竞争条件下，利润最大化实际上就是获得正常利润。超过正常利润以后的那一部分利润在完全竞争之下并不存在。

2. 超额利润

超额利润是超过正常利润的那部分利润，又称为纯粹利润或经济利润。在完全竞争的条件下，在静态社会里不会有这种利润产生，只有在动态的社会中和不完全竞争条件下，才会产生这种利润。动态的社会涉及创新和风险，不完全竞争指的就是存在垄断。因此，我们就从以下三个角度来分析超额利润的产生与性质。

（1）创新与超额利润。创新指企业家对生产要素实行新的组合，它包括五种情况：第一引入一种新产品；第二采用一种新的生产方法；第三开辟一个新市场；第四获得一种原料的新来源；第五采用一种新的企业组织形式。

这五种形式的创新都可以产生超额利润。引进一种新产品可以使这种产品的价格高于其成本，从而产生超额利润。采用一种新的生产方法和新的企业组织形式，都可以提高生产效率，降低成本，获得超额利润。获得一种原料的新来源也可以降低成本，产品在按市场价格出售时，由于成本低于同类产品的成本，就获得了超额利润。开辟一个新市场同样也可以通过提高价格而获得超额利润。

创新是社会进步的动力，因此，由创新所获得的超额利润是合理的，是社会进步必须付出的代价，也是社会对创新者的奖励。

（2）承担风险的超额利润。风险是从事某项事业时失败的可能性。由于未来具有不确定性，人们对未来的预测有可能发生错误，风险的存在就是普遍的。在生产中，由于供求关系会出现难以预料的变动，以及由于自然灾害、政治动乱和其他偶然事件的影响，也存在着风险，而且并不是所有的风险都可以用保险的方法加以弥补。这样，从事具有风险性的生产就应该以超额利润的形式得到补偿。

许多具有风险的生产或投资也是社会所需要的。例如，当粮食丰收时某人可以大量低价收购，以便以后粮食缺乏时高价售出。这种活动有利于平抑物价，对社会是有利的。但也有风险，当以后的粮食仍然丰收时就会亏本。如果情况与他的预测一样，以后出现了粮食缺乏，他就可以以高价售出获得超额利润，这种超额利润就是低价与高价之间的差额减去各种成本的余量。社会中充满了不确定性，风险需要有人承担，因此由承担风险而产生的超额利润也是合理的，可以作为社会保险的一种形式。

（3）垄断的超额利润。由垄断而产生的超额利润，又称垄断利润。垄断的形式可以分为两种：卖方垄断与买方垄断。

卖方垄断也称垄断或专卖，指对某种产品出售权的垄断。垄断者可以抬高销售价格以损害消费者的利益而获得超额利润。在厂商理论中分析的垄断竞争的短期均衡、完全垄断的短期与长期均衡，以及寡头垄断下的超额利润，就是这种情况。

买方垄断也称专买，指对某种产品或生产要素购买权的垄断。在这种情况下，垄断者可以压低收购价格，以损害生产者或生产要素供给者的利益而获得超额利润。

垄断所引起的超额利润是垄断者对消费者、生产者或生产要素供给者的剥削，是不合理的。这种超额利润也是市场竞争不完全的结果。

3. 利润在经济中的作用

经济学家认为，利润是社会进步的动力。这是因为：第一，正常利润作为企业家才能的报酬，鼓励企业家更好地管理企业，提高经济效益；第二，由创新而产生的超额利润鼓励企业家大胆创新，这种创新有利于社会的进步；第三，由风险而产生的超额利润鼓励企业家勇于承担风险，从事有利于社会经济发展的风险事业；第四，追求利润的目的使企业按社会的需要进行生产，努力降低成本，有效地利用资源，从而在整体上符合社会的利益；第五，整个社会以利润来引导投资，使投资与资源的配置符合社会的需要。

6.3 社会收入分配

社会收入分配主要是研究收入分配是否平等的问题。本节主要介绍衡量社会收入分配平等程度的标准，以及平等与效率的矛盾。

6.3.1 洛伦兹曲线与基尼系数

洛伦兹曲线是用来衡量社会收入分配（或财产分配）平均程度的曲线，因其发明者是一位名叫洛伦兹的统计学家而得名。

如果把社会上的人口分为五个等级，各占人口的20%，按他们在国民收入中所占份额的大小可以作出表6-2。

表6-2　人口等级与收入

级别	占人口的百分比	累计	占收入的百分比	累计
1	20	20	6	6
2	20	40	12	18
3	20	60	17	35
4	20	80	24	59
5	20	100	41	100

根据表可以作出图6-11。在图6-11中，横轴OP代表人口百分比，纵轴OI代表收入百分比，OY为45°线，在这条线上，每20%的人口得到20%的收入，表明收入分配绝对平等，称为绝对平等线。OPY表示收入绝对不平等，是绝对不平等线。根据上表所做的反映实际收入分配状况的洛伦兹曲线介于这两条线之间。洛伦兹曲线与OY越接近，收入分配越平等。洛伦兹曲线与OPY越接近，收入分配越不平等。如果把收入改为财产，洛伦兹曲线反映的就是财产分配的平均程度。

基尼系数是意大利统计学家基尼根据洛伦兹曲线计算出的反映收入分配平等程度的指标。如果我们把图6-11中实际收入线与绝对平均线之间的面积用A来表示，把实际收入线与绝对不平均线之间的面积用B来表示，则计算基尼系数的公式为：基尼系数 = A/(A + B)。

当A = 0时，基尼系数等于0，这时收入绝对平均。

当B = 0时，基尼系数等于1，这时收入绝对不平均。

现实经济生活中基尼系数总是大于零而小于1。基尼系数越小，收入分配越平均；基尼系数越大，收入分配越不平均。

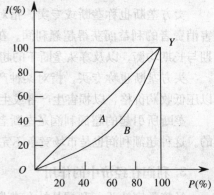

图6-11　实际收入线与平均线之间的关系

运用洛伦兹曲线与基尼系数可以对各国收入分配的平均程度进行对比，也可以对各种政策的收入效应进行比较。作为一种分析工具，洛伦兹曲线与基尼系数是很有用的。

6.3.2　平等与效率：一对永恒的矛盾

经济学家认为，收入分配有三种标准：第一个是贡献标准，即按社会成员的贡献分配国民收入，这也就是我们在分配理论中介绍过的按生产要素的价格进行分配。这种分配标准能保证经济效率，但由于各成员能力、机遇的差别，又会引起收入分配的不平等。第二个是需要标准，即按社会成员对生活必需品的需要分配国民收入。第三个是平等标准，即按公平的准则来分配国民收入。后两个标准有利于收入分配的平等化。通常，有利于经济效率则会不利于平等，有利于平等则会有损于经济效率，这就是经济学中所说的平等与效率矛盾。

收入分配若要有利于经济效率的提高，则要按贡献来分配，这样，有利于鼓励每个社会成员充分发挥自己的能力，在竞争中取胜。经济效率的高低则体现在经济增长的速度上。

收入分配的平等可以用三种标准来衡量。一是劳动分配率，即劳动收入在国民收入中所占的比例；二是洛伦兹曲线与基尼系数；三是工资的差异率。收入分配的平等体现为劳动收入在国民收入中比例较大，洛伦兹曲线更接于收入绝对平等线（基尼系数小），以及工资差异率低。

平等与效率哪一个优先是经济学家们一直争论不休的问题。在市场经济中，分配原则是效率优先的，市场经济本身没有自发实现平等的机制。因此，收入不公问题要通过政策来调解。

案例与资料阅读6-1

超级明星的收入

虽然大多数演员赚得很少，而且还不得不从事侍者这样的工作来养家糊口，但演员金·凯利（Jim Carrey）1995年赚了2900万美元。同样，当大部分人把打篮球作为消遣不拿一分钱时，为洛杉矶湖人队打球的沙奎里·奥尼尔（Shaquille O'Neal）每年的薪水为1700万美元。金·凯利和沙奎里·奥尼尔在他们的领域中是超级明星，他们极受公众关注就反映在天文数字般的收入上。

为什么金·凯利和沙奎里·奥尼尔赚的钱这么多呢？在一些职业内存在收入差距并不奇怪。好木匠赚的钱比一般木匠多，好的管道工赚的钱比一般管道工多。人们的能力与努力程度不同，这些差别引起收入差别。但最好的木匠和管道工没有像演员和运动员中常见的那样赚到几百万美元。用什么来解释这种差别呢？

为了解释金·凯利和沙奎里·奥尼尔的巨额收入，我们必须考察他们出卖自己劳务的市场的特征。超级明星产生在有两个特点的市场上。

（1）市场上每位顾客都想享受最优生产者提供的物品。

（2）使最优生产者以低成本向每位顾客提供物品成为可能的是生产这种物品所用的技术。

如果金·凯利是最风趣的演员，那么，每个人都想看他的下一部影片；看两遍风趣性只有凯利一半的演员的电影也不如看凯利的一部。此外，每个人都享受金·凯利的喜剧也是可能的。因为生产一部电影的拷贝是很容易的，金·凯利可以同时向数百万人提供他的服务。同样，由于湖人队的比赛在电视上播出，几百万球迷可以享受沙奎里·奥尼尔精湛的球艺。

现在我们可以说明，为什么不存在超级明星木匠与管道工。在其他条件相同的情况下，每个人都会喜欢雇用最好的木匠，但与一个电影演员不同，一个木匠只能为有限的顾客提供他的劳务。虽然最好的木匠也能得到比一般木匠高一些的收入，但普通木匠也仍能过上好日子。

资料来源：经济学原理。

案例与资料阅读6-2

企业家收入的调查⊖

《福布斯》杂志2005年美国500强企业首席执行官薪酬排行榜日前出炉。第一资本金融公司首席执行官理查德·费尔班克去年的薪酬为2.4942亿美元,从上一年的第十位一跃升至榜首。在排行榜上,位居第二的是雅虎首席执行官特里·塞梅尔,他去年的薪酬为2.3055亿美元。位居第三的是山登公司首席执行官亨利·西尔弗曼,他去年的薪酬为1.3996亿美元。在主要科技公司中,甲骨文公司首席执行官拉里·埃里森去年的薪酬为7533万美元,排名第七;赛门铁克公司首席执行官约翰·汤普森薪酬7184万美元,排名第八;思科公司首席执行官约翰·钱伯斯薪酬6299万美元,排名第十一;戴尔公司首席执行官凯文·罗林斯薪酬3931万美元,排名第十八;高通公司首席执行官保罗·雅各布薪酬3143万美元,排名第二十九。《福布斯》杂志说,上述排行榜的薪水标准包含了基本工资、奖金、股权和股票收益。排行榜显示,2005年美国500强企业首席执行官的薪酬总和为54亿美元,平均1000万美元左右,比2004年增长了6%。

荣正咨询公司公布了《2003中国企业家价值报告》,这份报告通过对所有上市公司年报和公开信息的统计分析,2002年全国上市公司企业家的年薪平均值处于15万～16万元之间,比2001年12万～13万元的水平有较大提升,增长了24%,但同时,企业家的薪酬水平差距明显,最高的ST科龙企业家年薪拿160万元,而最低的江西纸业只有1.1万元,月薪不足1000元。报告中显示,上海上市公司高层管理人员平均年薪为18.81万元,低于北京25.49万元和广东24.35万元的水平。

最近几年,中国一些行业(特别是垄断行业)企业家收入可以说是"芝麻开花节节高",甚至出现一年翻一个跟头、两年翻三个跟头的壮观景象。一些企业家在"与国际接轨"的大旗下,理直气壮地将自己的年薪提高到数十万,甚至上百万。与此形成鲜明对照,同企业的很多职工年薪仅一两万元,有的甚至低于1万元。

应该注意的是,从国内外企业家年薪和持股状况来看,确实远远高于普通职工。这主要源于企业把高收入作为激励、提高经营者的积极性的主要措施。这里可能有不公平的因素,但更重要的是企业家真实作用和价值的衡量。

习题

1. 要素的需求与产品的需求有何区别?
2. 什么劳动供给曲线是向后弯曲的?
3. 怎样区分正常利润与超额利润?
4. 什么是洛伦兹曲线与基尼系数?

⊖ 此为自编案例。

第**7**章

微观经济学的缺陷及相应的政策

微观经济理论说明了价格如何解决生产什么、如何生产和为谁生产这三个人类社会的基本问题。这一理论的中心是要证明市场经济中价格机制的完善性，证明在"看不见的手"的调节下，整个经济能和谐而稳定地发展。由此所得出的政策结论就是自由放任，但经济学家们逐渐认识到，这个经济学体系无论在理论与政策上都不完善。那么，这些不完善之处是什么？应该如何纠正呢？在本章里将予以讨论。

7.1 理论假设的局限性及政策

如前所述，整个微观经济学是以市场出清、完全理性和完全信息为基本假设的。但经济学家们逐渐认识到，这些假设并不现实。

7.1.1 市场出清说的局限性及价格政策

1. 市场出清说的局限性

局限性分以下三种情况。

（1）市场在很多时候是不均衡的。市场出清是微观经济学的基本假设。其基本观点认为，依靠价格机制的调节可以实现充分就业下的供求平衡。但是，从19世纪中期就开始的经济周期性波动，却与市场出清说相矛盾。在经济周期的危机阶段，生产大量过剩，工人失业，整个经济处于混乱、恐慌之中。这一事实说明了价格调节并不能永远使市场出清，这就更使人们怀疑市场出清的正确性。经济学家们认识到，我们并不是生活在一个均衡的世界中，而是生活在一个非均衡的世界中。从多次重复的经济周期中，经济学家认识到，仅仅靠价格调节是难以实现市场出清的。这是因为，价格调节是一种自发的调节，自发性是价格调节的基本特征，没有这种自发性，价格就无法发挥其作用。但这种自发性又具有盲目性，它是一种事后的调节，只有经过一系列失衡才能达到均衡，而且这种均衡也并不是稳定的，在这种调节过程中对经济难免造成破坏。

（2）供求所决定的价格有时对经济并不一定是最有利的。从短期来看，这种供求决定的均衡价格也许是合适的，但从长期来看，对生产有不利的影响。例如，当农产品过剩时，农产品的价格会较大幅度下降，这种下降会抑制农产品生产。从短期来看，这种抑制作用有利于供求平衡。但农产品周期较长，农产品的低价格对农业产生抑制作用之后，将会对农业生产的长期发展产生不利影响，当农产品的需求增加后，农产品并不能迅速增加，这样就会影响经济的稳定。特别是当农业中的基本生产要素土地被改做它用（如改为高尔夫球场或建房）后，再无法用于农业。这就会从根本上动摇农业，使之陷入无法恢复的衰落。因此，供求关系引起的农产品价格波动，从长期来看不利于农业的稳定，农业的发展需要一种稳定的价格。

（3）供需决定的价格有时会产生不利的社会影响。例如，某些生活必需品严重短缺时，价格会很高。在这种价格之下，收入水平低的人无法维持最低水平的生活，必然产生社会动乱。这就是某些西方经济学家所说的，当牛奶价格很高时，富人可以用牛奶喂狗，而穷人的儿子却喝不上牛奶，能说这种价格是合理的吗？可见，价格是无人性的，社会当然不能容许这种价格维持下去。

价格政策正是要纠正这些问题的，价格政策的形式很多，我们这里主要介绍两种：支持价格与限制价格。

2. 支持价格

（1）支持价格的含义。支持价格是政府为了扶植某一行业的生产而规定的该行业产品的最低价格。可用图7-1来分析支持价格。

从图7-1中可以看出，该行业产品由供求决定的均衡价格为 OP_0，均衡数量为 OQ_0。政府为支持该行业生产而规定的支持价格为 OP_1，$OP_1 > OP_0$，即支持价格一定高于均衡价格。这时，需求量为 OQ_1，而供给量为 OQ_2，即供给量大于需求量 $OQ_2 > OQ_1$，$OQ_2 - OQ_1 = Q_1Q_2$，为供给过剩部分。

（2）农产品支持价格的运用。许多国家都通过不同的形式对农产品实行支持价格政策，以稳定农业。在具体运用中，政府或其代理人按照某种平价收购全部农产品，在供大于求时增加库存或出口，在供小于求时减少库存，以平价进行买卖，从而使农产品价格由于政府的支持而维持在某一水平上。另一种是稳定基金法，也是由政府或其代理人按照某种平价收购全部农产品，但并不是建立库存，进行存货调节，以平价买卖，而是在供大于求时努力维持一定的价格水平，在供给小于需求时使价格不至于过高。

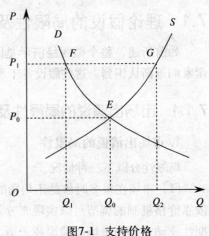

图7-1 支持价格

（3）支持价格的作用。支持价格的运用对经济发展和稳定有其积极意义。以对农产品实行的支持价格为例，从长期来看，支持价格政策确实有利于农业的发展。这在于：第一，稳定了农业生产，减缓了经济危机对农业的冲击；第二，通过对不同农产品的不同支持价格，可以调整农业结构，使之适应市场需求的变动；第三，扩大农业投资，促进了农业现代化的发展和劳动生产率的提高。正因为如此，实行农产品支持价格的国家，农业生产发展都较好。但支持价格政策也有其副作用，这会增加财政支出，使政府背上沉重的包袱。

3. 限制价格

（1）限制价格的含义。限制价格是政府为了限制某些生活必需品的物价上涨而规定的这些产品的最高价格。可用图7-2来分析限制价格。

从图7-2可以看出，这些产品由供求所决定的均衡价格为 OP_0，均衡数量为 OQ_0。但在这种价格时，穷人无法得到必需的生活品。政府为了制止过高的价格，规定的限制价格为 OP_1，$OP_1 < OP_0$，即限制价格一定低于均衡价格。这时需求量为 OQ_2，供给量为 OQ_1，产生供给不足，$OQ_2 - OQ_1 = Q_1Q_2$ 为供给不足的部分，为了维持限制价格，政府就要实行配给制。

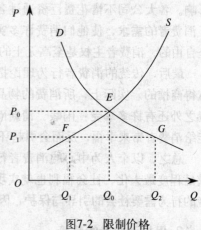

图7-2　限制价格

（2）限制价格的运用。限制价格政策一般是在战争或自然灾害等特殊时期使用，但也有许多国家对某些生活必需品或劳务，长期实行限制价格政策。例如，法国在第二次世界大战后对关系国计民生的煤炭、电力、煤气、交通与邮电服务等，都实行了限制价格政策。还有一些国家，对粮食等生活必需品实行限制价格政策。此外，规定利率上限等做法也属于限制价格的一种形式。

（3）限制价格的利与弊。限制价格有利于社会平等的实现，有利于社会的安定，但这种政策会引起严重的不利后果。主要原因是：第一，价格水平低不利于刺激生产，从而会使产品长期存在短缺现象。对价格限制，尤其是较长期的限制，是限制生产发展的一个重要因素。例如，低房租政策是各国运用较多的一种限制价格政策，这种政策固然使低收入者可以有房住，但却会使房屋更加短缺。第二，价格水平低不利于抑制需求，从而会在资源缺乏的同时又造成严重的浪费。第三，限制价格之下所实行的配给制会引起社会风尚败坏。配给制之下会产生黑市交易，会出现"走后门"现象。有权者会利用他们手中的权力套购物资进行倒卖，无权者只有通过贿赂等方法，以得到平价的短缺物资。价格水平不合理是社会风气败坏、官员腐朽等不良风气的经济根源之一。正因为以上原因，一般经济学家都反对长期采用限制价格政策。

7.1.2　消费者行为理论的局限性及消费政策

1. 消费者行为理论的局限性

消费者行为理论要说明在消费者具有消费自由的条件下，消费者如何实现效用最大化。但是，消费者行为理论是以三个暗含的假设为基本前提的。这就是，第一，消费者是具有完全理性的，即他们对自己消费的物品有完全的了解，而且自觉地把效用最大化作为目标。第二，存在消费者主权，即消费者决定自己的消费，而消费者的消费决策决定了生产。第三，效用仅仅来源于物品的消费。根据这些假设，消费者行为理论所得出的结论就是，由消费者自行决定消费就可以实现效用最大化，政府不用干预消费者的行为。

但是，以上述三个假设为前提的消费者行为理论遇到了挑战。一些经济学家认为，这三个假设条件都是不现实的。

首先，在现实中消费者并不具有完全的理性。完全理性仅仅是一种理论上的假设。现实中，消费者由于受修养、文化、习俗、思想意识等的影响，并不可能具有完全的理性，也不能自觉地来追求满足程度的最大化，他们的行为要受到许多因素的影响。

其次，消费者的需求要受到许多社会因素的影响，在现代社会中，特别要受广告宣传的影响。各大公司不惜花费巨资通过各种形式来宣传自己的产品，这种宣传在很大程度上左右了消费者的需求，使他们消费许多实际上自己并不需要的产品。这样，表面上看消费者是完全自由的，消费者主权是至高无上的，实际上消费者主权受到生产者的操纵。

最后，传统的消费者行为理论把物品的消费作为消费者满足的唯一源泉。这种观点也是值得商榷的。实际上，所消费的物品的增加并不完全等于满足程度的提高。人们在物品的消费之外还有许多享受：闲暇、清新而安静的环境等。片面强调消费物品的增加，有时不仅不能给消费者带来幸福，反而会引起环境污染、自然资源受到破坏、社会风尚败坏等问题。

总之，以个人为中心的消费者行为理论认为，只要确保消费者的个人自由，就可以实现满足程度最大化，社会福利也就实现了最大化。但事实上，消费者并不是真正自由的，消费者的行为需要社会的引导与保护，因此，就需要有各种消费政策。

2. 保护消费者的政策

由以上的分析可以看出，在市场中消费者是弱小的。尤其是面对厂商的不同程度垄断，消费者在竞争中往往是失败者，对于单个消费者来说，难以保护自己，更谈不上效用最大化了。所以，为了指导消费者的消费行为，并保护消费者的利益，各国一般都采取了以下这样一些政策。

第一，确保商品的质量。由政府及有关组织颁布商品的最低限度的质量标准，规定任何商品都必须符合相应的质量标准，并由政府的有关机构对商品进行检验。同时，要求厂商把商品的成分和商品可能的效用向消费者公布，不得保密。这样使消费者能享受到合乎标准的产品。

第二，正确的消费宣传。这首先要求商品广告和商品说明书必须诚实可靠，对广告要有一定的限制，例如，烟和烈性酒等不利于健康的商品不得进行广告宣传，广告要对商品做如实的介绍等。其次，还要通过学校教育和其他宣传形式向公众进行有关商品效用的教育，指导消费者进行正确的消费。

第三，禁止不正确的消费。例如，禁止出售枪支和毒品，通过宣传、税收和其他强制性措施限制烟、烈性酒及某些刺激性药物等的销售与消费。特别是为保护儿童的身心健康，不让儿童消费一些不利于成长的商品，诸如禁止儿童进入成人影院、禁止出售给儿童一些不健康的玩具或书刊，等等。

第四，对某些特殊消费给予强制。有一些消费，例如增加教育、保险等，对整个社会和个人都是十分必要的，社会要通过法律（例如义务教育法）或经济手段来强制人们进行这类消费。

第五，对提供某些劳务的人的素质进行必要的限制。这主要是指对提供医疗服务的医生、提供法律服务的律师和提供教育服务的教师的资历和素质做出规定，并进行考核，考核合格方可从事这类职业。这样，就可以保证消费者能得到合乎标准的服务。

第六，在价格管制政策中分析的限制价格政策，也是一种对消费者的保护政策。这种政策可以防止消费者受垄断厂商的剥削，并能保证社会上所有的人都得到基本生活品。对粮食、公用事业服务、房租等商品与劳务的价格限制，在保护消费者方面，还是有一定作用的。

第七，建立"消费者协会"这类组织，保护消费者的利益。这种组织是非官方的，它可以接受消费者对产品与劳务质量、价格等方面的申诉，代表消费者向厂商提出诉讼，以及通过各种形式，为保护消费者的利益服务。

这些政策，对保护消费者的利益，指导正确消费起到了积极作用。但是，这些政策的实施也会有不利的影响。例如，政府为此要有一定的支出，企业受的限制较多会不利于效率的提高，等等。还有些措施在执行中会有许多困难，效果也并不十分理想。因此，政府在消费政策方面，应有一个程度的范围。

3. 消费的干预政策

从传统的消费者行为理论来看，消费完全是个人的问题，但实际上，个人的消费对社会是有影响的。首先，个人的消费要影响社会资源的配置与利用。为了保护社会资源，尤其是某些比较稀缺的资源，就要用法律或经济手段限制某些消费。例如，用资源保护法禁止或限制人们对某些珍稀动物的消费，用提高水价的方法来限制人们对水资源的浪费，等等。其次，个人的消费会给社会带来一些不利的影响，对于这些消费也应进行限制。例如，小汽车的普及会使环境污染严重，交通拥挤，因此，在一些国家则对小汽车的消费进行了必要的限制。再如吸烟不仅有害于个人健康，也会危害他人，这就要对吸烟这种消费进行限制。最后还应该注意个人消费对社会风尚的影响。例如，个人的某些浪费性高消费，有可能败坏社会风气，引起社会犯罪率上升。对这种高消费有必要进行限制，如对奢侈品加重税收就是限制这种高消费。

消费外在化，就是指个人消费对社会的种种影响。对这种消费外在化进行干预，也是必要的。个人消费不仅是个人问题，而且是整个社会的问题，如何既能尊重消费者的个人自由，又能维护整个社会的利益，是一个重要的理论与政策问题。

7.1.3　完全信息说

价格调节经济的重要前提是信息的完全性，即每个人都能免费得到充分的信息。现代经济学家认为，信息并不是无代价的。信息获得、收集、整理、分析，都要付出相当的代价。人们在获取信息时，要把获取信息所付出的代价与可能得到的收益进行对比，只有收益大于代价，他们才肯去获得信息。而且，信息在社会上的传递，也需要许多条件。所以，并不是每个人都能获得完全而准确的信息。尽管现代社会科学技术的发展为信息创造了有利的条件，但在任何时候，信息总是有代价的，信息的获得都要受到种种条件限制。完全信息是不可能的，信息的不完全性当然就要影响价格机制的作用。

7.2　市场失灵及相应的政策

现实的资本主义市场机制在很多场合不能导致资源的有效配置，这种情况被称为"市场失灵"。本章将分别论述市场失灵的几种情况，即垄断、外部影响、公共物品以及相应的微观经济政策。

7.2.1 垄断

1. 垄断与低效率

首先确定判断效率的标准——优劣标准，通常用帕累托提出的标准，简称帕累托标准，它是针对资源配置状态进行比较的。

帕累托标准认为如果至少有一人认为一种资源配置状态优于另一种，而没有人认为其劣于另一种，则从全社会来看该种状态较优。

资源配置状态的改变（由状态a到状态b）使得至少一个人的状况变好，而没有使任何其他人的状况变坏，状态b相对于状态a叫做帕累托改进。对于某种既定的资源配置状态，所有的帕累托改进均不存在，叫做帕累托最优状态。也就是资源配置状态的任何改变都不可能使至少有一人的境况变好而又不使其他任何人的境况变坏。

在垄断情况下，帕累托最优状态不能被实现，即存在帕累托改进。

垄断的帕累托改进难以实施的原因有：

（1）消费者之间在如何分摊弥补垄断厂利润损失的支付问题上可能存在分歧。

（2）垄断厂商和消费者之间在如何分配增加产出所得到的收益问题上可能存在分歧。

（3）无法防止某些消费者不负担给予垄断厂商利润损失的任何支付而享受低价格的好处（免费乘车者问题）。

对垄断低效率的分析同样适用于其他非完全竞争的情况。

2. 对垄断的公共管制

主要是对垄断企业实行价格管制，按成本定价，以提高效率。但存在下面的问题：成本下降时，管制滞后对企业有利，企业实际回报率高于政府的标准；成本上升时，管制滞后对企业不利，企业实际资本回报率低于政府的标准。

3. 反托拉斯法

反托拉斯法是反对垄断、保护竞争的立法，目的在于禁止或限制垄断。早在17世纪时，英国法院就有反对国王授予某些人垄断权（主要贸易垄断）的不成文法。在近代，美国在1890年通过了第一个联邦反托拉斯法——《谢尔曼法》（Sherman Act），宣布"旨在限制自由竞争的贸易的联合或勾结"都是非法的，但这一立法实际上并未执行。1914年又通过了《克莱顿法》和《联邦贸易委员会法》，把价格歧视、排他性或约束性契约、公司相互持有股票、连锁董事会等列为非法的垄断行为。以后，又对这些立法进行了修改。但这些法律实际上很难行得通，垄断者往往可以钻法律的空子，逃避对他们垄断行为的限制与惩罚。这是因为，不容易确立垄断组织行为的判断标准，不容易对垄断组织进行调查，对垄断组织的行为也缺乏足够的控制力。

7.2.2 外部影响

1. 外部影响及分类

外部影响是指单个消费者或生产者的经济行为对社会上其他人产生好的或坏的影响，从

而导致私人成本不等于社会成本，私人利益不等于社会利益。按其影响分为以下两类。

（1）外部经济。外部经济指某个体的一项经济活动给社会上其他成员带来好处，但他自己不能由此得到补偿。此时这个人从事其活动中得到的私人利益就小于搞活动带来的社会利益。这种性质的外部影响被称为"外部经济"。

（2）外部不经济。外部不经济指某个体的一项经济活动给社会上其他成员带来危害，但他自己却并不为此而支付足够抵偿这种危害的成本。此时这个人为其活动所付出的私人成本就小于该活动所造成的社会成本。这种性质的外部影响被称为"外部不经济"。

2. 外部影响和资源配置失当

外部影响的结果：完全竞争条件下的资源配置将偏离帕累托最优状态。

假设：V_p为私人利益；V_s为社会利益；C_p为私人成本；C_s为社会成本。

在外部不经济的情况下，由于$C_p < V_p < C_s$，私人活动水平高于社会所要求的水平，此时存在帕累托改进，因为$C_s - C_p > V_p - C_p$，如果私人放弃行动，其损失在得到补偿后，多数人仍可以避免更大损失。

在外部经济的情况下，由于$V_p < C_p < V_s$，私人活动水平低于社会所要求的最优水平，此时也存在帕累托改进，因为$V_s - V_p > C_p - V_p$，如果私人采取行动，其损失在得到补偿后，更多人的境况变好。

现实中帕累托改进难以实施的原因如下（以污染为例）。

（1）污染者和被污染者之间在如何分配"重新安排生产计划"所得到的好处问题上不能达成协议。

（2）被污染者存在"免费乘车者"问题。

（3）有关污染的法律难以明确。污染者是否有权污染？有权进行多大污染？被污染者是否有权要求赔偿？

3. 有关外部影响的政策

（1）使用税收和津贴。对造成外部不经济的企业进行征税，目的是使该企业的私人成本等于社会成本。对造成外部经济的企业，政府予以补贴，目的是使该企业的私人利益等于社会利益。

（2）使用企业合并的方法。外部影响"内部化"，合并企业的成本与收益等于社会成本与收益。

（3）使用规定财产权的办法。根据科斯定理，只要财产权是明确的，并且其交易成本为零或很小，则无论在开始时将财产权赋予谁，市场均衡的最终结果都是有效率的。

在存在外部影响的情况下，并不一定需要政府干预，只要明确外部影响的所有权，同样可以解决外部影响问题，达到资源的有效配置。

注意：第一，交易成本不能过大，否则，产权交易难以实现。第二，资产财产权是否能够明确：如空气、海洋、草场等共用财产，明确产权的成本过高。

7.2.3　公共物品

现实中的物品可分为两类，即私人物品和公共物品。

1. 私人物品具有竞争性和排他性

竞争性是指产品生产的边际成本大于零，增加消费就会增加成本。排他性是指一个人消费了某种商品，其他人就不能再消费该商品了。例如，两人不能同戴一顶帽子、同穿一双鞋，私人物品可以通过收费调节消费。

2. 公共物品具有非竞争性和非排他性

非竞争性是指产品生产的边际成本等于零。增加消费不会增加成本，如海上的航标灯。非排他性是指任何人都不能被排除在该商品的消费之外。公共物品很难通过收费予以限制。

3. 市场失灵

私人物品市场是竞争的：在既定的产量上，消费者之间的竞争最终使每个消费者都不能得到低于市场价格而买到商品的好处。每个消费者消费一单位商品的机会成本就是在市场价格上卖给其他消费者的同样一单位商品。

公共物品市场是非竞争的：在既定的产量上，消费者之间根本不存在私人物品市场上的那种竞争，每个消费者消费的机会成本为零。每个消费者都想成为"免费乘车者"，尽量少支付给生产者以换取消费公共物品的权利。

综上所述：在市场机制条件下，消费者的支付不足以补偿公共物品的生产成本，公共物品的生产者必然减少产量，甚至不生产。私人不会生产公共物品，只能由政府来生产公共物品。

案例与资料阅读7-1

反垄断法

垄断的原意是独占，即一个市场上只有一个经营者。反垄断法，顾名思义就是反对垄断和保护竞争的法律制度。它是市场经济国家基本的法律制度。

1. 世界各国反垄断立法概况

美国早在100多年前就已经颁布了这种法律。1865年美国南北战争结束后，随着全国铁路网的建立和扩大，原来地方性和区域性的市场迅速融为全国统一的大市场。大市场的建立一方面推动了美国经济的迅速发展，另一方面也推动了垄断组织即托拉斯的产生和发展。1879年，美孚石油公司即美国石油业第一个托拉斯的建立，标志着美国历史上第一次企业兼并浪潮的开始，托拉斯从而在美国成为不受控制的经济势力。过度的经济集中不仅使社会中下层人士饱受垄断组织滥用市场势力之苦，而且也使市场普遍失去了活力。在这种背景下，美国在19世纪80年代爆发了抵制托拉斯的大规模群众运动，这种反垄断思潮导致1890年《谢尔曼法》的诞生。《谢尔曼法》是世界上最早的反垄断法，从而也被称为世界各国反垄断法之母。美国最高法院在其一个判决中指出了《谢尔曼法》的意义，即"《谢尔曼法》依据的前提是，自由竞争将产生最经济的资源配置、最低的价格、最高的质量和最大的物质进步，同时创造一个有助于维护民主的政治和社会制度的环境"。

从《谢尔曼法》问世到第二次世界大战结束，这期间除美国在1914年颁布了《克莱顿法》和《联邦贸易委员会法》作为对《谢尔曼法》的补充外，其他国家的反垄断立法几乎是空白。然而，第二次世界大战一结束，形势产生了很大的变化。首先，在美国的督促和引导下，日本在1947年颁布了《禁止私人垄断和确保公正交易法》，德国于1957年颁布了《反对限制竞争法》。1958年生效的《欧洲经济共同体条约》第85条至第90条是欧共体重要的竞争规则。此外，欧共体理事会1989年还颁布了《欧共体企业合并控制条例》，把控制企业合并作为《欧共体竞争法》的重要内容。意大利在1990年颁布了反垄断法，它是发达市场经济国家中颁布反垄断法最晚的国家。现在，经济合作与发展组织（OECD）的所有成员国都有反垄断法。

发展中国家反垄断立法的步伐比较缓慢。直到20世纪80年代后期，尽管有联合国大会的号召，联合国贸发会还就管制限制性商业实践提供了技术援助，但是颁布了反垄断法的发展中国家仍然不足12个，它们包括亚洲的韩国、印度、巴基斯坦和斯里兰卡。发展中国家当时对反垄断法普遍不感兴趣的主要原因是，这些国家的许多产业部门或者主要产业部门是由国有企业经营的。为了维护国有企业的利益，国家自然就会在这些部门排除竞争。此外，当时所有的社会主义国家实行计划经济体制，不允许企业间开展竞争，这些国家自然也没有制定反垄断法的必要性。我国也是这种情况。因为我们当时认为计划经济是最好的经济制度，把竞争视为资本主义制度下的生产无政府状态，认为竞争对社会生产力会造成严重的浪费和破坏，我国当时也完全不可能建立一种崇尚竞争和反对垄断的法律制度。

20世纪80年代后期以来，随着世界各国经济政策总的导向是民营化、减少政府行政干预和反垄断，各国反垄断立法的步伐大大加快了。这一方面表现在亚洲、非洲和拉丁美洲的许多发展中国家纷纷制定或者强化了它们的反垄断法，另一方面表现在苏联和东欧集团的国家也都积极进行这方面的立法。到1991年，中欧和东欧地区的绝大多数国家包括保加利亚、罗马尼亚、克罗地亚、爱沙尼亚、哈萨克斯坦、立陶宛、波兰、俄罗斯、匈牙利等都颁布了反垄断法。近年来，随着这些地区的许多国家积极地申请加入欧盟，它们又都根据《欧共体竞争法》进一步强化了自己的反垄断法。据统计，世界上目前颁布了反垄断法的国家大约有84个。发展中国家以及前苏联和东欧国家现在之所以积极制定和颁布反垄断法，主要的原因是国有垄断企业的经济效益普遍不能令人满意。因此，除了一些特殊的行业，这些国家都已经开始在原先国家垄断经营的部门注入了私人经济，甚至在电信、电力、煤气等传统上被视为自然垄断的行业引入了竞争机制。现在，世界各国都已经普遍地认识到，垄断不仅会损害企业的效率，损害消费者的利益，而且还会遏制一个国家或者民族的竞争精神，而这种竞争精神才是一个国家经济和技术发展的真正动力。

2. 反垄断法的任务

反垄断法的任务就是防止市场上出现垄断，以及对合法产生的垄断企业进行监督，防止它们滥用市场优势地位。具体地说，反垄断法主要有以下任务：

（1）禁止卡特尔。经济学家亚当·斯密曾经说过，生产同类产品的企业很少聚集在一起，如果它们聚集在一起，其目的便是商讨如何对付消费者。反垄断法上把这种限制竞争性的协议称为"卡特尔"。例如，电视机生产企业通过协议商定，每台电视机的售价不得低于3000元。这种协议就会排除它们在价格方面的竞争。这种卡特尔被称为价格卡特尔。为了维护产品的高价，竞争者之间也可以通过协议限制生产或者销售数量，例如1998年我国彩电业生产显像管的八大企业联合限产。这种卡特尔被称为数量卡特尔。此外，生产同类产品的企业还可以通过协议划分销售市场，这种卡特尔被称为地域卡特尔。

上述这些卡特尔对市场竞争的损害是非常严重的。以价格卡特尔为例：因为被固定的价格一般会大大超过有效竞争条件下的价格水平，这种卡特尔自然会严重损害消费者的利益。此外，在价格被固定的情况下，效益好的企业因为不能随意降价，不能根据市场的情况扩大自己的生产规模，它们从而也就不能扩大自己的市场份额。分割销售市场也是对竞争的严重损害，因为在这种情况下，参加卡特尔的企业各自在其销售地域都有着垄断地位，这一方面使消费者失去了选择商品的权利，另一方面使市场失去优胜劣汰的机制，即效益差的企业不能被淘汰，效益好的企业不能扩大生产规模，这就会严重损害企业的竞争力，使社会资源不能得到优化配置。

在各国的反垄断法中，上述各种严重损害竞争的协议一般得适用"本身违法"的原则，即不管它们是在什么情况下订立的，都得被视为违法。根据美国的《谢尔曼法》，这种情况下对公司的罚款可以达到1000万美元，对个人罚款可以达到35万美元，此外还可以处以三年以下的刑事监禁。但在具体案件中，美国司法部根据美国刑法的规定，早已大幅度提高了反垄断案件的罚金。在2000年，日本三菱公司因为被指控参与了一个固定（石墨电极）价格的国际卡特尔，被美国司法部征收了1.34亿美元的罚金。不久前，英国的克里斯蒂（Christie）拍卖行和美国的苏斯比（Sotheby）拍卖行作为国际上两家最著名的拍卖行，因商定佣金的价格被指控违反了美国反垄断法。现在，这两家拍卖行不仅被课以巨额罚金，它们的总裁还面临着刑事监禁。

需要指出的是，企业间订立限制竞争的协议有时对经济是有好处的。例如，统一产品规格或者型号的协议，适用统一的生产、交货以及支付条件的协议，中小企业间的合作协议，以及统一出口价格的协议。因为这些限制竞争的做法有利于降低企业的生产成本，改善产品质量，提高企业的生产率，它们一般被视为合理的限制，可以得到反垄断法的豁免。

（2）控制企业合并。在市场经济条件下，企业并购是经常发生的，而且绝大多数的企业并购对经济是有利的。特别在我国当前的情况下，企业并购有利于改变我国企业过度分散和规模过小的状况，有利于促进企业间的人力、物力、财力以及技术方面的合作，从而有利于提高企业的生产效率和竞争力。

然而，市场经济下的企业本身有着扩大规模和扩大市场份额的自然倾向，如果对合并不加控制，允许企业无限制地购买或者兼并其他的企业，不可避免地会消灭市场上的竞争者，导致垄断性的市场结构。正是出于维护市场竞争的需要，各国反垄断法都有控制合并的规定。这种控制的目的不是限制企业的绝对规模，而是保证市场上有竞争者。这方面的法律制度主要是合并的申报和审批制度，即达到一定规模的企业合并需要向反垄断法的主管机关进行申报。根据美国、德国、日本等许多国家的法律，只要合并可以产生或者加强市场支配地位，反垄断法主管机关就可以禁止合并。有些国家的法律还规定，什么样的合并可以推断为是产生或者加强了市场支配地位。例如德国的《反对限制竞争法》规定，如果合并后一家企业达到了1/3的市场份额，或者三家或三家以下的企业共同达到1/2的市场份额，或者五家或五家以下的企业共同达到2/3的市场份额，就可以推断合并产生或者加强了市场支配地位。

经济是非常活跃的。有些合并即便产生或者加强了市场支配地位，但是因为某些特殊的情况，政府也应当批准合并。美国司法部1997年批准了波音公司和麦道公司的合并，这一方面是因为麦道公司当时处于濒临破产的境地，另一方面因为合并后的企业在国际市场上仍然存在着与欧洲空中客车的竞争。许多国家的反垄断法规定，如果合并有利于整体经济或者社会公共利益，政府应当批准合并。需要指出的是，导致垄断的合并因为会严重损害竞争，损害消费者的利益，政府批准这种合并的时候应当非常慎重。

（3）禁止滥用市场支配地位。实践中，企业可以通过合法的方式取得市场支配地位，甚至垄断地位。例如，国家授权一个企业在某个行业享有独家经营的权利，这个享有特权的企业自然就是一个垄断企业。企业也可以通过知识产权（如专利、版权等）取得市场支配地位。例如，微软公司就是通过知识产权在全世界的软件市场上取得了市场支配地位。反垄断法虽然不反对合法的垄断，但因为合法的垄断者同样不受竞争的制约，它们就非常可能会滥用其市场优势地位，损害市场竞争，损害消费者的利益。因此，国家必须对那些在市场上已经取得了垄断地位或者市场支配地位的企业加强监督。1997年美国司法部指控微软公司违反了美国反垄断法，就是这方面的一个重要案例。

微软公司一案说明，那些在市场上占据垄断地位或者支配地位的企业，它们的市场行为会受到政府更为严格的管制。这即是说，同一种限制竞争的行为如果发生在不同企业的身上，它们会产生不同的法律后果。例如，消费者购买长虹电视机的时候，如果销售商要求消费者必须同时购买一台长虹牌收录机或者其他产品，消费者一般不会接受销售商这种无理的要求，而会转向购买海尔、TCL或者其他品牌的电视机。这说明，在竞争性的市场上，搭售行为一般不会对消费者造成严重的不利后果。然而，消费者安装电话的时候，如果电话局要求他们购买指定的电话机，否则就不给装电话，这种搭售行为对市场就有着严重的不利影响。一方面，这会严重损害消费者的利益，因为他们没有选择其他产品的机会；另一方面，这种行为也会严重损害竞争，因为它会给某些企业的市场销售带来严重的不利后果。因此，反垄断法中关于市场行为的管制主要是针对垄断企业或者占市场支配地位的企业。

在我国，滥用市场支配地位的企业主要是公用企业。例如，邮电局强行为用户配发电话机，电力部门强迫用户购买其指定的配电箱，自来水公司强迫用户购买其指定的给水设备，煤气公司强迫用户购买其指定的煤气灶和热水器等。滥用市场支配地位还有其他的表现，例如滥收费用，即对消费者或用户索取不合理的垄断高价；低价倾销，即以低于成本的价格销售商品，目的是将竞争对手排挤出市场；价格歧视，即对处于相同地位的交易对手使用不同的价格条件，从而使某些企业在市场竞争中处于不利的地位。此外还有抵制或者拒绝交易，例如一个占市场支配地位的化学企业拒绝向一个生产药品的企业提供它在生产中必不可少的化学原料，在这种情况下，被拒绝供货的企业就可能被排挤出市场。滥用市场支配地位的法律后果包括停止违法行为，对违法企业进行罚款。此外，受害者还可以要求民事损害赔偿。在美国，法院还可以拆散垄断企业，拆散的目的是将垄断性的市场变为竞争性的市场。美国法院1982年将美国电话电报公司（AT&T）分为八，在世界上最早打破了电信行业的垄断。

（4）禁止行政垄断。行政垄断是指政府及其所属部门滥用行政权力限制竞争的行为。实际上，不管在中国还是在外国，在过去、现在还是将来，政府限制竞争都是对竞争损害最甚的行为。因此，我们在研究反垄断问题时，就不能把目光仅仅投向企业的限制竞争行为，还应当注意政府的行为，防止它们滥用行政权力，限制竞争。

由于历史和体制方面的原因，前苏联和东欧国家尤其重视行政垄断的问题。乌克兰共和国1992年颁布的《禁止垄断和企业活动中不正当竞争行为法》第6条明确规定，政府及其所属部门不得对企业采取歧视的态度，例如出于限制竞争的目的，禁止在某个经济领域建立新企业，限制企业的某种活动或者某种产品的生产，强迫企业加入企业集团，或者强迫它们向某些企业提供价格便宜的产品；或者禁止在共和国某地区销售来自其他地区的商品，从而导致一定商品市场的垄断化；或者对个别企业提供税收或其他方面的优惠，使它们相对其他企业处于不公平的竞争优势；等等。

　　行政垄断在我国当前主要表现为行业垄断和地方保护主义。行业垄断即是政府及其所属部门滥用行政权力，限制经营者的市场准入，排斥、限制或者妨碍市场竞争。这特别表现为一些集行政管理和生产经营于一体的行政性公司、承担着管理行业任务的大企业集团以及一些挂靠这个局、那个部享受优惠待遇的企业。这些企业凭借政府给予的特权，有着一般企业所不可能具有的竞争优势，在某些产品的生产、销售或者原材料的采购上处于人为的垄断地位，从而不公平地限制了竞争。这种现象被称为"权力经商"。地方保护主要表现为地方政府禁止外地商品进入本地市场，或者阻止本地原材料销往外地，由此使全国本应统一的市场分割为一个个狭小的地方市场。例如，有些地方政府为了阻止外地的化肥或者其他产品进入本地市场，专门发布地方文件，禁止本地的单位和个人营销外地产品，甚至对营销外地产品的经营者随意没收或者罚款。有些地方为了抵制外地啤酒进入本地市场，要求本地居民喝"爱乡酒"。有些地方为了阻止外地生产的轿车进入本地市场，对外地产品乱收费用。

　　由于我国当前处于从计划经济向市场经济的过渡阶段，企业的限制竞争行为也往往带有行政色彩。例如1998年我国某些行业出台的所谓"行业自律价格"。不管如何解释"行业价格自律"，它们都应当被视为是政府部门纵容企业进行价格协调的行为，是一种强制的价格卡特尔。最先实行行业自律价的中国农机工业协会农用运输车分会甚至还以不执行行业自律价为由对山东时风集团进行了罚款。然而，从市场经济的本质来说，强迫企业按照所谓的行业自律价销售产品是不合理的，因为行业自律价的基础是行业的平均成本。既然是平均成本，这个成本肯定就高于某些经济效益较好企业的个别成本，从而限制了这些企业的降价幅度，使它们失去了扩大生产的机会。

　　行政性限制竞争行为不仅严重损害了消费者的利益，而且也严重损害了企业的利益。我们可以想象，如果因为地方保护，上海生产的桑塔纳轿车只能在上海地区销售，湖北生产的富康车只能在湖北地区销售，这些企业就不可能扩大生产，实现规模经济，从而也不可能提高企业的竞争力。此外，滥用行政权力的行为还为某些政府官员以权谋私和权钱交易提供了机会，在一定程度上引发了腐败，损害了政府的形象。因此，反垄断法应当将反行政垄断作为一个重要而且非常迫切的任务。

　　反垄断法目前在我国还是一种全新的法律制度。2006年6月7日，国务院总理温家宝主持召开国务院常务会议，讨论并原则通过《中华人民共和国反垄断法（草案）》。然而反垄断法不仅难产了近20年，还面临重要条款的变更。据报道，"禁止滥用行政权力限制竞争"一章有可能被整体删除，这意味着反行政垄断将不再进入反垄断法的视野。果真如此，建立公平竞争的市场环境——这一反垄断法的精髓将随之而去。

　　反对者的理由是反垄断法应用过度，限制了市场竞争，成为市场竞争失败者进行不正当竞争的手段。他们认为谴责从竞争中产生的垄断者有违市场道义。在市场经济社会，不管是反垄断还是主张适度垄断，其理由都是相同的，即促进市场竞争。因而，倘若我们今天删除反行政垄断条款，他们都不可能为此叫好。

　　可以预料，在删除反行政垄断章节后，反垄断法的公平竞争将主要表现为对商业行为的限制，这不仅对促进市场竞争作用不大，反而可能造成政府权力的扩张和市场效率的下降，造成与《反不正当竞争法》的重叠与冲突。

　　据专家推测，删除这些条款一是出于国家经济安全的考虑，防止外资恶意并购中国企业；二

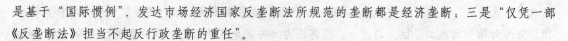

是基于"国际惯例",发达市场经济国家反垄断法所规范的垄断都是经济垄断;三是"仅凭一部《反垄断法》担当不起反行政垄断的重任"。

资料来源:百度百科。

案例与资料阅读7-2
"科斯定理"与俄罗斯激进经济改革

1. 科斯定理

"在整个历史上,没有一个经济在不存在较为明确地定义和执行的私有产权结构的情况下取得了重要的增长。当私有产权被压制时,经济就会大大地增加交易成本和运行成本。结果是增长受阻。"这就是著名的"科斯定理",虽然"科斯本人不好意思称此为定理,但他的信奉者们还是要这样称呼它"。同时这也是新自由主义的一条"圣诫"。

进一步解释是"私有财产是经济增长的最重要前提,现在快速增长的每一个国家都主要是把经济建立在私有企业制度之上。就是说,大多数生产性资源都归私人所有,不受政府行为的干预"。这也是一部分西方学者在中国鼓吹将经济改革引导向私有化为基础的"产权革命"的理论依据。

但是,当有人这样讲时,他却忘了这个论点的反面在同一论据下成立:现在陷入高债务及金融灾难的那些国家包括南美、非洲、东南亚、东欧及俄罗斯,也都是把经济建立在私有企业制度之上。

2. 俄罗斯激进经济改革

从1991年12月苏联解体算起,俄罗斯分为两个发展阶段:1992～1999年的8年为"叶利钦时代",2000年至今进入"普京时代"。由于普京时代刚刚开始,尽管在发展思路上普京已显露出与叶利钦有很大的不同,但就目前而言,俄罗斯的新一轮变革仅初现端倪,其前景如何还需观察。我们这里重点放在对叶利钦时代的总结。

美国新自由主义经济学家萨克斯出任俄罗斯政府顾问,他为俄罗斯制定的被叫做"休克疗法"的改革方案,实际上就是"华盛顿共识"所体现的新自由主义原则的具体应用。北欧新自由主义经济学家伊萨克森等将"华盛顿共识"中的快速私有化原则应用到俄罗斯和其他东欧国家,具体提出:"从计划向市场转变必须实行生产资料私有制","私有化是向市场经济转变的核心内容";制定保护私有制的法律,颁布私有化法;最重要的改革是国有企业私有化,国有小企业私有化的方式是"逐个地出售";国有大企业私有化方式是先把国有企业转变为国家拥有全部股票的股份公司,然后再将它们私有化。方法是不断降低国家持股的比重;多给党政官员股票,过去这些市场经济最凶猛的反对者就会成为新制度下改革进程的急先锋。新自由主义导致苏东巨变,使原社会主义国家全面资本主义化。

叶利钦时代俄罗斯的社会转轨由两部分组成,一是政治转制,二是经济转型。这一社会转轨过程对于俄罗斯民族来说是惨烈的。在经济上,与苏联解体前的俄罗斯相比,1999年它的国内生产总值下降了大约40%,降幅远远大于20世纪20年代末至30年代初的资本主义大危机,甚至不亚于第二次世界大战所造成的破坏,人民生活陷入普遍贫困。在政治上,在向西方式民主制度转变之中和之后,相伴而来的是激烈的社会冲突、民族纷争、权力拼杀、阴谋和流血,俄罗斯成了政治角逐的大舞台，社会持续动荡。在国际上，俄国人最初希冀通过加入西方阵营来实现自身利益，但西方却对俄罗斯施加了巨大的政治、经济压力，并从地缘政治上对俄罗斯进行挤压，在与西方的利益碰撞中俄罗斯一再受到打击，饱受欺凌之苦，与苏联时期的鼎盛相比，俄罗斯民族的国际地位急剧衰落。

3. 中国与俄罗斯改革的对比

中国和俄罗斯的社会转轨有共同点，也有不同点。它们的共同点是：都放弃了僵化的计划经济，向市场经济过渡，实行社会经济制度的转型。它们的不同点是：中国坚持社会主义基本政治制度，在中国共产党的领导下走以经济为中心、渐进改革的发展道路，并取得经济蓬勃发展、综合国力大幅度增强、人民生活水平明显改善的显著成就；俄罗斯则率先推翻了社会主义，仿效西方建立了三权分立政治制度，走上了以政治变革为先导继而推动激进经济改革的发展道路，但社会经济发展和综合国力总体上未见增长反而下降，人民生活水平未见改善反而普遍恶化。

资料来源：何新访谈录，俄罗斯十年。

第 **8** 章

国内生产总值

从本章起进入经济学的另一个分支——宏观经济学。宏观经济学通过研究国民经济总量的决定、变化和联系来说明资源的充分利用问题。宏观经济学主要关心的总量包括总产出、就业水平、利息率等。本章主要介绍国民收入的基本概念、核算的基本方法和宏观经济运行恒等式。

8.1　国内生产总值的理解

宏观经济学是以一个国家的整体经济活动作为研究对象。在宏观经济学的诸多概念中，最重要的是国内生产总值（gross domestic products，GDP）。具体说，GDP是用来衡量一个国家在一定时期投入的生产资源生产出来的产品和劳务的价值或由此形成的收入的一个数量指标。这是广泛意义上的国民收入。

8.1.1　国内生产总值的含义

国内生产总值，是指一国一定时期内（通常为一年）所生产的最终产品和劳务的市场价值的总和，本质是价值增值之和。

应该从以下几方面理解这一概念。

第一，国内生产总值是指当年生产的产品和劳务的价值总额，因而不包括以前所生产的产品的价值。这样即使是在本年销售以前所生产的产品也不计入本年的国内生产总值。

第二，国内生产总值是指最终产品的价值总和。其价值表现为产品和劳务在该期内的最后售价。这样做的目的是为了避免重复计算，进而夸大其值。最终产品是为了最终使用而不再加工和转售的产品，而那些在生产其他物品时耗费掉的产品就是中间产品。经济学引入附加价值法计算国内生产总值。所谓附加价值法，是指把产品在不同的生产阶段中新增加的价值加在一起来计算总附加价值的一种方法。根据该方法计算的总附加价值与最终产品的售价相等。表8-1用一份面包的几个生产阶段来说明这种计算方法。

如表8-1所示，从销售的总价值可以看出，这里既包括了最终产品的价值，也包括了肥料、种子、小麦、面粉这些中间产品的价值，故1.0元不能作为产品的真实价值，而总附加价值0.4元，与最终产品面包价值0.4元相等，所以计入GDP的是0.4元。

第三，国内生产总值是指市场价值的总和，这就要求按照产品的现期价格来计

表8-1　面包总价值构成表

生产阶段	销售价值（元）	附加价值（元）
肥料、种子等	0.1	0.1
小麦	0.2	0.1
加工成面粉	0.3	0.1
烤制成面包	0.4	0.1
合计	1.0	0.4

算。因此，不经过市场销售的最终产品（如自给性产品、自我服务性劳务）就没有价格，无法计入GDP。另外由于价格经常变动，因而计算出的国内生产总值不仅受最终产品数量的影响，而且还受价格水平的影响。

第四，国内生产总值中的最终产品不仅包括有形的产品，而且包括无形的劳务。因而要将服务、旅游、卫生、教育等行业提供的劳务，按其所获得的报酬计入国内生产总值中。

8.1.2　实际国内生产总值与名义的国内生产总值

上面所说的GDP的概念，是按产品和劳务的当年销售价格计算的，称为名义国内生产总值（nominal GDP）。GDP的衡量标尺——市场货币的价值是经常变动的，为了消除货币价值变动对国内生产总值的影响，通常选定某一年为基期（如2000年）。用计算期同基期比较的物价指数的变动来剔除隐含在名义GDP中的物价变动，由此得出的GDP称为按基期的货币（或不变价格）计算的实际国内生产总值（real GDP）。统计部门一般用确定的统计方法计算其他年份的价格指数，用所求年份（t表示）的价格指数去除所求年份的名义GDP，就得到实际GDP。计算公式为：

$$实际GDP = 名义GDP / t年价格指数$$

假如一国2001年的GDP为3250美元，这些价值如按2000年的价格计算应为2240美元，这就是2001年的实际GDP。2001年的名义GDP与同年的实际GDP 这两种数据中的产品和劳务的数量相同，前者之所以大于后者，显然是因为2001年的名义GDP包括物价上涨（同基年比较）因素。至于物价上涨的程度可按下式计算：

$$（名义GDP / 实际GDP） \times 100\% = (3250/2240) \times 100\% = 145\%$$

上式表示，2001年的物价比基期年份2000年上涨45%。上式中的t年价格指数又叫GDP物价指数，它包含所有的产品和劳务，所以有时被作为衡量一国通货膨胀程度的指数。

8.1.3　国内生产总值与国民生产总值

国内生产总值是指一国（比如美国）国境以内的全部居民，包括①居住在美国的美国公民和移民，②居住在美国的外国公民投入的各种生产要素在一年期间所生产的产品和劳务的价值。简言之，GDP这个指标，是把一个国家的国境内所发生的生产和劳务作为统计范围的。

国民生产总值（GNP）是一国的（如美国）的永久居民投入的各种生产要素在一年期间所生产的产品和劳务的价值。作为统计范围的永久居民包括：①居住在本国的本国公民；②永久居住在一国而没有入籍的移民；③居住在外国的本国公民。这样，国民生产总值是以一个国家的公民在本国和外国的经济活动作为核算对象的。

根据上述GNP和GDP的含义，二者的关系是：

GNP = GDP + (本国公民在外国的收入 − 外国公民投在本国的收入)

= GDP + 本国国外净要素收入

一个国家的净要素收入可以是负数，这表示本国公民在外国的资本和劳务收入小于外国公民投在本国的资本和劳务的收入。此时，GDP的值大于GNP的值。

8.2 国内生产总值的核算

在经济学中，对GDP的计算方法有很多，但其中最重要、最常见的方法有两种，即支出法和收入法。本节将分别介绍这两种方法，并分析它们之间的关系。

8.2.1 支出法

支出法又称做产品流动法。这种核算方法是把一个国家一年期间投入的生产要素生产出来的产品和劳务按购买者（需求者）支出的金额（也就是最终产品的市场价值）分类汇总而得出的GDP数值。按支出法计算的GDP，应包括四大项，即个人消费支出（C），私人国内总投资（I），政府购买的产品和劳务（G）和净出口（$X-M$）。

下面依次说明表8-2中所列的各项。

1. 消费

消费是指居民的个人消费支出。其中耐用品包括电视机、冰箱、汽车等；非耐用品包括日常用品；劳务项下的消费开支包括餐饮服务、交通、文教体育等开支。

表8-2 美国2001年GDP（单位：10亿美元）

国内生产总值	10 028.1
消费	6 987.0
投资	1 586.0
政府购买	1 858.0
净出口	−348.9

需要注意的是，居民购买新建住房的开支不列入消费开支中，而是归入固定投资项下的住房投资中。在计算GDP时，所有产品和劳务的价格，都是按销售价格即购买者支付的价格计算，其中包含了政府征收的营业税、货物税等间接税。

2. 投资

经济学中所讲的投资是指物质资本存量的增加部分。在实际中，投资包括房屋建筑、机器设备和原材料的购买、厂房和办公用房的建造、厂商的产品存货的增加部分。另外，对于人力资本的投资也包括在内。

（1）投资流量与资本存量。投资是一个流量概念，意指在一定时期（如一年）新增加的资本存量（capital stock）。因此，投资流量和资本存量之间的关系是：本年底的资本存量 = 上年底的资本存量 + 本年内的投资流量，即本年的投资 = 本年底的资本存量−上年底的资本存量。以 K 代表资本存量，I 代表投资流量，则上述关系可记为：$K_t = K_{t-1} + I$ 或 $I_t = K_t - K_{t-1}$。

（2）固定投资与存货投资。企业的投资可分为固定投资和存货投资两大类。前者包括企业使用的厂房、办公楼等建筑物和机器工具等固定设备。在美国的统计资料中，居民购买的新建住房、公寓也列入固定投资这个项目之中。存货投资包括一家工厂使用的原材料、燃料、零部件、在制品、半成品以及尚未销售出去的库存制成品。

（3）总投资与净投资。总投资指的是一定时期内企业部门新增添的厂房办公楼等建筑物、居民住宅、公寓、机器设备等固定投资和上述含义的存货投资。总投资（gross investment）的金额等于本年底的资本存量超过上年底资本存量的数额。由于在全年的生产过程中，上年已有的固定资本存货有一部分会被磨损消耗，这部分损耗称为折旧。一年期间的总投资减去固定资本的折旧，就是净投资（net investment），所以有

$$净投资（In）=总投资（Ig）-折旧$$

国内生产总值核算中使用的是总投资的概念。

3. 政府购买

政府购买即政府的需求，也是用支出法计算GDP中的一项，计入GDP的政府购买包括：

（1）政府向企业购买的物品，如复印机等办公用品以及军火武器等。

（2）政府雇员的薪金，它同私人企业提供的服务一样，是雇员向政府提供了服务，同样创造了当年的国民收入，所以计入GDP之中。在多数西方国家中，政府购买是国内生产总值的重要组成部分，不过不能单从最终产品的角度判断政府的某些支出是否应予计算。政府雇员的薪金是根据成本，而不是根据市场价值来计算的。

但并不是政府的所有支出都计入GDP之中，我们把政府在产品和劳务上的支出（政府购买）计入GDP。在政府支出中，政府的转移支付（transfer payments）是重要一项，它是指人们不需要提供本期的劳务进行交换就能得到的支付，包括支付给退休人员的退休金，对残疾退伍军人和其他人的补助金，以及政府支付的公债利息，因为取得这些收入的人没有提供相应的产品和劳务，所以不能计入GDP。在政府的支出项目中，有一项为净利息支付，这是因为政府有少量的利息收入，所以用它表示实际支付的利息减去收入的利息的差额。在支出项目中还包括政府补贴公私企业所支出的金额和政府所有企业的当期盈余这项收入，同转移支付一样，这几项支出不能计入用支出法核算的GDP。

4. 净出口

用支出法核算的GDP的第四个项目是出口减去进口的净出口余额。当外国人购买我们生产的产品或提供的劳务时，那是对本国所生产的产品和劳务的需求的增加，相应地，我们为外国所生产的产品和劳务的支出，必须从对本国的需求中扣除。所以，净出口才是总需求的一个组成部分。在一定时期内，本国生产并卖给外国的物品的价值，加上本国向外国提供的劳务的收入，再加上本国在国外的投资和贷款获得的股息和利息等收入，得出的是出口总额。同理，在一定时期内，本国购买的外国生产的物品的价值，加上本国支付给外国提供的劳务报酬和外国在本国投资的股息和利息等支出，得到的是进口总额。净出口是出口总额与进口总额的差额。如进口大于出口，则净出口是负数。因此，用支出法计算的GDP的公式为：

$$GDP = C + I + G + (X-M)$$

8.2.2 收入法

用收入法核算一个国家在一年期间投入的生产资源所生产的产品和劳务的价值，也就是四种生产要素因参与生产所取得的相应收入，即工资和薪金、租金、利息和企业利润这四项收入加总而成。所以经济学家称之为国民收入（national income，NI）。由于从企业角度来看，产品和劳务的生产成本（包括企业利润）就是生产要素的收入，所以用收入法核算的国民收入有时又叫要素成本法。用收入法计算的国民收入与用附加价值法计算的扣除了折旧的国民产品的销售价值，即国民生产净值是一致的。因为这两种核算方法，实际上是对于生产要素创造的产品和劳务，分别从生产和收入的角度，利用不同的资料来源核算的结果。上面用支出法计算的GDP，是按市场上的销售价格计算的，这就包含了企业缴纳的间接税。因此，用支出法核算的GDP值与用收入法计算的国民收入值并不一致，至于二者的关系，我们将在国民收入所包含的各项内容之后，对其进行调整，使之与用支出法得到的国内生产总值相一致。

收入法核算的国民收入包括以下几项：

（1）工资。是指劳动者所得到的报酬，包括实得工资、薪金和其他福利收入，其中包括企业为其雇员缴纳给政府的社会保险税金，也包括工资收入者必须缴纳的已被扣除的各种税款。

（2）净利息。净利息是指过去时期的储蓄所提供的货币资本在本期内的利息收入。政府公债、消费信贷的利息收入不计入国民收入，只作为转移支付。净利息加上使用资本的风险成本及资本的间接成本，称为总利息。

（3）个人租金收入。包括个人出租土地、房屋的租金，以及自用房屋的估计租价。另外，享有专利权、版权和自然资源所有权的具有地租性质的收入，也包括在内。

（4）利润。利润分为公司利润和非公司企业利润两种。非公司企业利润也叫非公司企业收入。公司利润是公司企业本身作为一种生产要素，同其他三种要素即劳动、土地、资本在一年期间共同参与国民产品和劳务的生产所做出贡献的收入，公司利润的去向一般包括三个方面：一是缴纳公司利润税，形成政府收入的主要来源之一；二是分给股票持有者的股利；最后一部分未分配利润代表公司储蓄，成为扩大经营的资金来源之一。非公司企业收入，是指个人经营和合伙经营的企业所获得的利润收入。

按上述四项计算的就是按收入法核算的国民收入。要想使其与支出法得出的GDP结果完全相同，还必须加上企业间接税以及资本耗费（折旧）这两项。

企业间接税包括企业缴纳的货物税或销售税、进口关税和周转税三项内容。因为按支出法计算的GDP是按市场上的销售价格计算的，而市场销售价格，除了收回成本（包括企业利润）以外，还包含企业缴纳的间接税。因此，用收入法核算GDP时，必须在四项要素的所得之外，加上企业间接税这一项。与其他费用一样，资本折旧必须作为一种费用计算在国内生产总值中。资本折旧是总利润的一部分，而不是净利润的一部分。

所以，要素所得（即按收入法计得的国民收入）加上间接税以及折旧就是根据收入法所计算的GDP，如果加上统计误差，其结果与用支出法计算的结果完全相等，即

$$C + I + G + (X-M) = 要素所得 + 间接税 + 折旧 + 统计误差$$

收入法的计算如表8-3所示。

以上就是国内生产总值的两种核算方法，从理论上讲，上述两种方法得出的结果应该是一样的，但在实际中，按不同方法计算出来的结果却往往不一致。一般来说，以支出法作为基本计算方法，以支出法计算出的GDP为标准。

表8-3　收入法核算的GDP

工资和其他补助
净利息
租金收入
利润
公司利润
利润税
红利
未分配利润
企业间接税
资本折旧
误差调整
总计：GDP

8.2.3　从国内生产总值到个人可支配收入

国内生产总值是国民收入核算中的最基本、最重要的总量，但是国民收入核算中还有其他几个总量在宏观经济学研究中也非常重要。下面分别介绍这些总量及其与国内生产总值的关系。

在许多国家的国民收入的核算体系中，这种广泛意义上的国民收入，根据核算采用的资料来源和包含的内容的差别，除了国内生产总值以外，还有其他几种具有特定含义的不同名称指标。

（1）国民生产总值是以一国永久居民投入的各种生产要素在一年期间所生产的产品和劳务。可表示为：

$$\text{GNP} = \text{GDP} + (\text{本国公民在外国的收入} - \text{外国公民投在本国的收入})$$

（2）国民生产净值（NNP），是一个国家一年内新增加的产值，是国民生产总值减去折旧后的产值，它只包含净投资。可表示为：

$$\text{NNP} = \text{GNP} - \text{折旧}$$

从一定意义上讲，国民生产净值能够比国民生产总值更准确地衡量国民产出。但国内生产总值的使用较为广泛，因为人们能比较及时地获得可靠的国内生产总值的数据。

（3）国民收入（NI）是一个国家一年内投入生产的各种生产要素所得到的全部收入，即工资、利息、地租、利润的总和。NNP与NI之间的关系是：

$$\text{NI} = \text{NNP} - \text{间接税} - \text{政府对企业的补助} - \text{统计误差}$$
$$= \text{工资} + \text{净利息} + \text{租金} + \text{非公司企业收入和公司企业利润}$$

（4）个人收入（PI）是指一国一年内所有家庭从各方面得到的收入总额。包括工资和薪金收入、租金收入、股息和利息收入、来自政府和企业的转移支付等。可以表示为：

$$\text{PI} = \text{NI} - \text{公司未分配利润} - \text{企业所得税} + \text{政府转移支付} + \text{政府支付给居民的利息}$$

（5）可支配个人收入（DPI）是个人收入减去按法律规定应缴纳的所得税以后的金额。PI与DPI之间的关系可以表示为：

$$\text{DPI} = \text{PI} - \text{个人纳税}$$

由于个人可支配收入通常用来消费（C）、储蓄（S），所以DPI又可以表示为：

$$\text{DPI} = C + S$$

可见，上述五个概念是相互联系并彼此依存的。在经济学中常用广义的国民收入来表示这几个概念。

8.3　国民收入核算恒等式

在任何社会，国民经济的运行表现为生产与消费、收入与支出或者说供给与需求相互作用的不断循环和流转过程。生产部门投入生产资源所产出的产品和劳务，按照一定的原则分配给社会成员，通过交换过程，最后进入消费，这一循环过程也就是社会的生产、收入和分配的过程。如前所述，国内生产总值既可以从产品流量的角度进行核算，也可以从收入流量的角度进行衡量，两方面的核算结果必然相等。国内生产总值恒等式表示的就是国民经济中产品流量与收入流量之间的恒等关系。总支出或总收入代表了社会对最终产品的总需求，而总产品代表了社会对最终产品的总供给。因此，从国内生产总值的核算方法中可以得出一个恒等式：总需求 = 总供给。

下面，我们先从两部门经济入手研究国民经济的流量循环模型与国民经济中的恒等关系，进而研究三部门和四部门经济。

8.3.1　两部门经济恒等关系

两部门经济是指一个国家的经济是由厂商和消费者两部门构成的。在这种经济中，消费者向厂商提供各种生产要素，即劳动、资本、土地和企业家才能，同时因提供要素获得相应的报酬或收入，并以此购买厂商生产的产品和劳务。厂商运用所得到的生产要素进行生产，将产品和劳务卖给消费者。同时向消费者支付生产要素的报酬，即工资、利息、地租及正常利润，这些构成厂商的生产成本。这种经济结构可用图8-1表示。

在这个简单的经济循环中，如果消费者把全部收入用于购买厂商的产品，则经济可以循环下去。

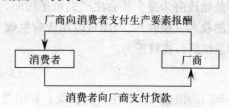

图8-1　两部门经济循环流动模型1

如果消费者把一部分收入用来购买厂商的产品，厂商在消费者的消费支出之外又获得其他来源的投资，那么，货币流量循环如图8-2所示。

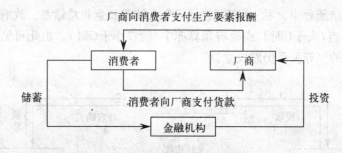

图8-2　两部门经济循环流动模型2

在两部门经济中，总需求就等于消费者的消费需求和厂商的投资需求的总和。如果用 AD 代表总需求，C 表示消费需求，I 表示投资需求，则有：

$$AD = C + I$$

总供给就是厂商的产出，可以用生产要素的总收入来衡量，因此总供给就等于总收入，而总收入又可以表示为消费支出和储蓄之和。这样有：

$$AS = C + S$$

式中　AS——总供给；

　　　C——消费支出；

　　　S——储蓄。

总供给和总需求的恒等式是：

$$AD = AS \quad 即 C + I = C + S 或 I = S$$

在国民收入核算体系中，储蓄值恒等于投资值。这是因为，在两部门经济中，国民产品的价值恒等于国民收入的量值。

8.3.2　三部门经济恒等式

在现实经济中，政府在经济生活中发挥着重要的作用，政府介入之后是三部门经济。这种经济的流程如图8-3所示。与两部门经济流程相比较，在三部门经济中总需求加入了政府的购买需求（G），这样总需求（AD）等于家庭的消费需求（C）、厂商的投资需求（I）和政府的购买需求（G）三者之和：

$$AD = C + I + G$$

三部门经济的总供给中，除了消费者供给的各种生产要素之外，还有政府的供给。政府供给是指政府为整个社会生产提供了国防、立法等公共物品。政府因提供了公共物品而获得相应的收入（税收）。因而可以用政府税收来代表政府供给。如果以 T 代表政府税收，则三部门的总供给公式修正为：

$$AS = C + S + T$$

则三部门的国民产品的生产（供给）和消费（需求）的关系为：

$$C + S + T = C + I + G \quad 或 \quad S + T \equiv I + G \quad 或 \quad S + (T-G) \equiv I$$

这个恒等式的左边是国民经济中的储蓄总额，它是私人储蓄（S）加上政府储蓄（$T-G$）之和。在三部门经济流程中，私人储蓄 S 包括了个人储蓄和企业总储蓄。政府的储蓄有时也称为政府预算盈余（当 T 大于 G 时）或政府预算赤字（当 T 小于 G 时）。由此可见，加入了政府部门后，投资与储蓄的恒等关系仍然成立。

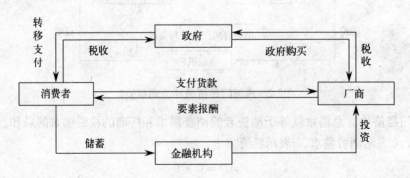

图8-3　三部门经济循环流动模型3

8.3.3　四部门经济的恒等式

三部门经济较之两部门经济更接近现实生活，但它仍然是封闭经济。考虑到现实经济中对外贸易（即国际市场）的作用，扩展为四部门经济流程，图8-4表明了四部门之间经济关系。

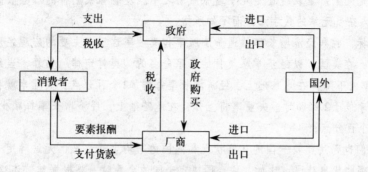

图8-4　四部门经济循环流动模型4

四部门经济中，总需求等于消费者的消费需求、厂商的投资需求、政府的购买需求以及国外的需求（出口）的总和。如果出口用 X 表示，则有：

$$AD = C + I + G + X$$

总供给除了消费者的各种生产要素和政府的供给外，还有国外供给（进口）。用 M 代表进口，则：

$$AS = C + S + T + M$$

所以四部门经济的国内生产总值恒等式是：

$$C + I + G + X = C + S + T + M$$
$$I + G + X = S + T + M$$
$$I + (X - M) = S + (T - G)$$

上式的左边是投资总额，右边是储蓄总额。因为 $(X-M)$ 是卖给外国的产品和劳务的金额与外国购买的产品和劳务的金额之差。如 $(X-M)$ 为正值，则表示对外投资。所以净出口，也就是净国外投资，国内投资加净国外投资，构成投资总额。私人储蓄 (S) 与政府储蓄 $(T-G)$ 之和构成储蓄总额。可见，在四部门经济中，投资和储蓄还是相等的。

案例与资料阅读8-1

GDP先生的讲述

1. 我是20世纪最伟大的发明之一

在全世界，人们都叫我GDP，我的英文全名是Gross Domestic Products，中文名叫国内生产总值。在全世界，人们都很关注我。因为我代表一国（或一个地区）所有常住单位在一定时期内生产活动（包括产品和劳务）的最终成果。我是国民经济各行业在核算期内增加值的总和（各行业新创造价值与固定资产转移价值之和）。

2. 我不是万能的，但没有我是万万不能的

没有我，你们无法谈论一国经济及其景气周期，无法提供经济健康与否的最重要依据。所以

诺贝尔经济学奖获得者萨缪尔森和诺德豪斯在《经济学》教科书中把我称为"20世纪最伟大的发明之一"。在他们看来，与太空中的卫星能够描述整个大陆的天气情况非常相似，我能够提供经济状况的完整图像，帮助总统、国会和联邦储备委员会判断经济是在萎缩还是在膨胀，是需要刺激还是需要控制，是处于严重衰退还是处于通胀威胁之中。没有像我一样的灯塔般的总量指标，政策制定者就会陷入杂乱无章的数字海洋而不知所措。

作为总量指标，我和经济增长率、通货膨胀率和失业率这三个主要的宏观经济运行指标都有密切关系。例如，在美国，以经济学家奥肯的名字命名的"奥肯定律"估算，当经济增长率高于2.25%时，失业率将下降，在此基础上，经济增长率每增加1个百分点，失业率就会下降半个百分点。当经济增长率低于2.25%时，失业率将上升，在此基础上，经济增长率每减少1个百分点，失业率就会上升半个百分点。

没有我，你们也无法反映一国的贫富状况和人民的平均生活水平，无法确定一国承担怎样的国际义务，享受哪些优惠待遇。比如，联合国决定一国的会费时，要根据其"连续6年的GDP和人均GDP"；世界银行决定一国所能享受的硬贷款、软贷款等优惠待遇时，也是根据"人均GDP"。

3. 我更是一把尺子、一面镜子，衡量着所有国家与地区的经济表现

最近20多年来，中国比世界任何其他地方都更关注我、追逐我。我和中国人的"球籍"挂上了钩，和中国20世纪"翻两番"、到2020年再"翻两番"的目标挂上了钩。中国国家战略目标的确定，以及相应采取怎样的财政政策、金融政策，都和对我的判断有关。作为中国经济的第一指标，我大名鼎鼎，家喻户晓。

中国爱我，我也爱中国。我从1978年的3624亿元增加到2002年的102 398亿元，按可比价格计算，年均增长9.4%。按2000年价格计算，预计到2020年，我将超过35万亿元，年均增长7.2%。我在见证一种神奇速度的同时，也见证着一个古老民族的复兴。

4. 我离人们的生活很近

数字也许是枯燥的。那么现在请你来看一个直观的例子。

几个月前，中国的一位企业家，华润集团的总经理宁高宁到泰国去，他通过自己的观察，实地体验了"GDP不这么快增长，我们将会怎样"——我最近去泰国，与泰国一比，才感受到，GDP增长快与慢真的不一样，中国人关心GDP太对了，因为GDP离我们的生活很近。我第一次去泰国是15年前，那时泰国和中国比起来明显要繁荣得多，在曼谷大街上买的廉价冒牌货回到中国是很时尚的礼品。可这几年泰国遇到很多不顺的事，GDP增长慢了，货币贬值了，再去泰国，与中国比起来，感觉大不一样。坐的飞机是泰国皇家航空公司的，椅子明显破了，扶手都掉漆了，机舱里人明显少了，多是些旅客，但生意人明显地没有去上海或北京的那么多。泰航现在服务明显地差了，餐饮也很明显地偷工减料了。过去常抱怨中国的航空公司服务差，因为与外国航空公司比起来反差大，现在这种距离越来越小了。GDP增长不增长，航空公司给人的感觉都不一样了。听说曼谷新的国际机场20年前就规划，现在还没有建完，曼谷的老机场也让人觉得破旧、拥挤了。

GDP增长的放缓对泰国人的生活影响可能更直接。不说金融危机让多少泰国的银行和企业发生支付困难，泰国的大街上，与15年前比起来，进步不大，用摩托车偷偷载人比比皆是，很破旧的小三轮出租车继续在运营。北京的黄面的存在了几年就不见了，因为北京在进步。泰国的城市看不出进步，GDP自然也不会增长，十几年前华润在泰国建的公寓楼当时是最好的，今天还是最好的，这在中国的任何城市都不可能。做空调压缩机的同事去看了泰国的空调市场，回来说泰国人用的空调型号旧，噪音大，好多年也不换。泰国经济蓬勃时计划修的高架铁路，后来中途下马，

只留下许多几十米高的大水泥柱子，上面都长了草。现在这么要面子的泰国新政府也不能解决这些事，想必其中难度很大。看来GDP增长慢是社会整体进步慢的数字表现。

如果说宁高宁的感受有民族主义自豪的话，你可以再听一个美国人的比较。他叫罗奇，是著名投资银行摩根斯坦利的首席经济学家。2003年9月25日，他在美国国会美中经济与安全评估委员会举行的"有关中国的产业、投资和汇率政策：对美国之影响"听证会上曾这样说：多年来我不断往返于北京和东京——这种机会最近美国财长斯诺也体验了，我只希望斯诺财长能够体会到这两个经济体之间的巨大反差。泡沫后的日本经济差不多在近十几年的时间里一直处于相对停滞的状态——1992～2002年，实际GDP增长率平均仅为1%，同期中国的实际GDP增长平均约为10%。但是，作为世界上第二大经济体，按照2001年的市场汇率计算，日本的人均国民收入仍然大约是中国的40倍（按购买力平价计算，约为中国的6.5倍）。尽管生活水平存在巨大的差异，但是亚洲经济实力的转换却是不容置疑的。中国对改革和结构调整依然毫不动摇。相反，日本把惰性的概念发挥到了一个新的水平。

不是每个中国人都有宁高宁和罗奇的经历，但大部分人还是可以通过自己生活的变化、出行尤其是出国的比较，得到类似的结论。

5. 我不能衡量什么

我是你身边的一个重要指标，但我不是上帝，不是万能。1968年，美国参议员罗伯特·肯尼迪竞选总统时说，"GDP衡量一切，但并不包括使我们的生活有意义这种东西。"其实，我也不能衡量一切。

（1）我不衡量社会成本，就是应该由企业承担却让外部承担的成本。古印度有一句格言："空气、水和土地不是父辈给我们的礼物，而是我们向子孙的借款。"但是，为了我的增加，很多人忘记了这笔借款。你采伐树木时，我在增加；你把污染排放到空气和水中，我在增加；我反映增长，却不反映资源耗减和环境损失。于是，全球10大环境污染最严重的城市中，中国占8个；中国城市河段70%受到污染；2/3城市居民生活在噪音超标的环境中；很多过去从不缺水的中国城市普遍缺水，不得不开始使用无法恢复的且只能供8～10年使用的深层岩水，众多农村人群不得不饮用已被污染的地表和浅层水源，中国的国土荒漠化以每年2600多平方公里的速度自西向东推选各种灾害爆发的频度和烈度越来越高……我在增加，但社会财富和福利水平反而可能下降。

根据中科院可持续发展战略课题组的计算，我在中国的高速增长是用生态赤字换取的，"扣除这部分损失，纯GDP只剩下78%，而日本在人均GDP 1000多美元时，扣除生态损失后的纯GDP为86%。"

我当然更不衡量劳工保护、社会保障、小学生造炸药、部队武警经商，以及什么SARS灾难。在很多地方，只要我在增加，哪管社会成本有多高！

（2）我不衡量增长的代价和方式。中国的人均资源占有量很低，人均水资源为世界人均水平的1/4，石油探明储量为世界平均水平的12%，天然气人均水平为世界平均水平的4%。但为了我的增长，中国成为世界上单位GDP创造能耗最高的国家之一。在中国，重点钢铁企业吨钢可比能耗比国际水平高40%，电力行业火电煤耗比国际水平高30%，万元GDP耗水量比国际水平高5倍，万元GDP总能耗是世界平均水平的3倍。当然，中国的能耗水平也在下降中，但是和国际标准相比还有很大差距。到今年年底，中国发电装机总容量将达3.7亿千瓦，而日本只有2.2亿千瓦却创造了4倍于中国的GDP。经济长期处于高投入、高消耗、低效益的外延粗放型增长，哪个国家都受不了。

据估计，中国每年因资源浪费、环境污染、生态破坏而造成的经济损失至少有4000亿元。假如按要素生产率计算，我在中国的增加额中，靠增加投入取得的增长占3/4，靠提高效益取得的增长只占1/4，而发达国家增加额中50%以上是靠效益提高。

为了我的增长，有的地方拼命贷款，负债累累。有一个省光不良贷款就有1900亿元，损失率估计为56%；许多地方的招商引资演变为"让利竞赛"，门槛一降再降，成本一减再减，空间一让再让。拼地价，比税收减免。苏州是引进外资的样板，但一份调研通报也指出，"按照苏州目前经济的增长要求，每年需新增项目用地6万亩左右，GDP每增长1个百分点，就要消耗4000亩土地，以目前14%的增长速度，到2020年苏州工业用地就没有余地了。"为了我的增长，连中央政府也背上了很大的财政赤字，从1979年到2002年，24年中，只有1981、1985两年收入略大于支出，其余22年均为赤字，赤字金额从1979年的135亿元增至2001年的2517亿元，2002年又增至3098亿元。财政赤字有其积极作用，但长期看则存在较大隐患和风险。

（3）我不衡量效益、效率、质量和实际国民财富。当年"大跃进"，中国一年要炼1070万吨钢，结果，树都砍了，钢材却是劣质的。

为了我的增长，悲剧依然在重演。我计算的是从事生产活动所创造的增加值，至于生产效益如何，产品能否销出去，报废、积压、损失多少，真正能用于扩大再生产和提高人民生活的有效产品增长是多少，我是体现不出来的。根据中国国家统计局主办的《中国信息报》2002年9月16日的报道，中国历年累积积压的库存（包括生产和流通领域）已高达4万亿元，相当于我的41%，大大超过了国际公认的5%的比例。在反映全社会劳动效益的指标——社会劳动生产率方面，中国在1978～2002年24年间平均年增长率为6.6%，慢于我在同期9.4%的增长；反映工业企业投入产出的综合指标——总资产贡献率，由1978年的24%降为2001年的8.9%，23年间下降63%。由于生产效益低下，中国的国民经济并未进入良性循环，城镇实际失业率居高不下，农民人均纯收入1995～2002年年均仅增长4.7%，消费率（消费零售额占GDP比例）也由1978年的43%降为2002年的40%。

6. 我是一个重要的数字，但任何数字都有它的"陷阱"

天灾人祸和灾后重建让我增长，"拉链工程"让我增长。城市不断建路修桥盖大厦，由于质量原因，没多久就要拆除翻修，马路拉链每次豁开，挖坑填坑，我都增加了一次。

一位德国学者和两位美国学者在合著的《四倍跃进》一书中，对我这样描写："乡间小路上，两辆汽车静静驶过，一切平安无事，它们对GDP的贡献几乎为零。但是，其中一个司机由于疏忽，突然将车开向路的另一侧，连同到达的第三辆汽车，造成了一起恶性交通事故。'好极了。'GDP说。因为，随之而来的是：救护车、医生、护士、意外事故服务中心、汽车修理或买新车、法律诉讼、亲属探视伤者、损失赔偿、保险代理、新闻报道、整理行道树等，所有这些都被看做正式的职业行为，都是有偿服务。即使任何参与方都没有因此而提高生活水平，甚至有些还蒙受了巨大损失，但我们的'财富'——所谓的GDP依然在增加。"他们最后指出："平心而论，GDP并没有定义成度量财富或福利的指标，而只是用来衡量那些易于度量的经济活动的营业额。"

类似的情形真是太多了。例如，卖假药的人让我增长，吃坏身体的人去看病也让我增长。看看中央电视台"每周质量报告"的这些题目吧，《"黑"佐料调"白"腐竹》、《竹笋保鲜的"秘方"》、《病死母猪肉做鲜肉松》、《淘汰母猪变"鲜"肉》、《腐肉"巧"炼猪油》、《防寒服"败絮"其中》、《"果肉果冻"裹的是什么》、《"无公害蔬菜"令人心惊》、《土办法生产的"卫生筷"》、《黑心厂生产"黑心肠"》、《"美味"腊肉如此出炉》、《硫磺熏制"注水"中药材》、《鸡精里的"商业秘密"》……它们都可以让我增长。

没有质量的生产活动，不可能带来社会财富的累积。固定资本的质量不好，没到使用期限就不得不报废，那么固定资本形成的总额再多也不能提高国民财富。当你要拆毁"豆腐渣工程"重建时，请记住这样的教训，它不仅要从国民财富统计中剔除，而且为了重建你又消耗了一次自然资源。从国民财富的角度看，国民财富不仅没有增加，反而减少了。正像被砍伐的森林，"算做了当年的GDP，但对国民财富却是负积累。"

资料来源：南风窗。

案例与资料阅读8-2

绿色GDP

据世界银行和国内有关研究机构测算，20世纪90年代中期，中国的经济增长有2/3是在对生态环境透支的基础上实现的。中国的生态环境问题虽然有其自然环境脆弱、气候异常的客观原因，但主要还是人为不合理的经济行为和粗放型资源开发方式导致的。多年计算的平均结果显示，中国经济增长的GDP中至少有18%是靠资源和生态环境的"透支"实现的。

绿色GDP是指用以衡量各国扣除自然资产损失后新创造的真实国民财富的总量核算指标。简单地讲，就是从现行统计的GDP中，扣除由于环境污染、自然资源退化、教育低下、人口数量失控、管理不善等因素引起的经济损失成本，从而得出真实的国民财富总量。

首先，GDP核算是绿色GDP核算的基础，或者说绿色GDP只是对GDP的一个补充和完善。这可以很容易地从绿色GDP的定义中看出来。只有先核算出GDP，才能够通过适当的扣减得出绿色GDP。其次，绿色GDP虽说是一个好概念，但实践起来非常困难。因为对于资源耗减和环境污染很难找到一个合适的价值加以衡量。而且，即使能找到这样的价值，其变化幅度也很可能会随着时间和地点的不同而有很大差别，从而大大增加核算过程中的人为因素，影响其可比性。关于绿色GDP核算，可以在有关部门特别是研究机构进行积极研究和试算，但其真正实施并非近期所能实现的。

资料来源：中国发展门户网。

习题

1. 在下列两项中，每一项所发生的情况在国民收入的核算中有什么区别？

（1）一个企业为经理买一辆小汽车以及这个企业给这个经理发一笔额外报酬让他自己买一辆汽车；

（2）你决定买本国产品消费而不是买进口货消费。

2. 假设国民生产总值是5000，个人可支配收入是4100，政府预算赤字是200，消费3800，贸易赤字是100（单位：亿美元）。试计算：

（1）储蓄；

（2）投资；

（3）政府支出。

3. 已知某一经济社会的如下数据：工资100亿元，利息10亿元，租金30亿元，消费支出90亿元，利润30亿元，投资支出60亿元，出口额60亿元，进口额70亿元，所得税30亿元，政府转移支出5亿元，政府用于商品的支出30亿元。计算：

（1）按收入法计算GDP；　　（2）按支出法计算GDP；

（3）计算政府预算赤字；　　（4）计算净出口。

第 9 章

国民收入决定

国民收入决定理论是宏观经济学的核心理论。凯恩斯提出一个系统的形式化的宏观经济模型，考察的问题是：一个国家一定时期的社会生产，在市场供求机制作用下，当总供给和总需求从不平衡趋于平衡时国民收入和就业量是如何决定的，涉及产品市场和货币市场，在本章我们首先考察一个简化的凯恩斯宏观经济模型，即假定只考虑产品市场，然后再引进货币市场。

9.1 简单的国民收入决定

9.1.1 两部门经济的均衡产出

1. 假设条件

（1）社会上只有厂商和居民。

（2）潜在的国民收入不变（国民收入最大值）。

（3）各种资源没有得到充分利用（经济处于萧条时期）。

（4）价格水平与利率不变。

2. 总需求

总需求（AD）指经济社会对产品和劳务的需求总量，等于消费需求（c）和投资需求（i）之和（$c+i$）。

3. 均衡产出

均衡产出是指和总需求相等的产出，也称为均衡收入，这里总产出也等于要素所有者的总收入（y），即 $y = AD = c + i$，这里 y、c、i 用小写分别代表剔除了价格变动的实际经济变量。还有 c、i 代表的是居民和企业实际想要的消费和投资，即意愿消费和投资，而不是国民收入构成中公式中实际发生的消费和投资。

在国民经济中，总需求与总产出可能不相等，当总需求大于总产出时，因为供不应求，会带动总产出增加；当总需求小于总产出时，会带动总产出降低，否则会出现积压。当均衡时，总需求与总产出（总收入）相等，这里总收入等于消费与储蓄（s）之和，即 $c + i = c + s$，所以 $i = s$ 是均衡条件，即投资－储蓄恒等式。

9.1.2　消费函数

决定消费支出的因素包括收入、财富、商品价格、个人偏好、社会风尚以及利率的高低和收入分配状况等。其中收入的高低是最重要的因素。所谓消费函数就是在假定决定人们消费的众多因素中，除收入以外的其他因素给定不变的条件下，表明人们的消费支出和其收入之间关系的函数式。其函数形式为：

$$c = f(y)$$

式中　c——消费；

　　　y——收入。

为论述简便，我们假设消费函数是线性函数，其公式为：

$$c = \alpha + \beta y$$

式中　α——自发消费；

　　　β——边际消费倾向；

　　　βy——引致消费。

消费曲线如图9-1所示。

1. 边际消费倾向（MPC）

边际消费倾向是增加的消费与增加的收入的比率，即 $MPC = \beta = \Delta c / \Delta y$，如果是极限形式就取微分，指消费曲线上某一点的导数（斜率），边际消费倾向大于零而小于1。

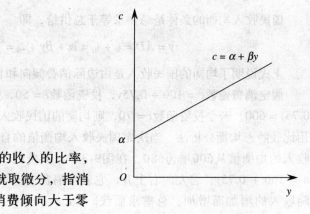

图9-1　消费曲线

2. 平均消费倾向（APC）

平均消费倾向是任一收入水平上消费支出在收入中的比率。$APC = c/y$，指消费曲线上某一点与原点连线的斜率。

9.1.3　储蓄函数

在凯恩斯宏观经济模型中，储蓄被视为是收入的函数。按照定义，$y = c + s$，而 $c = \alpha + \beta y$，所以有 $s = y - c = -\alpha + (1 - \beta y)$，如图9-2。以下各定义和规律完全可仿照消费函数推出。

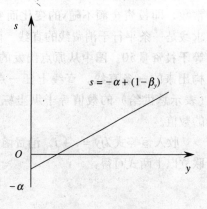

图9-2　储蓄曲线

1. 边际储蓄倾向（MPS）

边际储蓄倾向是储蓄增量（Δs）对收入增量（Δy）的比率，即 $MPS = \Delta s/\Delta y$，储蓄曲线上任一点的斜率，如果是极限形式就取微分。

2. 平均储蓄倾向（APS）

平均储蓄倾向是任一收入水平上储蓄（s）在收入（y）中所占的比率，即 $APS = s/y$。

消费函数和储蓄函数之间有以下关系：

$$APC + APS = c/y + s/y = (c + s)/y = y/y = 1$$
$$MPC + MPS = \Delta c/\Delta y + \Delta s/\Delta y = 1$$

两个函数中只要有一个确立，另一个即随之确立。

9.1.4 两部门经济中收入的决定

这里分别采用数理经济学推导方法和图解方法，考察总供给和总需求趋于一致条件下的均衡的国民收入的决定。

社会的总需求包括消费需求和投资需求。假定消费函数为：$c = \alpha + \beta y$，投资函数为：$i = i_0$，则可以把总需求写为：

$$AD = c + i_0 = \alpha + \beta y + i_0$$

国民收入均衡的条件是总需求等于总供给，即

$$y = AD = c + i_0 = \alpha + \beta y + i_0 = 1/(1-\beta) \times (\alpha + i_0)$$

上式说明了均衡的国民收入是由边际消费倾向和自发总需求共同决定的。

假定消费函数 $c = 100 + 0.75y$，投资函数 $i = 50$，则均衡的国民收入 $y = (100 + 50) \times 1/(1-0.75) = 600$。若令投资函数 $i = 70$，则均衡的国民收入 $y = 680$。这表示凯恩斯宏观经济分析采用比较静态均衡分析法，当决定国民收入均衡值的自变量之一的投资量从50增为70时，国民收入的均衡值从600增为680。在图9-3中，消费线 $c = 100 + 0.75y$，自左向右上升，它表示消费支出随收入的增加而增加。总需求曲线 $c + i = 100 + 0.75y + 50$，因为我们假定投资函数是给定不变的常数，即投资金额不随 y 的变化而变化，所以总需求线是一条平行于消费线的直线，两者的垂直距离等于投资量50。图中从原点出发的一条45°线是虚构出来的一条直线，直线上任一点对应的横坐标（表示总供给）的数值等于纵坐标（表示总需求）的数值。

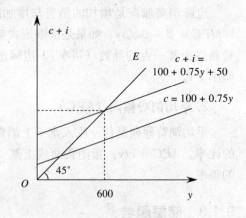

图9-3 均衡国民收入的决定

收入恒等式为 $y = c + i$，消费函数为 $c = \alpha + \beta y$，联立以上两式可得：

$$y = (\alpha + i)/(1-\beta)$$

9.1.5　乘数论

1. 乘数原理

虽然上述分析说明了总需求的变动会引起均衡国民收入的变动，但是却没有说明这些变动的数量关系。当自发支出增加1美元时，均衡的收入水平会增加多少？回答这个问题需要借助于乘数原理。

乘数原理（multiplier theorem）又称倍数原理，是凯恩斯国民收入决定理论的核心组成部分之一。乘数原理就是假定一个国家增加一笔投资（以Δi表示），那么，由此引起的国民收入的增加量（以Δy表示），并不仅限于原来增加的这笔投资，而是原来这笔投资的若干倍，即$\Delta y = K \times \Delta i$，其中$K$称为投资乘数，$K$值通常是大于1的正数，故有乘数或倍数原理之称。

2. 简化的乘数

支出变化的乘数作用，是因为最初的支出（如投资的变化）导致经济中一系列的连锁反应。举一个例子来说明投资的增加怎样通过乘数作用导致最后达到均衡的国民收入增加量是新增投资的若干倍。若消费函数$c = 100 + 0.75y$，投资为$i = 50$时，均衡的国民收入为600。现在假设A公司决定新建一片工厂，从而增加20万元的投资，则国民经济重新达到均衡状态时，新增这笔投资引起的国民收入的增加量为原投资的若干倍。为什么？首先，投资代表对生产资料和劳动的需求，所以，这20万元的投资的增加直接引起国民生产总值增加20万元。而国民生产总值的增加就是居民的收入增加，因而，如果边际消费倾向为0.75，则消费者增加的收入中将有$0.75 \times 20 = 15$万元用于消费，而这15万元的消费增量又会使国民生产总值和收入增加15万元，从而引起经济的第二轮反应。第二轮收入的增加中有$15 \times 0.75 = 11.25$万元用于消费，从而使国民收入再增加11.25万元，这是经济中的第三轮反应。这个过程如果继续下去，A公司新增的这笔投资本身引起的收入增加以及继后带动的消费需求和消费品的生产引起的收入增量合计为$\Delta y = \Delta y_1 + \Delta y_2 + \Delta y_3 + \Delta y_4 + \Delta y_5 + \cdots$将为80万元，即投资增量本身以及由此所引起的多次收入增量合计为初始投资的4倍。以上论述用数学方法加以推导说明如下：

$$\begin{aligned} \Delta y &= \Delta y_1 + \Delta y_2 + \Delta y_3 + \Delta y_4 + \Delta y_5 + \cdots + \Delta y_n \\ &= \Delta i + \beta \Delta i + \beta^2 \Delta i + \beta^3 \Delta i + \cdots + \beta^{n-1} \Delta i \\ &= \Delta i(1 + \beta + \beta^2 + \beta^3 + \beta^4 + \cdots + \beta^{n-1}) \\ &= \Delta i(1-\beta^n)/(1-\beta) \end{aligned}$$

若$\beta < 1$，则当$n \to \infty$，$\beta^n \to 0$，所以$\Delta y = \Delta i \times 1/(1-\beta)$。

上式中$1/(1-\beta)$称为投资乘数，其中β是边际消费倾向$\Delta c/\Delta y$。由此可见，边际消费倾向的大小决定乘数的大小。

此外需要注意，乘数效应发生作用的必要条件是存在着可用于增加生产的劳动力和生产资料，只是由于缺乏有效需求而闲置未用。投资在这里代表对劳动和生产资料的需求，作为打破已有均衡的突破口，在生产和消费相互促进的动态序列中导致生产和收入的累积扩大，因此，乘数效应不是无限的，而是以充分就业作为最终的极限。所以，乘数分析工具在经济萧条或衰退时期是很有用的，在经济繁荣和充分就业时期就不适用了。

9.1.6 三部门经济收入的决定及各种乘数

在三部门经济中，从支出角度看包括消费、投资和政府购买；从收入的角度看国民收入包括消费、储蓄和税收，这里的税收是总税收减去政府转移支付后的净纳税额。这时消费函数为：

$$c = \alpha + \beta y_d = \alpha + \beta (y - t)$$

式中　　t——定量税（税收不随收入而变动）；

y_d——可支配收入（收入减去税收）。

这样均衡收入为：

$$y = c + i + g = \alpha + \beta (y - t) + i + g$$
$$y = (\alpha - \beta t + g + i)/(1 - \beta)$$

式中　　g——政府购买。

三部门经济中的各种乘数如下：

（1）税收乘数（K_t）：指收入变动与引起这种变动的税收变动的比率（仅说明定量税），税收乘数为负值，表示收入随税收增加而减少。公式如下：

$$K_t = \Delta y/\Delta t = -\beta/(1 - \beta)$$

（2）政府购买支出乘数（K_g）：指收入变动对引起这种变动的政府购买变动的比率。政府购买支出乘数和投资乘数相等，公式如下：

$$K_g = \Delta y/\Delta g = 1/(1 - \beta)$$

（3）政府转移支付乘数（K_{tr}）：指收入变动对引起这种变动的政府转移支付变动的比率。公式如下：

$$K_{tr} = \beta/(1 - \beta)$$

当政府转移支付增加时，增加了人们的可支配收入，因而消费增加，总支出和国民收入增加。

（4）平衡预算乘数（K_b）：指政府支出和收入同时以相等数量增加或减少时国民收入变动与政府收支变动的比例。公式推导如下：

$$\Delta y = K_g \Delta g + K_t \Delta t = 1/(1 - \beta)\Delta g + [-\beta/(1 - \beta)]\Delta t$$

假定$\Delta g = \Delta t$，则$\Delta y = (1 - \beta)/(1 - \beta)\Delta g = \Delta g$，可见

$$\Delta y/\Delta g = \Delta y/\Delta t = (1 - \beta)/(1 - \beta) = 1 = K_b$$

式中　　K_b——平衡预算乘数（值为1）。

9.2 扩展的凯恩斯宏观经济模型：*IS-LM*模型

在简单的国民收入决定模型中，只考察了商品市场的均衡对国民收入的影响，即假定总供给不变，国民收入由总需求决定，总需求与不变的总供给实现均衡就决定了均衡的国民收入。这里的总需求只是指商品市场上的总需求，总供给也是商品市场上的总供给。但实际上，国民收入不仅受商品市场上均衡状况的影响，同时也受货币市场上均衡状况的影响。因为货币市场均衡的变化会引起商品市场上均衡的变化，从而影响国民收入的变动。因此，只有当

两个市场同时达到均衡时，国民收入才能处于均衡状况。本节将在前面分析的基础上，引入 *IS* 曲线与 *LM* 曲线这两个概念分析工具，考察产品市场的供求与货币市场的供求在相互作用下同时达到均衡时的国民收入和利息率。

9.2.1 *IS* 曲线：产品市场的均衡

1. 投资

投资函数：投资与利率间关系的数学表达式。

$i = i(r) = e - dr$，其中 e 为自主投资，即使利率为零时也有的投资量，$-dr$ 为投资需求中与利率有关的部分，d 为投资的利率弹性，r 为利率。由投资函数可知投资和利率成反比。

2. 产品市场的均衡

在凯恩斯的宏观经济模型中，产品市场的均衡要求 $y = c + i$，并且 $i = s$，所有使消费函数和储蓄函数发生变动的因素与所有使投资函数变动的因素，都影响这一均衡的决定。虽然只要建立起基本模型就可能引进其他因素，但我们在这里仍然假定，投资仅仅是利率的函数，消费以及储蓄仅仅是收入的函数。根据总量（$c + i$）分析法，可以用以下三个方程来说明产品市场。

消费函数为 $c = c(y) = \alpha + \beta y$，投资函数为 $i = i(r) = e - dr$，均衡条件为 $y = c(y) + i(r)$ 或 $s(y) = i(r)$。

3. *IS* 曲线的推导

根据以上论述可以推导出在产品市场达到均衡状态（总供给等于总需求或储蓄等于投资）情况下，描述利息率与国民收入之间函数关系的方程。

由上述均衡条件 $y = c(y) + i(r)$ 可推导出 $y = (\alpha + i)/(1 - \beta)$，投资函数为 $i = i(r) = e - dr$，可得：

$$y = (\alpha + e - dr)/(1 - \beta) \text{ 或 } r = (e + \alpha)/d - (1 - \beta)y/d$$

上述方程表示，产品市场的供给和需求达到均衡状态时，利率（r）与国民收入（y）之间的函数关系。所谓 *IS* 曲线就是表示产品市场达到均衡（即投资等于储蓄）时收入和利率组合关系的一条曲线。*IS* 曲线的推导过程可用图9-4中的四个图形来说明。

4. *IS* 曲线的特点

（1）*IS* 曲线斜率为负，这是由于利率上升将减少计划投资支出，而投资是收入的增函数，所以将进一步引起总需求减少，最终导致均衡收入水平的下降，所以 *IS* 曲线的斜率为负。

（2）*IS* 曲线的斜率。它表示利率变动引起的国民收入的变动的程度。由于 *IS* 曲线的方程是 $r = (e + \alpha)/d - (1 - \beta)y/d$，所以 *IS* 曲线的斜率大小取决于乘数的大小和投资支出对利率变化的反应敏感程度。对于给定的自主支出，即不依存收入的消费和投资，乘数越小，则由利率的变动引起的国民收入的变动越小，从而 *IS* 曲线的斜率越小，*IS* 曲线越陡峭。反之，*IS* 曲线的斜率越大，在坐标图上表现为较平缓的 *IS* 曲线。同理，乘数值既定时，*IS* 曲线的斜率取决于投资的利率弹性即 d 的大小。投资的利率弹性越小，表示投资对利率变动做出的反应越小，*IS* 曲线的斜率越小越陡峭。进而，当投资的利率弹性为零时，不管乘数值是多少，*IS* 曲线将变成为一条直线。

（3）乘数值的变化以及自发支出的变化都会引起IS曲线发生移动。储蓄倾向的提高，或者所得税的提高都会使乘数变小，从而使IS曲线向左移动。自发支出的增加，包括政府购买的增加，将会引起IS曲线向右移动。

（4）在IS曲线上方的点，投资小于储蓄，产品市场存在过度的供给；在IS曲线下方的点，投资大于储蓄，存在着产品的过度需求。

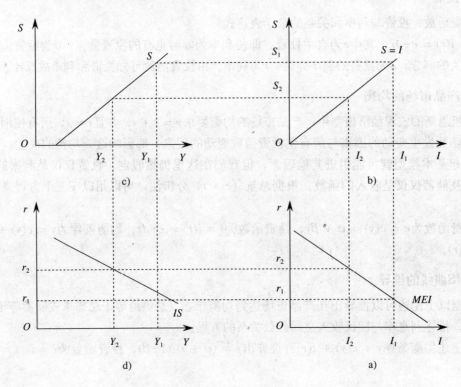

图9-4 IS曲线的形成图

9.2.2 LM曲线：货币市场的均衡

前面的分析是假定货币市场均衡的条件下，产品市场上国民收入和利率的关系。货币市场在国民收入的决定方面也有作用。下面从货币市场的均衡条件来分析。

1. 货币市场的均衡

（1）货币的需求。货币的需求是指人们在不同条件下出于各种考虑而持有货币的需求。其包括下面三部分：

1）交易需求。交易需求（A）是指个人或企业为正常交易、日常开支而持有的货币。出于交易动机的货币需求主要决定于收入，收入越高交易数量越大。

2）谨慎（预防性）需求（B）。谨慎（预防性）需求（B）是指人们为应付疾病、事故而持有的一部分货币。这部分货币需求大体上也和收入成正比。

以上两部分货币需求与收入成正比，用L_1表示，即

$$L_1 = A + B = ky$$

式中　　k——货币需求关于收入变动的系数（$k>0$）。

3）投机需求。投机需求（C）是指人们找机会购买有价证券而持有一部分货币，该部分货币需求与利率成反比，用 L_2 表示，即

$$L_2 = N - hr$$

式中　　N——数值为正的常数；

h——货币需求关于利率变动的系数（$h>0$）。

因此货币需求函数可描述为：

$$L = L_1 + L_2 = ky - hr$$

一般教科书都省略 N，图形为一向右下方倾斜的曲线。

（2）货币的供给。狭义的货币供给是指硬币、纸币和银行活期存款的总和（用 M 或 M_1 表示）。广义的货币供给是指 M_1 加上定期存款之和（用 M_2 表示）。

货币的供给是一个存量的概念。货币的供给量是由国家货币政策来调节的，因而是一个外生变量，其大小与利率无关，因此货币的供给曲线是一条垂直于横轴的直线。

（3）利率的决定（货币市场均衡）。货币需求曲线与货币供给曲线的交点决定了均衡的利率水平，它表示，只有货币需求等于货币供给时，货币市场才达到均衡状态。均衡条件为：

$$L = M$$

若货币供给不变，货币需求曲线向右移动时利率上升，反之下降；若货币需求不变，货币供给曲线向右移动时利率下降，反之上升。

2. LM 曲线的推导

由货币市场的均衡条件可以推导出：在货币供给既定的情况下，表达货币市场货币的供给与需求达到平衡时的国民收入与利息率之间依存关系的函数式，描述国民收入与利率之间的函数关系的曲线，称为 LM 曲线。函数式为：

$$L = M = ky - hr$$

可得：

$$r = ky/h - M/h$$

在上式中，货币供给为既定。因此，对于任一给定的名义国民收入或者实际国民收入，必有一个相应的利率，以保证在该利率下人们自愿在身边持有的货币（货币需求）恰好等于既定的货币供应量。LM 曲线的推导过程可用图9-5中的四个图形来说明。

从上面的推导过程可以看出，LM 曲线上的任一点都表示货币市场上货币供给和货币需求达到均衡时，国民收入和利息率的各种可能的组合点。这样一切位于 LM 曲线右侧的任何国民收入和利率的组合一定是货币需求大于货币供给的失衡组合；同样一切位于 LM 曲线左侧的点都是货币需求小于货币供给的点的组合。

3. LM 曲线的特点

（1）LM 曲线自左向右上方倾斜。就是说，国民收入越多，为使得货币总需求恰好等于货币供给的利率越高，两者间同方向变化。

（2）LM 曲线的移动。一条 LM 曲线总是以货币供应量既定不变为前提的，因此，货币供

应量的变化将使*LM*曲线发生位置移动。货币供应量的变化基于两种情况：一是物价水平不变，货币供应量增加，此时*LM*曲线向右下方移动；二是货币供应量减少，*LM*曲线向左上方移动。

（3）在*LM*曲线右方的点，存在着过度的货币需求，而在*LM*曲线左方的点存在着过度的货币供给。

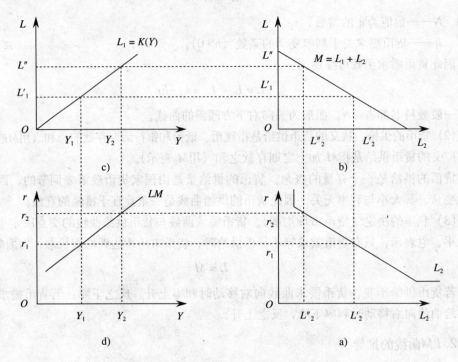

图9-5 *LM*曲线形成图

9.2.3 *IS-LM*模型：两个市场同时达到均衡

以上我们为求得产品市场供求平衡时的均衡国民收入，是假定货币市场均衡时的利率为已知，而为了求得货币市场供求平衡时的均衡利率，又假定产品市场总供给等于总需求时的国民收入为已知。这样，为了求解利息率的均衡值和国民收入的均衡值，以上论述在逻辑推理中出现了循环推理的矛盾，实际上可以借助*IS-LM*模型，通过产品市场与货币市场都达到均衡时两者之间的相互作用，得出两个市场同时达到均衡状态时的国民收入和利息率。

1. 一般均衡

把上述的*IS*曲线和*LM*曲线放在同一个平面内，就能得出*IS-LM*模型。如图9-6所示。

图中横轴代表Y，纵轴代表r，*IS*曲线和*LM*曲线交于点E，则E点就是产品市场和货币市场同时达到均衡的点，即在E点同时实现了产品市场和货币市场的均衡，由E点决定的r_0为均衡的利率，Y_0为均衡国民收入。这就说明在E点，产品市场和货币市场

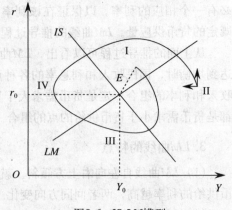

图9-6 *IS-LM*模型

都是均衡的，同时也说明利率和产出水平是由产品市场和货币市场的相互作用决定的。

在E点之外，都不能实现两个市场的同时均衡。IS曲线和LM曲线将平面分成四个区域，分别以I、II、III、IV区域表示，则不均衡状态可概括为表9-1。

显然，现实的国民收入和利率水平不一定就是E点所示的组合，因此在某一时刻，经常出现产品市场或货币市场不均衡的状态，或者均衡仅仅表现为局部均衡而不是全面均衡。但是偏离均衡点的任何不均衡状态都能通过数量调整（收入、储蓄、投资、消费、货币需求、利率等的调整）恢复到共同均衡点。当经济处于上述四个区域的某一个区域中或处于某两个区

表9-1　不均衡状态表

区域	产品市场	货币市场
区域I	$I < S$	$L < M$
区域II	$I < S$	$L > M$
区域III	$I > S$	$L > M$
区域IV	$I > S$	$L < M$

域的边界上时，在一般情况下，特定的不均衡状态将自动产生某种特定压力，这种压力将推动经济通过某种途径回到均衡点E上来。例如，如果经济由于某种原因处于区域II中某一点，这意味着产品市场供不应求，货币市场供过于求。根据凯恩斯的假设，当产品供不应求时，企业将增加生产，经济将沿箭头所指的方向向右移动；当货币市场供过于求时，货币持有者将把多余的货币用于购买债券，债券价格上升，利率下降。经济将沿箭头所指的方向向下运动。作为这两种运动的共同结果，经济将沿某种路径趋于均衡点E。由于假定了上述产出调节机制和利率调节机制，则在整个经济中，E点不仅是均衡点而且是稳定均衡点。如果经济由于外部冲击而背离了均衡点，市场的自动调节机制将保证经济最终回复到原来的均衡点。但是，由于种种复杂的原因，回复均衡的路径可能是非常不同的。

2. 产品市场和货币市场均衡的变动

（1）总需求的变动对均衡的影响。自发总需求的变动会引起IS曲线的平行移动，在LM不变的条件下，均衡的国民收入和利率都会变动。总需求的增加会使IS曲线向右上方平行移动，从而均衡的国民收入增加，利率上升；反之，总需求减少使IS曲线向左下方平行移动，从而国民收入减少，利率下降。图9-7说明了自发总需求的增加对收入和利率的影响。

在三部门经济中，政府的支出由政策决定，在经济分析中，作为一种自发性支出，是自发总需求的一个组成部分。所以我们把财政支出作为自发总需求的变动，这里主要分析的就是财政政策对国民收入和利率的影响。财政政策的有效性同LM曲线的斜率有关。如果LM曲线是一条垂直线，即货币需求对利率变动的敏感性为零，IS曲线的移动将不会对均衡产出水平产生影响。在这种情况下，财政政策是无效的。如果LM曲线是一条水平直线，即货币需求对利率变动的敏感性无穷大，IS曲线的移动将不会导致利率的变化，财政政策将最充分地发挥作用。

（2）货币供给量的变动对均衡的影响。中央银行增加货币的供应量，在其他条件不变的情况下，将导致实际的货币供给量增加，从而导致LM曲线向右下方移动，均衡产出水平将会增加。从图9-8中可以看出，货币供给的增加将导致均衡产出水平的增加，同财政支出增加不同，货币供给的增加将导致利率的下降而不是上升。货币政策的有效性是同IS曲线的斜率，特别是同投资对利率变动的敏感性有关。如果投资对利率变动的敏感性为零，IS曲线为一条垂直线，LM曲线的移动将不会导致均衡产出水平的变动。在这种情况下，货币政策是无效的。其经济含义是：尽管货币供给的增加导致了利率的下降，投资者并不会因此而增加投资，收

入也不会因此而增加；反之，如果 *IS* 曲线是一条水平线，即投资对利率变化极其敏感，货币政策就将发挥其最大效用。

在实际经济活动中，财政政策和货币政策一般是同时使用的。因此 *IS* 和 *LM* 曲线的移动可能是同时发生的，在这种情况下，国民收入和利率的变动情况要根据 *IS* 和 *LM* 曲线各自移动的方向和幅度而具体分析，本书就不详细论述了。

总之，*IS-LM* 模型分析了储蓄、投资、货币需求和货币供给是如何影响国民收入和利率的。*IS-LM* 模型不仅精练地概括了总需求分析，而且可以作为分析财政政策和货币政策对国民收入和利率影响的工具。

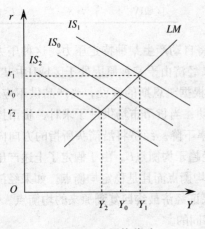 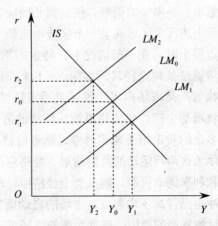

图9-7　*IS*曲线的移动　　　　　图9-8　*LM*曲线的移动

9.3　总需求和总供给模型：*AD-AS*模型

上述 *IS-LM* 模型分析中，我们一直假定价格水平和总供给不变。因而，在应用 *IS-LM* 模型进行宏观经济分析时，我们只能研究均衡产出水平和利率的决定，以及不同宏观经济政策和货币政策的组合对均衡产出水平和利息率的影响。这种分析方法是必要的，并有一定的意义。在20世纪70年代以后，由于通货膨胀越来越成为人们所关注的问题，因此，必须发展一个把物价水平作为内生变量来处理的理论框架，并以此为基础研究不同宏观经济政策和货币政策的组合对均衡产出水平和均衡物价水平的影响。*AD-AS* 模型（即总需求和总供给模型）为我们提供了研究这一问题的理论框架。

9.3.1　总需求曲线

总需求曲线描述在货币供应量既定不变的前提下，国民经济的产品市场和货币市场同时达到均衡状态时，用货币计量的名义总需求所决定的总供给（实际国民收入）与物价指数之间的对应关系。可以用图9-9来说明。

图中横轴代表国民收入，纵轴代表物价指数。得出的总需求曲线是一条向右下方倾斜的曲线，该曲线表明在产品市场和货币市场同时均衡的条件下，国民收入和价格水平呈反方向变动，即价格水平下降，国民收入增加；价格水平上升，国民收入减少。

AD 曲线是由 *IS-LM* 模型中推导出来的，*AD* 曲线的位置也是由 *IS* 和 *LM* 曲线的位置决定的。如果自发总需求的增加，引起 *IS* 曲线向右上方移动，则总需求曲线向右上方移动；反之，当

自发总需求减少时，则总需求曲线向左下方移动。在图9-10中，当自发总需求增加时，AD移动到AD_1；当自发总需求减少时，AD曲线移动到AD_2。

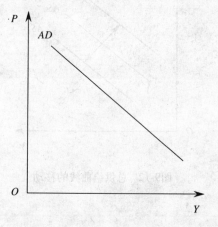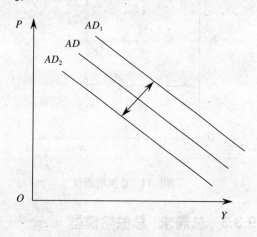

图9-9　总需求曲线　　　　　　　　　　图9-10　总需求曲线的移动

9.3.2　总供给曲线

在微观分析中，单个厂商的供给曲线指与任一价格相对应，厂商愿意并且能够提供的产量。同样在宏观分析中，总量供给曲线AS指在一定时期内（如一个季度或一年），所有厂商加总在一起提供一定量产品所要求的卖价，或者与任一物价水平相对应的所有厂商能够并且愿意提供的产量。厂商能够提供的产量取决于投入的生产资源（劳动和其他资源）的数量、质量和技术状况，厂商提供一定量产品所要求的卖价取决于成本状况。这样，在总量生产函数给定的条件下，社会的总量供给曲线AS一般具有图9-11所示的三种形式。

横轴表示实际国民收入（总产量）Y，纵轴表示物价水平。假设总产量扩大到Y_0，物价水平一直保持在P_0，则AS曲线是与横轴平行的一条水平线。这是一种极为少见的情况，例如美国20世纪30年代大萧条期间，由于有效需求严重不足，工人大量失业，生产设备大部分闲置，这时随着产量的扩大，产品成本保持不变。这是凯恩斯《通论》中描述的情况，所以这一阶段常称为凯恩斯区间。

随着产量不断扩大，物价相应逐渐上升，例如P_0（与Y_0相应的物价水平）到P_f（与Y_f相应的物价水平）之间。在这一区间，AS曲线自左向右上升，这主要是由于，效率较差的设备投入使用，效率较低的工人被雇用，导致劳动的边际产品随产量的扩大而递减，即单位产品的成本随产量的扩大而上升。

Y_f表示充分就业的总产量。此时，按一定实际工资水平愿意就业的工人均已就业，产量无法扩大，因而总需求的继续扩大只能导致物价水平上涨，AS曲线是起自充分就业的总产量的垂直线。由于凯恩斯以前的古典经济学把充分就业作为长期内宏观经济均衡的必然趋势，所以AS曲线的另一极端情况称为古典区间。

一条AS曲线是假定生产技术给定和投入的劳动及其他生产要素的价格给定不变，描述与每一总产量相应的价格水平。假如技术进步，一定量投入的产出增加，或者技术不变但投入要素的价格下降，这表现为AS曲线向右移动为AS_1。反之，投入要素的价格上升，成本增加，AS曲线向左上方移动为AS_2。图9-12描述AS曲线的移动。

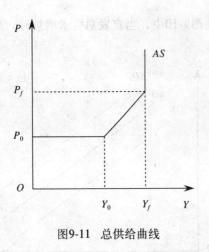

图9-11　总供给曲线

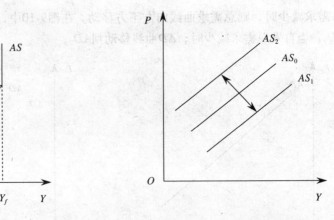

图9-12　总供给曲线的移动

9.3.3　总需求-总供给模型

总需求-总供给模型是把总需求曲线和总供给曲线结合起来，用以说明总需求和总供给共同决定国民收入和价格水平的一种理论模型。

如图9-13中把总需求曲线和总供给曲线放在一个坐标平面内，则两条曲线的交点E所确定的就是宏观经济的均衡点，对应的Y_0为均衡收入，P_0为均衡价格。几乎所有的重要宏观经济问题，如通货膨胀和失业等，都可以运用这一模型来分析。

由于总需求与总供给共同决定国民收入和价格水平，因此如果总需求与总供给发生变动，均衡国民收入和价格水平也将发生变动。

图9-14说明了总需求曲线移动对国民收入和价格水平的影响。最初，总需求曲线AD_0与短期总供给曲线AS交于

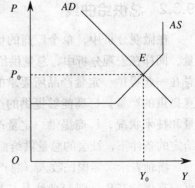

图9-13　总需求-总供给曲线

a点，对应的产出水平是Y_0，价格水平是P_0。总需求的增加使总需求曲线从AD_0向右上方移动到AD_1，均衡点从点a移到点b，国民收入从Y_0增加到Y_1，价格水平不变；总需求曲线从AD_1向右上方移动到AD_2的位置，新均衡点是点c，国民产出水平增加为Y_2，价格增加为P_1，这时总需求曲线移动导致均衡国民收入和价格水平朝着相同方向变化；总需求曲线从AD_2向右上方移动到AD_3的位置，这时国民收入不变，但价格增加为P_2。

图9-15说明短期总供给曲线移动对均衡点的影响。假定总需求曲线不变，短期总供给曲线AS_0向右下方移为AS_1或向左上方移为AS_2，则均衡点变化如下：总供给增加（曲线下移）则均衡价格由P_0降为P_1，均衡收入由Y_0增加到Y_1，总供给减少（曲线上移）则均衡价格由P_0提高到P_2，均衡收入减少到Y_2。这说明，短期总供给曲线的移动会导致均衡的国民收入和价格水平朝着相反方向变化。当然凯恩斯主义总供给曲线和长期总供给曲线的变动也会影响总供求的均衡点。

当然，总需求曲线和总供给曲线的同时变动也会引起总供求均衡点的变动。二者同时变动对均衡的影响取决于总需求曲线和总供给曲线的变动幅度和变动方向的对比。这里不再详细论述。

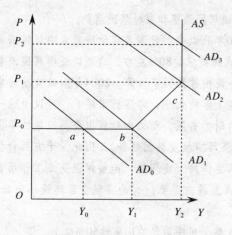

图9-14 总需求变动的影响

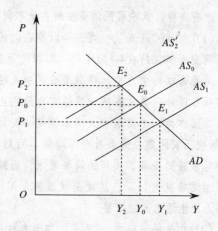

图9-15 总供给曲线移动对均衡点的影响

案例与资料阅读9-1

消费需求对GDP的影响

消费、投资和净出口通常被称为拉动经济增长的"三驾马车",三者共同发展是经济稳定、持续增长的重要保证。但这三者(或称三大需求要素)在我国国民经济中的份额、地位和作用是不同的。

1. 消费需求对GDP增量贡献最大

支出法GDP的构成是从几大需求要素各占GDP总量的份额方面分析其在国民经济中的地位和作用,并从各年比重的变化中观察其趋势发展,从而得出最终消费需求与经济发展的关系。此外,我们还可以从动态上,即增长量、增长速度以及由此计算出的贡献度、贡献率方面做进一步分析。扣除物价变动因素,按可比价格计算的GDP增长率"八五"期间平均为12.93%[⊖],"九五"期间平均为8.85%,整个20世纪90年代平均为10.17%,即达到11%。在GDP的全部增量中,最终消费需求的贡献度"八五"期间平均为52.32%,"九五"期间平均为68.36%,提高16个百分点,可见最终消费需求增量对GDP增量的贡献明显增大。"八五"期间GDP年均增长12.93%,由最终消费需求平均每年拉动6.76个百分点;"九五"期间GDP年均增长8.85%,由最终消费需求平均每年拉动6.05个百分点;整个20世纪90年代GDP年均增长11%,由最终消费需求平均每年拉动6.4个百分点。或者说,我国的国内消费需求每年增长只有达到10%左右,整个国民经济增长率才能保持在7%左右。

由此可见,最终消费需求在三大需求要素中所占比重最大,多年来对GDP的贡献程度既非常明显又基本稳定,是国民经济的最主要组成部分和经济发展的最根本动力,同时也是最明显地反映经济自发增长态势的宏观经济指标。因此,始终立足国内这个大市场,努力扩大国内消费需求,不断提高消费需求的数量和质量,应该作为我们制定宏观经济政策的出发点和依据以及各级政府长期而艰巨的任务。

2. 扩大居民消费是经济增长的着眼点

朱镕基总理在十届全国人大一次会议上所做的《政府工作报告》中指出:要努力扩大消费需求。在目前情况下,这比增加投资需求更重要。最终消费需求按消费主体性质不同可分为居民消

⊖ 按几何平均法计算,其以下各个数字同。

费和政府消费，其中居民消费按所在地不同又分为城镇居民消费和农村居民消费。

（1）包括"八五"、"九五"时期在内的20世纪90年代以来，我国最终消费需求中居民消费与政府消费大体保持在4:1的比例，即居民消费占全部消费需求的80%左右，这足以证明居民消费是最终消费需求的主力军。特别是根据中央经济工作会议精神及国家预算，2004年财政支出除重点支出项目以外，其他各项一般性支出原则上要维持在上年的水平，即实行零增长。可以说这一精神对我国作为一个发展中大国来说是必要的。我们的财力有限，而该由政府出资必须做的事很多（如解决三农问题、完善社会保障体系问题、促进经济可持续发展问题等），因此，千方百计扩大消费需求应更多地扩大居民消费需求，而政府消费只要保持一定规模，能够保证完成工作所需要的正常运转就可以了。这既是保证整个国民经济协调发展的需要，也是实现全面建设小康社会，提高人民生活水平的需要。

（2）在居民消费中，"八五"期间农村居民消费占整个居民消费的比重达50%以上，但"九五"期间呈逐年下降趋势，由1996年的51%下降为2000年的45.2%，下降近6个百分点，平均为整个居民消费的47.8%，2002年继续下降为37%，2003年前10个月继续下降为不到35%；而城镇居民消费却从"八五"期间的平均49.4%上升为"九五"期间的平均52%。这种变化虽然不排除随经济的发展使城市化进程加快、城镇居民人口增加，从而使城镇居民消费比重提高的影响因素在里面，但我认为更深层的原因在于农村居民（也就是目前仍占我国人口总数70%左右的广大农民）收入增长缓慢，有效需求不足。更何况还有数千万的贫困人口，有为数众多的国家级贫困县、省级贫困县。广大农民不是不需要消费，而是无购买能力不能消费。农民收入过低的直接后果就是农村的巨大消费市场无法启动，造成内需不足，从而影响工业及整个国民经济的发展。甚至可以说，农民收入问题已成为当前我国国民经济发展中最大、最明显的问题。三农问题不解决、农民增收问题不解决，全面建设小康社会就只能是一句空话。显然，启动市场，扩大内需，离不开近9亿的农民。无论是从短期内经济发展、扩大消费需求的角度需要提高农民收入、增加农民购买力也好，还是从长远经济发展的角度需要巩固农业的基础地位也好，三农问题都应认真解决并作为工作重点来抓。

总之，扩大国内消费、扩大居民消费特别是扩大农村居民消费应成为各级政府发展经济、促进经济增长的着眼点。

资料来源：社会科学战线。

案例与资料阅读9-2

降息与扩大中国内需

利息作为一种重要的经济杠杆，在市场经济环境中起着非常独特的作用。根据凯恩斯宏观经济模型，利率的变动会影响人们的投资、消费、储蓄等方面的决策，导致货币供应量的变化，这些变化最终会影响GDP变动，从而对国民经济的发展产生影响。目前，利率政策作为调控经济的重要手段和措施，已广为各国政府重视并不断运用。近年来，随着我国市场经济体制的确立，货币政策也已成为政府调节宏观经济运行的主要工具。自1996年以来，央行已连续6次下调利率，其主要目的就是要摆脱通货紧缩的困扰，刺激国内总需求，促进国民经济的持续增长。

首先，利率下调刺激投资需求。

一方面，企业总体的投资倾向对利率反应灵敏，在我国大体可分为三类：第一类是重点国有企业；第二类是为数众多、分布广泛、有盈利能力的中小企业；第三类是亏损企业。对第一类大企业，银行乐意将款项贷给它们。对亏损企业，银行一般不愿意对它们贷款，降息对这两类企业无甚影响。主要对于第二类企业有影响，它们经营灵活，有比较好的获利项目，有较好的成长空间，但它们资金缺乏。自有资金少，投资冲动十分强烈，同时十分计较利息成本，投资对利率的弹性较高。因此，降低利率对企业的投资扩张起非常重要的作用。另一方面，降息减轻了企业的负担，特别是国有企业，增加了企业效益，有利于保证投资及维持职工消费。前5次降息，若以5亿元贷款为基础，将减少利息2400亿元。第6次降息，按调整后一个年度测算，企业将减少230亿元的净利息支出。这大大减轻了国有企业的利息负担。据统计，1997年国有企业盈利状况比上一年有所回升，新增盈利相当于少支付的利息。降低利率对国有企业近年来的脱困提供了相当重要的政策支持。

其次，降低利息对居民的消费倾向产生重要影响。

中国的老百姓比较求稳，传统上认为把钱存在银行里比较保险，以备急需及他用。在消费观念上，相当一部分人还比较保守，在利率几次下调之后，虽然居民储蓄存款仍呈增长趋势。但可以肯定的是，利率降低在一定程度上抑制了储蓄的快速增长，虽然近年来住房、社保改革的力度不断加大，但储蓄存款增长的势头正在趋弱，1991～1995年，全国城乡居民储蓄存款余额年均增长33.44%，而1999～2000年年均增长已降至10%以下。可以说，降息对降低人们的储蓄意愿产生了积极影响。

近几年来，随着经济的发展，市场经济体制的确立，人们的消费观念正在发生变化。银行利率的降低，也促使一些居民将货币资金投到国债和股票上来，促进了金融市场的发展。随着住房货币化改革步伐的加快实施，加上消费信贷的作用，调低了购房贷款利率，特别是住房公积金贷款利率的大幅度降低，促进了居民对房地产等耐用消费品的消费，在一定程度上刺激了消费需求的增加。

资料来源：市场研究。

案例与资料阅读9-3

凯恩斯与《通论》

约翰·梅纳德·凯恩斯（1883—1946），现代西方经济学最有影响的经济学家之一。1906～1908年在英国财政部印度事务部工作，1908年任剑桥大学皇家学院的经济学讲师，1909年创立政治经济学俱乐部并因其最初著作《指数编制方法》而获"亚当·斯密奖"。1911～1944年任《经济学杂志》主编，1913～1914年任皇家印度通货与财政委员会委员，兼任皇家经济学会秘书，1919年任财政部巴黎和会代表，1929～1933年主持英国财政经济顾问委员会工作，1942年被晋封为勋爵，1944年出席布雷顿森林联合国货币金融会议，并担任了国际货币基金组织和国际复兴开发银行的董事。1946年猝死于心脏病，时年63岁。凯恩斯一生对经济学做出了极大的贡献，一度被誉为资本主义的"救星"、"战后繁荣之父"等美称。凯恩斯出生于萨伊法则被奉为神灵的时代，认同借助于市场供求力量自动地达到充分就业的状态就能维持资本主义的观点，因此他一直致力于研究货币理论。

1929年经济危机爆发后，他感觉到传统的经济理论不符合现实，必须加以突破，于是便有了

1933年的《就业、利息和货币通论》（简称《通论》），《通论》在经济学理论上有了很大的突破。

1. 突破了传统的就业均衡理论，建立了一种以存在失业为特点的经济均衡理论

传统的新古典经济学以萨伊法则为核心提出了充分就业的假设，认为可以通过价格调节实现资源的充分利用，从而把研究资源利用的宏观经济问题排除在经济学研究的范围之外。《通论》批判萨伊法则，承认资本主义社会中非自愿失业的存在，正式把资源利用的宏观经济问题提到日程上来。

2. 把国民收入作为宏观经济学研究的中心问题

凯恩斯《通论》的中心是研究总就业量的决定，进而研究失业存在的原因。认为总就业量和总产量关系密切，而这些正是现代宏观经济学的特点。

3. 用总供给与总需求的均衡来分析国民收入的决定

凯恩斯《通论》中认为有效需求决定总产量和总就业量，又用总供给与总需求函数来说明有效需求的决定。在此基础上，他说明了如何将整个经济的均衡用一组方程式表达出来，如何能通过检验方程组参数的变动对解方程组的影响来说明比较静态的结果。他总是利用总需求和总供给的均衡关系来说明国民收入的决定和其他宏观经济问题。

4. 建立了以总需求为核心的宏观经济学体系

凯恩斯采用了短期分析，假定生产设备、资金、技术等是不变的，从而总供给是不变的，在此基础上来分析总需求如何决定国民收入，把存在失业的原因归结为总需求的不足。

5. 对实物经济和货币进行分析的货币理论

传统的经济学家把经济分为实物经济和货币经济两部分，其中，经济理论分析实际变量的决定，而货币理论分析价格的决定，两者之间并没有多大的关系，这就是所谓的二分法。凯恩斯通过总量分析的方法把经济理论和货币理论结合起来，建立了一套生产货币理论。他用这种方法分析了货币、利率的关系及其对整个宏观经济的影响，从而把两个理论结合在一起，形成了一套完整的经济理论。

6. 批判了"萨伊法则"，反对放任自流的经济政策，明确提出国家直接干预经济的主张

古典经济学家和新古典经济学家都赞同放任自流的经济政策，而凯恩斯却反对这些，提倡国家直接干预经济。他论证了国家直接干预经济的必要性，提出了比较具体的目标。他的这种以财政政策和货币政策为核心的思想后来成为整个宏观经济学的核心，甚至可以说后来的宏观经济学都是建立在凯恩斯的《通论》的基础之上的。

毫无疑问，凯恩斯是一位伟大的经济学家，他敢于打破旧的思想的束缚，承认有非自愿失业的存在，首次提出国家干预经济的主张，对整个宏观经济学的贡献是极大的。

资料来源：新浪网站。

习题

1. 西方经济学家一般认为，将一部分国民收入从富者转移给贫者，将提高总收入水平，你认为他们的理由是什么？

2. 当物价下降，实际余额增加时，公众将减少对货币的持有，增加对债券的持有。在这种情况下，货币市场实际存在的货币量会发生什么变化？债券价格的上升，将导致利息率的下降，为什么又能促使公众增加货币的需求从而恢复货币市场的均衡？

3. 设消费函数为 $C = 200 + 0.75Y$，试求收入为 $1000Y$ 和 $2000Y$ 时的 MPC、APC、MPS 和

APS，并说明MPC和MPS、APC和APS的关系。

4. 假设某经济社会的消费函数为$C = 100 + 0.8Y$，投资为50，试求：

（1）均衡的国民收入。

（2）均衡的储蓄水平。

（3）如果投资增加到100，均衡收入为多少？

5. 设一个两部门经济中的消费函数为$C = 100 + 0.8Y$，投资$I = 150-6r$，货币供给$M = 150$，货币需求$L = 0.2Y-4r$（单位：10亿美元）。

（1）求IS和LM曲线方程。

（2）求产品市场和货币市场同时均衡时的利率和收入。

6. 假设经济中的总需求函数和总供给函数分别为：

$$Y_D = 2400 - P$$
$$Y_S = 2000 + P$$

试求总需求和总供给均衡时的收入和价格水平。

第10章

失业与通货膨胀

失业和通货膨胀是西方宏观经济学的两个重要研究课题,降低失业率、抑制通货膨胀是宏观经济政策的主要目标。古典经济学家认为,市场是完美的,市场机制可以自动地使经济趋向充分就业均衡。但是事实证明,市场机制并不是完美无缺的,失业是经常存在的。特别是20世纪30年代的经济大危机,彻底打破了经济自动趋于充分就业均衡的神话。从此,失业就成了西方经济学的主要研究课题之一。通货膨胀有害,这是生活中的常识。公众对通货膨胀极为反感,以至于理所当然地认为政府应在限制通货膨胀方面有所作为。那么,是否所有的通货膨胀都是有害的呢?它是由什么引起的?对通货膨胀我们应该做些什么?本章将在前面各章所介绍的现代西方宏观经济学基本理论的基础上,依次论述关于失业、通货膨胀问题的理论和政策。

10.1 失业理论

10.1.1 失业的定义与衡量

1. 失业的定义

在一定年龄范围内愿意工作但是没有工作,并正在寻找工作的人都是失业者。按照《现代经济学词典》的解释,失业是所有那些未曾受雇,以及正在调往新工作岗位或未能按当时通行的实际工资找到工作的人。相反,从事有收入工作的人就是就业者。

2. 失业的衡量

衡量失业状况的最基本指标是失业率,失业率是失业人口占劳动力人口的百分比,用公式表示为:

$$失业率 = 失业人口/劳动力人口 \times 100\%$$

这里劳动力是指在一定年龄范围内，有劳动能力且愿意工作的人，所以劳动力人口与总人口是不同的。

在计量失业人数和失业率时，各个国家具体统计方法和规定有所不同。如在美国，凡年满16周岁，愿意工作而没有工作的人（即使对找工作不很积极）都计入失业人数；而在有些国家，则只把领取失业救济金的人算做失业者。美国的失业统计数字是通过对大约6万个家庭的随机抽样调查得出的；有些国家则是根据领取失业救济金的人数统计的。因此，各国的失业率统计数字不是完全可比的，如按照美国的统计方法计算的失业人数总是高于按照领取失业救济金人数所计算的数字。因为失业救济金不是向所有失业者发放的，并不是每一个失业者都符合领取失业救济金的条件。

应该指出，统计所得的失业人数和失业率并不能完全准确地反映实际的失业水平。除了统计误差等技术上的原因外，还存在着其他方面的原因。

10.1.2　失业的分类

1. 按意愿分为自愿失业和非自愿失业

（1）自愿失业指人们不愿意接受现在的工资水平而造成的失业。

（2）非自愿失业指人们愿意接受现在的工资水平但仍找不到工作。

2. 按原因分为摩擦性失业、结构性失业、周期性失业和隐蔽性失业

（1）摩擦性失业。摩擦性失业是指生产经营中因难以避免的摩擦或劳动者正常流动所产生的短期性、局部性失业。

这里的摩擦指原材料短缺、季节或天气影响等用工单位无法避免的情况。劳动者流动包括老工人退休、年轻人进入劳动力市场的新老交替过程和人们出于某种原因放弃原来的工作或被解雇，以及转移到新的地区，寻找新工作的过程。无论是年轻人开始进入或妇女重新进入劳动力市场，还是原来有工作的要变换工作，都需要花费一定时间。在任何情况下，总会存在一定的摩擦性失业，即使在劳动力供给与对劳动力的需求在职业、技能、地区分布等结构上完全相符，不存在需求不足的紧缩缺口的条件下，仍会存在摩擦性失业。

（2）结构性失业。结构性失业是指由于经济结构或产业结构转换，劳动力的供给和需求不匹配而造成的失业。

经济发展、技术进步、人口规模和构成的变化、消费者偏好的变化等都会引起经济结构的变化，进而引起对劳动力的需求结构发生变化。而劳动力供给结构的调整常常滞后于劳动力需求结构的变化，从而产生结构性失业。例如，在有些西方国家，随着经济和科学技术的发展，世界贸易格局的变化，汽车工业开始走向衰落，对汽车工人的需求减少，从而引起了汽车工人的失业。与此同时，某些新兴工业所需要的具有特殊技能的劳动力却供不应求，产生了许多职位空缺。同样，在某些走向衰落的工业区存在大量失业者的同时，某些新兴工业区却可能出现劳动力供不应求、许多职位空缺无人的情况。

摩擦性失业与结构性失业是有区别的，但两者之间不存在明确的界限。摩擦性失业与结构性失业的一个共同点是每有一个失业者，就有一个职位空缺。不同的是，在纯粹摩擦性失业的情况下，劳动力供给的结构与对劳动力的需求结构是相吻合的，每一个寻找工作的劳动

者都有一个适合于他的职位空缺，只是寻找者尚未找到这个空缺。在结构性失业的情况下，劳动力的供给结构与对劳动力的需求结构是不相符合的，寻找工作者找不到与自己的技能、职业、居住地区相符合的工作。此外，摩擦性失业者失业时间一般较短，结构性失业持续的时间较长。

（3）周期性失业。周期性失业是指劳动力总需求不足引起的失业，因而常常又称为"需求不足型失业"。个别产业或地区劳动力需求不足属于结构性失业，不属于周期性失业。

劳动力需求是一种"引致需求"。在经济周期波动过程中，当国民经济总需求或总产出下降时，对产品和劳务的需求也会减少，这种最终需求的变化会引起劳动力这种中间需求的变化。

（4）隐蔽性失业。隐蔽性失业是指有些人表面上有工作但是实际上没有贡献。这类失业在机构臃肿、效率低下的组织中大量存在。

10.1.3　失业的影响

首先，从经济方面看，失业会直接造成资源的浪费，带来经济上的损失。劳动力是重要的生产要素，失业或劳动力的闲置本身就是资源的浪费，而且劳动力这种经济资源具有其自身的特点：本期可利用的劳动力不能移至下期使用，本期可利用劳动力的闲置就是这部分资源的永久性浪费。在劳动者失业的同时，生产设备以及其他经济资源也常常会大量闲置，生产能力开工不足，这直接减少了社会产品，降低了国民产出水平。

其次，从社会方面看，失业的影响虽然无法用货币单位表示，但这种影响却是非常巨大的。失业不但会使失业者及其家庭的收入和消费水平下降，而且会给人的心理造成巨大的创伤，带来一系列社会问题。失业者长期找不到工作就会悲观失望，甚至失去对生活的信念。高失业率时期往往伴随着高犯罪率、高离婚率和其他各种社会骚乱，并使更多的人早衰早亡。过去，失业者只能靠自己的积蓄和亲朋的帮助维持生存，其悲惨境况是可想而知的。现代西方国家则普遍实行了失业保险制度，由政府给失业者一定量的失业救济金。这种失业保险制度在一定程度上缓和了失业的社会影响，但在高失业率长期持续时期，仍会有很多人在用完失业救济金之后找不到工作，而且即使得到失业救济金也远不能抵消失业给失业者带来的损害。

由于失业对社会经济具有重大的影响，因而在政治上也有其重要性。当失业率较低时，政府会得到人们的信任，执政者会得到更多人的拥护；当失业率较高时，政府和当政者会受到人们的谴责。因此，任何政府都必须关注失业问题，政府在制定任何一项宏观经济政策时，都必须考虑其对失业的影响。

10.1.4　充分就业

充分就业是各国宏观经济政策的重要目标之一，但充分就业并不是要做到丝毫不存在失业，或失业率降至为零。因为摩擦性失业和结构性失业对任何经济来说都是不可避免的，因此，充分就业时的失业率就是摩擦性失业率与结构性失业率二者之和。或者说，周期性失业率为零时的失业率就是充分就业时的失业率，充分就业情况下的实际国民产出等于潜在国民产出。

充分就业情况下的失业率也叫自然失业率。二者的含义完全相同，但经济学家更多地使用自然失业率的概念。值得说明的是，经济并不总在自然失业率基础上运行，也不总能实现潜在国民产出。一般来说，实际失业率往往大于自然失业率，但也有实际失业率低于自然失业率的偶然情况。

自然失业率是劳动力市场和商品市场处于均衡状态时的失业率，也是能够长期持续存在的最低失业率。当实际失业率等于自然失业率时，价格和工资的增长是稳定的，通货膨胀率既不加速也不减速。如果实际失业率低于自然失业率，通货膨胀率就会不断上升，不断上升的通货膨胀率迟早会迫使政府采取措施加以抑制，而要抑制通货膨胀，首先要使失业率回升到自然失业率上来。

自然失业率总是大于零。在现实经济中，劳动者的爱好和技能存在差别，社会对产品和劳务的供给和需求会不断变化，这些都会引起劳动力资源的不断转移。就是说，摩擦性失业和结构性失业总是存在的，因而由二者之和构成的自然失业率显然总是大于零的。一般认为自然失业率为5%左右。

10.1.5　反失业政策

无论是由何种原因引起的非自愿失业，都会对社会经济产生不良影响。因此，政府应采取措施努力增加就业、降低失业水平。西方经济学家提出了许多种反失业政策，这些政策各自具有不同的特点，适用于不同种类的失业。同时，任何一种政策都具有某种副作用，要降低失业水平就必须付出某种代价。而且，在任何时候都不可能使失业率降低到零。政策制定者只能根据具体情况，权衡得失，选择适当的政策。下面我们简要地介绍西方经济学家所提出的几种反失业政策。

1. 调节总需求

如前所述，对产品和劳务的需求不足会引起对劳动力的需求不足，从而产生失业。因此，增加对产品和劳务的需求，则会增加对劳动力的需求，从而增加就业，减少失业。当社会总需求不足时，政府可以通过财政政策和货币政策刺激总需求。

增加总需求的政策对需求不足失业是有效的，但不适用于对付其他种类的失业。例如，单纯靠增加总需求来消除摩擦性失业和结构性失业效果也不会很大，而且可能造成严重的通货膨胀，得不偿失。即使在采用增加总需求政策降低需求不足失业时，也应注意其对通货膨胀的影响。总需求的增加必然对价格总水平产生一定影响。采用增加总需求的政策降低失业率总是以通货膨胀率的上升为代价的。不过当存在需求不足失业时，总需求的增加主要作用于国民产出水平和就业水平，对价格水平的影响较小，此时采取增加总需求的政策来降低失业水平是可取的。但在需求不足失业已经消除时，靠继续增加总需求来进一步降低失业率必然加剧通货膨胀，将是得不偿失的。

2. 调控工资水平

政府可以利用各种形式的收入政策直接或间接地调控工资水平。这种政策有助于消除由真实工资水平过高引起的失业。但是，在真实工资水平长期偏高，资本密集型技术已经被普遍采用的情况下，即使降低了真实工资水平，也仍需经过一个缓慢的过程，才能真正消除真实工资过高引起的失业。

由于工资是个人可支配收入的重要组成部分，而个人可支配收入的多少决定着消费需求，降低工资水平会使总需求降低，从而降低国民产出水平和就业水平。因此，在降低工资水平的同时，需要运用财政、货币政策增加需求，促进就业水平的提高。

采用收入政策调控工资水平也会带来一定的副作用，如扰乱劳动力市场，可能降低劳动力资源配置的效率；需要增加行政管理费用，扩大行政机构；并且，由于降低真实工资水平会引起工人们的不满，往往会在政治上受阻碍。

3. 改进劳动力市场和人力投资

政府可以为劳动者提供有关劳动力市场的信息，或鼓励、支持私人机构提供这种信息服务，使劳动者更容易、更迅速地获取有关工作机会的信息，缩短他们寻找工作所需要的时间，降低摩擦失业。

政府还可通过人力投资（人力政策）为那些不适应雇主要求的工人和失业者提供重新受训练的机会，或帮助工人和失业者从劳动力过剩的地区迁往劳动力不足的地区，使他们找到合适的工作。这种人力投资（或人力政策）有助于解决失业与职业空缺并存的问题，有助于减少结构性失业。

当然，改进劳动力市场与增加人力投资是要支出费用的，政府必须在费用和由此带来的好处之间进行权衡。

10.2 通货膨胀理论

10.2.1 通货膨胀的定义与分类

1. 通货膨胀的定义

通货膨胀指在社会经济生活中出现的一般物价水平在比较长的时期内（如两年以上）以较高幅度（如2%以上）持续上涨的现象。这里的一般物价水平指某种物价指数。

2. 通货膨胀率

通货膨胀率是衡量通货膨胀的指标，它指从一个时期到另一个时期价格水平P变动的百分比，第t年的通货膨胀率π_t用公式表示为：

$$\pi_t = (P - P_{t-1})/P_{t-1}$$

3. 通货膨胀的分类

（1）按价格上升的速度分为三类。一类是温和型（爬行型）通货膨胀，一般指每年物价上升的比例在10%以内；二类是奔腾型（加速型）通货膨胀，一般指年通货膨胀率在10%以上和100%以内；三类是超级（超速型）通货膨胀，一般指通货膨胀率在100%以上。

（2）按价格上升的差别分为两类。一类是平衡的通货膨胀，指每种商品的价格都按相同的价格比例上升，这里所指的商品价格包括生产要素的价格，如工资、租金、利率等；二类是非平衡的通货膨胀，指各种商品价格上升比例并不完全相同，如甲商品价格的上涨幅度大于乙商品的上涨幅度。

（3）按价格上升是否可预期分为两类。一类是未预期到的通货膨胀，指价格的上升超出人们的预料，人们没想到价格会上升，如国际市场原材料价格突然上升所引起的国内价格上升；二类是预期的通货膨胀，指价格的上升人们事先已经预料到了，如某国的物价水平连续多年按5%的速度上升，人们便会预计到下年将以同一比例继续上升。

10.2.2 通货膨胀产生的原因

西方经济学家认为，价格是由供给和需求决定的，因此应从供给和需求两个方面探讨通货膨胀的原因。

1. 需求拉动的通货膨胀

由于总需求的增长而引起的通货膨胀，称为需求拉动的通货膨胀。

需求拉动的通货膨胀可以用图10-1来说明。假设开始时，产量从零增加到Y_1，价格水平始终稳定。总需求曲线AD_1，与总供给曲线AS的交点（均衡点）E_1决定的价格水平为P_1，总产量水平为Y_1。当总产量达到Y_1以后，继续增加总需求，均衡点就会从E_1向E_2、E_3移动，这时总产量增加，遇到生产过程中的瓶颈现象，即由于劳动、原料、生产设备等的不足而使成本提高，从而引起价格水平的上涨，价格从P_1向P_2、P_3变动。当均衡点移动到E_3时，总产量达到充分就业的产量Y_f，整个社会的经济资源全部得到利用。如图中总需求曲线AD_3同总供给曲线AS的交点E_3，决定的价格水平为P_3。价格水平从P_1上涨到P_2和P_3的现象被称做瓶颈式的通货膨胀。在达到充分就业的产量Y_f以后，如果总需求继续增加，总供给就不再增加，因而总供给曲线AS呈垂直状。这时总需求的增加只会引起价格水平的上涨。例如，图中总需求曲线从AD_3提高到AD_4时，它同总供给曲线的交点所决定的总产量并没有增加，仍然为Y_f，但是价格水平已经从P_3上涨到P_4。这就是需求拉动通货膨胀。西方经济学家认为，不论总需求的过度增长是来自消费需求、投资需求，或是来自政府需求、国外需求，都会导致需求拉动通货膨胀。

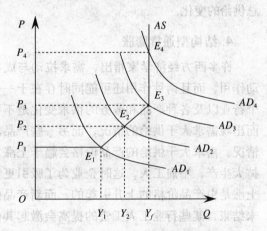

图10-1 需求拉动的通货膨胀

2. 成本推进的通货膨胀

由供给方面的变化（即成本的提高）而引起的通货膨胀称为成本推进的通货膨胀。

这里的成本包括工资、利润和用于购买原材料、能源的支出等各项费用。成本的各个部分都可能提高，从而引起总成本的提高。有些西方经济学家认为，成本的上升主要是由工资的增加引起的。他们认为，在现代经济中，工人们可以施加压力，迫使企业提高工资，而具有一定垄断性的企业又会相应地提高产品价格，从而引起通货膨胀。这种由工资的提高引起的通货膨胀被称做"工资推进的通货膨胀"。还有一些西方经济学家指出，企业为增加利润，也可能先行提高产品价格，由此引起的通货膨胀则称做"利润推进的通货膨胀"。此外，进口原材料价格的上升（如20世纪70年代石油危机对西方石油输入国的冲击）及由资源枯竭、环境保护政策造成的原材料、能源生产成本的提高也会引起成本推进的通货膨胀。

成本推进的通货膨胀可用图10-2来说明。假设经济最初处于E_1点。当成本增加时，企业会在同等价格水平上提供较少的产出，成本的增加会使总供给曲线向上移动，例如由AS_1移至

AS_2。如果此时需求不发生变化，则经济会由原来的均衡点E_1移至E_2点，价格相应地从P_1上升到P_2，即发生了成本推进的通货膨胀。如果成本再进一步增加，总供给曲线向上移动AS_3，均衡点移至E_3点，价格相应地上升到P_3。

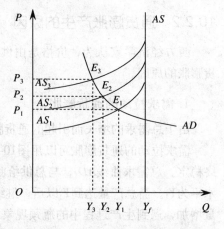

成本推进的通货膨胀可能发生在存在非自愿失业、产出低于充分就业产出水平时，而且成本的上升会使通货膨胀与产出的下降同时发生，造成滞胀。

图10-2　成本推动的通货膨胀

3. 混合型通货膨胀

从理论上说，可以区分需求拉动的通货膨胀和成本推进的通货膨胀，而在实际经济生活中，需求拉动的作用与成本推进的作用常常是混合在一起的。无论是需求拉动的通货膨胀，还是成本推进的通货膨胀，在持续的通货膨胀过程中都是既有总需求的变化又有总供给的变化。

4. 结构型通货膨胀

许多西方经济学家指出，需求拉动与成本推进不仅可能在持续的通货膨胀中交替地起主动作用，而且两种作用还可能同时存在于一个经济系统之中。在现实经济中，各个部门、各个行业以及各种产品和劳务的供求变化是不平衡的，有些产品和劳务可能会由于需求的增加而出现需求大于供给的情况，而另一些产品却可能处于供求基本平衡，甚至供给大于需求的情况。需求大于供给的产品价格会趋于上涨，生产这些产品的企业会为了赚取更多的利润而扩大生产，增雇工人，这时企业为了吸引更多的工人往往会提高工人的工资。此时，工资的上涨是由产品价格的上升引起的，而新产品价格的上升又是由需求拉动的。然而事情至此并未结束，某些行业工人工资的提高会激起其他行业工人增加工资的要求，这些行业的企业为了避免更大损失，会被迫提高工资，并一方面提高价格，另一方面减少产量和就业人数。此时，产品价格的上涨是由成本（工资）推动的。

上述由各部门、各行业供求变化不平衡引起的通货膨胀称为结构型通货膨胀。这其中既有需求拉动的作用，又有成本推进的作用。

5. 预期与通货膨胀的惯性

无论是需求方面拉动的通货膨胀，还是供给方面推动的通货膨胀，只要在一段较长的时期内一直存在一定的通货膨胀，人们就会产生关于通货膨胀的预期，预料下一时期仍会存在通货膨胀。例如，如果前两年一直存在6%的通货膨胀率，则人们就可能预料下一年仍会有6%的通货膨胀率。一旦产生了这种预期，人们就会在进行各种经济活动时考虑到预期通货膨胀率将会产生的影响。政府和中央银行将根据预期的通货膨胀率制定财政、货币政策，投资者、消费者、工人、管理者也会根据预期通货膨胀率调整自己的经济决策和经济活动。从而预期通货膨胀率将会被纳入或包含在利率、工资协议、经济合同以及各种关于未来的经济决策之中而被"保存"下来，使通货膨胀产生惯性。这种能够"自我实现"、持续存在的预期通货膨胀率也称做惯性的通货膨胀率。

6. 货币主义通货膨胀

货币主义通货膨胀的观点主要根据公式：

$$MV = PY$$

推导出：

$$P = MV/Y$$

式中　V——货币流通速度；

　　　M——货币供给量；

　　　P——价格；

　　　Y——总产出；

　　MV——一次交易的货币总额。

货币主义通货膨胀认为通货膨胀的原因是货币的过量发行。美国经济学家弗里德曼认为，通货膨胀是发生在货币量增加的速度超过了产量增加速度的情况下，而且每单位产品所配给的货币量增加得越快，通货膨胀的发展就越快。

10.2.3　通货膨胀的影响

提起通货膨胀，人们往往视为公敌。然而，通货膨胀有何影响还需客观分析。在分析通货膨胀的影响时，应区分为平衡与不平衡的通货膨胀以及预期和未预期的通货膨胀。如果通货膨胀是平衡的，即所有的价格，包括各种产品和劳务、各种生产要素及各种债务的价格都是按相同比例变动的，则价格总水平的变动不会使任何人受到损害，也不会使任何人得到好处。如果通货膨胀完全是预期之中的，那么人们就可以预先采取某些措施抵消通货膨胀的影响。但是，通货膨胀通常是不平衡的，而且人们对通货膨胀的预期也常常与实际情况不符。因此，通货膨胀总会造成某些影响。

一般来说，通货膨胀的影响主要体现在以下三个方面。

1. 通货膨胀对收入和财富分配的影响

对于大多数人来说，工资是其主要的收入来源。如果货币工资率是固定的，或其增长慢于通货膨胀，或在调整的时间上滞后于通货膨胀，则在通货膨胀中，以工资为主要收入来源的人们就会受到损失，而雇用这些工人的雇主则会得到好处。由于在现代西方国家，通货膨胀是长期持续的，人们会预料未来仍会发生通货膨胀，因而工资协议中通常会考虑到通货膨胀的影响，并相应地对未来的工资增加率做出规定。因此，许多西方经济学家认为，在现代条件下通货膨胀对工资收入者的影响已大大缩小。当然，由于工资不可能完全自动地与价格总水平同步变动，人们的预期也并不总是准确无误的，因而不可能恰好消除通货膨胀的影响。但是，这种影响本身也是难以预料的，工资协议中所包含的预期通货膨胀率可能高于或低于实际通货膨胀率。如果高于，则按预期通货膨胀率制定工资协议的工人会在通货膨胀中得益；否则，就会受损。从总体上看，通货膨胀本身并不一定给工资收入者带来损失。

通货膨胀对人们所拥有财产的影响主要决定于人们拥有的财产或债务的种类。如果债务是按固定利率支付的，则急剧的通货膨胀可能会使债务人得益，而使债权人受损。如果通货膨胀持续了较长时期，人们就会产生对通货膨胀的预期，并将预期的通货膨胀率纳入名义利率之中，使名义利率等于预期通货膨胀率加上实质利率，以消除通货膨胀在财富分配上的影响。同样，如果预期与实际不符，则通货膨胀的影响亦不能完全抵消。但这种影响究竟是有利于债权人还是有利于债务人，则取决于纳入名义利率的预期通货膨胀率是高于还是低于实际通货膨胀率。此外，有些拥有较多实物财富或黄金的人可能在通货膨胀中得益，而手持现金较多的人则会遭受损失。

通货膨胀对政府与私人之间的收入分配有着重要的影响。这种影响除了通过与私人领域的各种交易及债务债权关系发生作用外，主要是通过税收起作用的。例如，在累进税率条件下，高通货膨胀率往往会使人们的名义收入较快地增加，而实际收入却可能增长较慢、不变，甚至会有所下降，但税收是按名义收入计算的，较高的名义收入使人们进入了较高的课税等级，从而自动地增加了税收的份额，降低了留归私人的收入份额。而且由于税赋是按名义收入计算的，不考虑名义收入与实际收入的差别，即使采取某些指数化措施调整生产率也不能完全消除通货膨胀对税收的影响。

总的来说，西方经济学家一般认为，通货膨胀对收入和财富的分配是有一定影响的。第二次世界大战以后，很多国家财富由居民向政府手中大量转移，主要通过两个途径：一是政府发行大量国债，成为债务人；二是当通货膨胀时，征税起点和税率较少调整，居民多缴纳个人所得税。

2. 通货膨胀对资源配置的影响

在市场经济中，价格对资源的配置具有重要的调节作用。如果价格水平的上升是不均衡的，各种产品和劳务的价格发生了相对变化，就会引起资源的重新配置。那些在通货膨胀期间价格上升快于成本上升的行业将得到扩张；而价格上升慢于成本上升的行业会相应收缩。在通货膨胀中，各行业产品和劳务的价格与成本的上升往往具有盲目性，因而会扰乱价格体系，引起资源配置的失调，降低整个经济的效率，但通货膨胀对资源配置的影响也不完全是破坏性的。由于生产率的提高以及其他因素的变动是不平衡的，这就要求价格体系做出调整，以适应这种变化。但是按照许多西方经济学家的说法，有许多价格在上升时是灵活的，而在下降时是不灵活的，即价格具有向下的刚性。因此，只有在某些价格上升时，才能实现为达到较好的资源配置所需要的相对价格变动。也就是说，在许多情况下，只有通过通货膨胀才能使价格体系趋于合理，进而使资源配置趋于合理。

在通货膨胀中受影响最大的价格是现金的价格。人们手中持有的现金不会带来任何利息收入，或者说，现金的名义利率为零。由于实际利率等于名义利率减去通货膨胀率，因此在通货膨胀时期，现金的实际利率是负数。手持现金越多，则所遭受的损失越大。在这种情况下，人们会急于将现金脱手，或者频繁地去银行提取现金，或者将现金换成实物，增加存货，从而造成资源的浪费。在恶性的通货膨胀中，甚至会迫使人们采用以物易物的低效率交换形式。

此外，价格是人们比较各种产品和劳务的尺度。而在持续的通货膨胀中，这个尺度本身是不断变化的，因此通货膨胀对价格体系的扰乱还会给经济核算带来困难，干扰资源的配置，降低整个经济的效率。

3. 通货膨胀对产出、就业水平的影响

一般来说，在短期内，由于意料之外的需求拉动的通货膨胀会使产品价格的上涨快于货币工资率的上涨，实际工资率会有所降低，从而促使企业增雇工人、扩大产量以牟取利润，

使就业和国民产出增加。但工人们不会长期容忍货币工资率滞后于产品价格上涨的情况。一旦工资随之提高，通货膨胀促使就业和产出增加的效果就会消失。因此，通货膨胀对就业和国民产出的影响只能是暂时的，并且工人们会对通货膨胀进行预测，采取措施防止工资增长滞后于价格上涨的情况。如果通货膨胀是人们预料之中的，就不会对就业和国民产出水平发生直接的、实质性的影响。

供给方面的冲击引起的通货膨胀与需求拉动的通货膨胀对就业和国民产出水平的影响不同。供给冲击引起的通货膨胀不会增加产出和就业，反而会引起产出和就业水平的下降。不过这种影响也只能是短期的。

总之，现代西方经济学家一般认为：在长期中，通货膨胀与就业和产出水平之间并不存在直接的、必然的联系。而在短期中，这种联系则是很明确的。

综上所述，膨胀对收入和财富的分配、对资源的配置和产出、就业水平都有一定影响，但这些影响是不易确定的。不过应该指出，爬行型（或称温和型）通货膨胀与加速型（或称奔腾型）通货膨胀对经济的影响是不同的。一般来说，较小的通货膨胀对经济的影响也较小，不会给社会经济总体带来显著的危害；而较大通货膨胀对经济的影响也较大，很可能造成整个社会经济的不稳定，造成较大的危害。

10.2.4　反通货膨胀的措施

经济社会的物价几乎是每个成员都非常关注的问题，物价稳定是各国政府经济政策的一个主要目标。西方学者认为，对付通货膨胀主要有减少需求和降低成本两种方案。

1. 用减少需求来降低通货膨胀

这种方案主要是针对需求因素导致的通货膨胀，通过使总需求曲线向左移动的办法来达到。在政策上，可以通过减少政府支出、减少货币供给等紧缩性政策来实现。用减少需求来降低通货膨胀的负面影响是会导致经济下滑。

2. 用降低成本来减轻通货膨胀

这种方案主要是针对成本推动的通货膨胀，在政策上，可以通过减少税收、限制货币工资或物价等政策来实现，有些学者也称之为收入政策。例如，第二次世界大战之后，美国、英国、加拿大等国曾出台过限制工资或物价的政策，主要通过两种手段：一种是政府对工资或物价直接进行管制，即企业和工会不经政府有关部门同意，不得提高工资或物价，这是最强硬的措施；另一种是政府对工资或物价进行指导，即政府规定工资或物价指导指标，指令企业和工会参照执行。

10.3　失业与通货膨胀的关系

菲利普斯曲线是表示货币工资变动率或通货膨胀率与失业率之间相互关系的曲线，它最初是由英国经济学家菲利普斯研究了大量统计资料提出的。

10.3.1　早期菲利普斯曲线

早期菲利普斯曲线：以横轴表示失业率（U），纵轴表示货币工资增长率（$\Delta w/w$），画出了一条向右下方倾斜的曲线。曲线向下倾斜说明：失业率与通货膨胀率之间存在替代关系。当失业率较低时，通货膨胀率较高；反之，通货膨胀率较低。

菲利普斯曲线提出以后，曾在西方受到了普遍的赞赏。人们认为，它为政府制定经济政策提供了一个方便的工具。

政府在运用菲利普斯曲线制定经济政策时，首先确定社会可容忍的最大失业率和通货膨胀率，将其作为临界点。其次，确定政府可容忍的失业率和通货膨胀率的区间。如图10-3所示，如果经济处于B点，政府不干预；处于A点，提高失业率换取通货膨胀率的降低；处于C点，政府会提高通货膨胀率换取失业率的降低。

代价的大小取决于菲利普斯曲线的斜率。如果菲利普斯曲线平坦，降低通胀率就以失业率的较大提高为代价，降低失业率就以通胀率的较小提高为代价；相反，曲线陡峭，降低通胀率就以失业率的较小提高为代价，降低失业率就以通胀率的较大提高为代价。

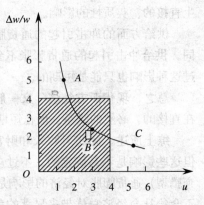

图10-3　早期菲利普斯曲线的应用

10.3.2　菲利普斯曲线的移动

20世纪70年代，菲利普斯曲线本身向上发生了移动，对应一个失业率伴随着更高的通货膨胀率，或者说对应一个通货膨胀率伴随着更高的失业率。

现代西方经济学家普遍认为，除了极其特殊的情况外，在任何点上，都存在一个既定的预期通货膨胀率或惯性通货膨胀率。如果不出现成本和需求方面的冲击，失业率处于自然率水平上，则实际通货膨胀率将等于预期通货膨胀率。而当发生需求或成本冲击，实际失业率与自然失业率不一致时，实际通货膨胀率就会发生变化，从而与预期通货膨胀率不一致。如果失业率低于自然失业率，实际通货膨胀率就会升高，从而高于预期通货膨胀率；如果失业率高于自然失业率，则实际通货膨胀率就会降低，从而低于预期通货膨胀率。但是，实际通货膨胀率高于或低于预期通货膨胀率的情况都不会长期维持下去。人们会根据实际通货膨胀率的变化，调整对通货膨胀的预期，从而使预期通货膨胀率也相应地改变。一旦预期通货膨胀率发生了变化，菲利普斯曲线本身就会发生移动。如图10-4所示。

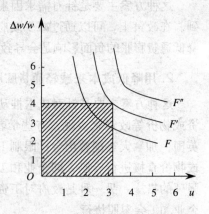

图10-4　菲利普斯曲线的变化

10.3.3　短期菲利普斯曲线与长期菲利普斯曲线

综上所述，任何一条斜率为负的菲利普斯曲线都只是代表短期中通货膨胀率与失业率之间的关系。换句话说，只有在短期中，才存在斜率为负的菲利普斯曲线。

从长期看，并不存在失业率与通货膨胀之间的替代关系。失业率将不受通货膨胀率影响而必然地趋向于自然失业率，并且只有在失业率处于自然失业率水平时，通货膨胀率才能稳定下来。因此，长期菲利普斯曲线只能是位于自然失业率上的垂直线。上述理论具有重要的政策含义，即政府只能在短期内以较高的通货膨胀率为代价使失业率降至自然失业率以下。从长期看，这种政策只能使通货膨胀加速，而不能使失业率长久地保持在低于自然失业率水平上。

案例与资料阅读10-1
中国的失业问题与就业战略

中国是世界上人口最多的国家，也是劳动力资源最丰富的国家，因此成为人口就业压力最大的国家。据统计，中国劳动力资源占世界总量的1/4以上，而资本资源（指国内投资额）仅占世界总量的不足4%。如果说解决十几亿人口吃饭问题，是中国经济长期发展的头号任务的话，那么为世界1/4的劳动力创造就业机会则是第二号任务。从1993年以来，我国城镇下岗职工激增，由300万人增加到1996年年底的892万人，在1997年年底为1200万人。据劳动部介绍，在以后的几年内仅国有工业企业还有800万～1000万富余人员需要下岗分流，扣除已再就业人员，目前我国城镇实际失业人口规模在约1100万～1300万人，真实失业率在6%～7%之间，创建国近50年来的最高纪录，成为当前我国经济社会生活中最突出的问题。首先，直接伤害广大基本群众（公开失业者和下岗职工以及家庭）的基本利益，特别是那些曾有过上山下乡的知识青年经历的下岗职工，既承受20世纪80年代初的第一次失业高峰，又承受90年代末的第二次失业高峰，是社会不稳定的重要原因。其次，过高的失业率也会造成了较大的GDP损失，约占GDP的4%～5%。如果说从1993年起我们花了4～5年的时间，第一次成功地实现经济"软着陆"，有效地控制高通胀率之后，那么，从现在起就有必要再花4～5年的时间，开始第二次"软着陆"，旨在保持较高经济增长率的条件下降低城镇高失业率。因此，与高失业率作斗争，不仅是短期任务，而且也是长期任务；不仅要设计权宜之计，而且也要制定长久之策。

1. 为什么我国城镇失业人口激增

第一，我国正处在劳动年龄人口不断上升时期，形成持久的巨大的就业压力。表现为劳动年龄人口或经济活动人口增长率超过总人口增长率，总人口就业率大幅度上升，大大超过发达国家和发展中国家的平均水平，我国妇女就业参与率过高，大大超过经济发展阶段。中国属于典型的高就业模式，人为增加了就业竞争和就业压力，因此，出现大量下岗人员是正常的现象，它反映了中国正在从高就业模式向与经济发展阶段相适应的正常就业模式转变。

第二，我国正处在大规模产业结构调整阶段，下岗职工激增，是属于持续性、长期性的结构性失业。表现为原有吸纳新增就业主渠道的农业部门，在20世纪90年代大量排斥劳动力；就业结构变动呈加速过程，农业占就业人口比重迅速下降，农村新增劳动力和脱离农业部门的劳动力流动，对非农产业部门和城镇形成就业压力与竞争；第二产业，特别是制造业，吸纳新增劳动力的能力在下降，第三产业成为吸收新增劳动力的主要渠道；我国制造业已由"短缺经济"向"供大于求"或"供求平衡"类型转变，正在经历极其深刻的结构性变革，使不少传统工业企业关、停、并、转、破，促使下岗职工急剧增加，技术进步所摧毁的旧的工作岗位，大大低于它所创造的新的工作岗位。结构变动较快和技术变革显著时期，正是失业高峰期。

第三，我国正处在市场经济转型过程，国有经济占总就业人口比重迅速下降，而非国有经济还无法吸纳全部国有企业下岗职工，必然出现真实失业率上升阶段。越南从1989年对国有企业改革，已削减了1/3国企职工，但中国国企改革搞了20年，却有增无减，国有经济单位（包括国有企业、国有事业单位和政府社会团体）职工占城镇总就业人数过高。因此，应充分利用下岗职工大幅度增加的机会，逐步地、永久性地把这部分人员转移到非国有经济中去。

第四，我国经济增长正经历迅速的"资本深化"过程，特别是国有工业企业资本密集程度迅速增高，不仅不吸收新增劳动力，还要不断排斥大量富余人员。"八五"期间，我国出现前所未有的高经济增长和高投资增长，但没有带动相应的、较高的就业增长，就业增长弹性系数达到历史最低点。反过来，经济高增长，主要依赖资本投入、劳动投入的增长贡献越来越小。这种经济增长方式是与中国基本国情相悖的，必须从根本上转变这一经济增长方式。

促进经济增长，创造就业机会，减少失业率，是今后我国经济发展最优先的目标和任务，它与国有企业改革，实行股份制的经济改革的最优先目标和任务并不矛盾，而是相辅相成、相互促进。

众所周知，中国最丰富的资源是劳动力资源，最稀缺的是资本资源，这构成了中国社会内部一对最丰富资源和最稀缺资源之间的矛盾。因此，如何有效地利用中国经济发展的最大比较优势人力资源，合理地配置人力资源，是中国实现长期性持续高速增长的关键。

2. 我国就业战略目标的基本思路

第一，使持续高速经济增长和高资本投入成为持续性创造就业的过程。在保持目前较高经济增长和资本投入增长的前提下，有效地创造更多的就业机会，大幅度提高就业增长弹性系数与劳动力和人力资本要素对GDP增长的贡献率。

第二，大力发展劳动密集产业，选择"节省资本、多用劳动"的工业化技术路线，有选择地发展资本密集、资源密集和技术密集的产业。资本积累和技术创新，要能够有效地创造新工作岗位、新的就业机会。

第三，应当采取有力措施，保持基本群众的基本利益，实行中国的"新政"政策。改革的成本和代价，例如失业不应由失业者和下岗职工来承担，应由政府、改革受益者和富人来承担。我们不仅要创造一个竞争的市场经济，而且要建立一个温暖、关怀的公平社会。中国的改革与发展需要和呼唤中国的"新政"。其目的是建立两个基础设施：一是物质基础设施，即开展大规模的基础设施建设，如学校、医院、道路、桥梁、植树造林、兴修水利、环境保护、市容清洁、垃圾处理等公共工程，优先安排下岗职工重新上岗或临时上岗；二是社会基础设施，即建立社会保障制度、失业保险制度、个人住宅的贷款购买制度、工伤保险制度、人寿保险制度，建立劳动力市场和信息网络，通过这些制度建设为失业者与贫困人口提供基本生活保障，形成良好的社会安全网，从而实现保持社会稳定、国家长治久安的目标。

第四，促进劳动力要素流动，通过市场重新配置劳动力资源，通过就业结构的变动，既促进经济增长，又促进就业增长。积极鼓励各类劳动力，从国有经济向非国有经济流动，从农业部门向非农业部门流动，从农村向城市流动，从低劳动生产率部门向高劳动生产率部门流动，从欠发达地区向发达地区流动。

3. 中国的就业政策建议

第一，降低城镇真实失业率应作为今后一个时期中央及各级政府的首要目标。建议召开全国就业工作会议，研究部署近期控制失业率目标、新增就业岗位目标，并作为考核各级政府政绩的主要指标之一。实现充分就业的目标，并不等于100%的就业率，而是要把全国城镇失业率控制在自然失业率水平上（例如5%），这一目标经过多年鼓励是可以达到的，又是现实可行的目标。总理定期召开记者招待会，介绍当前经济形势，公布重大决策和公共政策，影响全国舆论动向，使其稳定民心，朝有利于政府的方向发展。

第二，统计城镇实际失业人口规模、真实失业率，特别是那些下岗职工尚未就业人员的基本信息，各级统计局应每月、每季度、每年定期公布上述指标，应尽快公布全国城镇劳动力调查数据。

第三，积极发展劳动密集型产业。这包括劳动密集型为主的服务业，如饮食业、商业、旅游业、咨询业、信息服务业、文化服务业、教育服务业、体育服务业、司法和会计等中介社会服务组织；积极扩大劳动密集型产品出口增长，不断提高劳动密集型产品的技术含量和附加价值，积极开拓国际劳务市场，有步骤、有组织地促进劳务出口，也鼓励国内人员到国外投亲靠友，并为他们办理出国手续，提供方便条件，积极发展劳动密集型小型企业，使之成为经济部门的就业主体。

第四，积极发展城镇非国有经济。在资金贷款、市场准入、经营范围等方面与国有企业一视同仁，鼓励国有职工向非国有单位流动，累计工龄数，享受退休保险待遇，鼓励下岗职工自我就业、家庭就业和非正规部门就业；鼓励在职职工留职停薪、退职下岗、提前退休，允许在职女职工分阶段就业，鼓励失业青年和下岗职工，实行非全日制的计时工作或计件工作，鼓励大中专毕业生、复员转业军人进入非国有企业。国有企业（将来包括国有事业单位和政府社会团体）进入原则是"退（退休或退出）多少，进（新聘或增加）多少"，进而"退大于进"，逐步降低国有经济占城镇就业人口的比重。

第五，尽快建立社会失业保险制度。扩大失业保险覆盖面，应覆盖不同所有制企业，包括集体企业、三资企业和私人企业；提高失业保险费比例。

第六，开辟再就业资金新来源。这包括取消对国有企业亏损补贴额和各类价格补贴，征收个人所得税增收部分，股票证券交易印花税，开征国债交易、企业债券交易、外汇交易和期货交易的交易税，公开拍卖部分国有资产，提高烟酒消费税率，征收特殊垄断行业部分利润等。

第七，有效使用再就业资金，创造更多的就业机会。解决全国城镇高失业问题，关键是创造更多的就业岗位，吸纳更多的下岗职工。今后5年应成为城乡基础设施大发展和生态环境保护时期，使之成为新经济增长点和创造新增就业岗位的主要部门。以劳动替代福利，使下岗职工通过自己的劳动来养活自己。

资料来源：互联网。

案例与资料阅读10-2
发生在世界的严重通货膨胀

1. 第一次世界大战后的德国

第一次世界大战之后，德国经历了一次历史上最引人注目的超速型通货膨胀。在战争结束时，同盟国要求德国支付巨额赔款。这种支付引起德国财政赤字，德国最终通过大量发行货币来为赔款筹资。

从1922年1月到1924年12月德国的货币和物价都以惊人的比率上升。例如，每份报纸的价格从1921年1月的0.3马克上升到1922年5月的1马克、1922年10月的8马克、1923年2月的100马克直到1923年9月的1000马克。在1923年秋季，价格实际上飞起来了：一份报纸的价格从10月1日2000马克、10月15日12万马克、10月29日100万马克、11月9日500万马克直到11月17日7000万马克。1923年12月，货币供给和物价突然稳定下来。

正如财政引起德国的超速型通货膨胀一样，财政改革也结束了超速型通货膨胀。在1923年年底，政府雇员的人数裁减了1/3，而且，赔款支付暂时中止并最终减少了。同时，新的中央银行德意志银行取代了旧的中央银行德国国家银行。政府要求德意志银行不要通过发行货币为其筹资。

2. 前南联盟的超级型通货膨胀

1992年5月30日，联合国安理会通过第757号决议，决定对南联盟实施政治、经济、军事等各个方面的全面制裁，以惩罚其派兵支持波黑和克罗地亚境内塞族的武装行动。

前南联盟许多家庭都有汽车，可是没有汽油，都趴在路上。为了抢火车座，许多人都从车窗朝里爬。一位曾经在前南联盟工作多年的中国记者描述了当时的情景。前南联盟是一个以进口原材料与半成品为主、加工成品后出口的一个加工型国家，制裁使它不但不可能再获得原材料与半成品，而且失去了自己长期以来建立的出口伙伴，加上设备老化，技术长期得不到发展，因此工业建设基本全部瘫痪。人们仍记忆犹新的是，1993年南联盟出现了世界史上第二位的超级型通货膨胀，货币面值不断飙升，10万、20万、100万、200万，甚至到5000亿，而5000亿第纳尔最后只能买几份报纸。

当时商店店员一项极为繁重的工作就是，每天上班后需要不断地更换商品的标价签，再到以后人们已经懒得再做任何变动，直接在原来的标价后面增加几个"0"而已。由于电话、取暖等公共设施的价格由国家控制，不能如此迅速地跟上通货膨胀的速度，因此当时持有外币的居民或外交官最为高兴，每天狂打国际长途，即使如此到月底结算电话费时，只需兑换一到两个美元，即可支付一个月的电话费。

由于制裁，前南联盟从一个中等发达国家退步为欧洲最为贫穷国家之一。当地居民曾经戏称："我们曾经以每个月5美元的收入，生活在20世纪90年代的现代化社会。"制裁导致多瑙河长年封闭，巴尔干各国货物的陆路运输不得不绕道而行，大大增加了这些国家的经济成本，致使多年之后，在各国的叫苦声中，国际社会不得不对这些国家做某种形式的补偿。

第二次世界大战后匈牙利发生恶性通货膨胀时，流通货币每月平均增加12 000%以上，这种状况持续了一年，物价甚至涨得更多，每个月上涨近20 000%。

中国1948~1949年间国民党政府滥发钞票曾形成过恶性通货膨胀，货币贬值达到无法统计的程度，许多商品的物价1天之内能翻一倍。

前苏联解体后，俄罗斯国内出现恶性通货膨胀，卢布价值贬值超过万倍。

资料来源：经济学小品和案例。

案例与资料阅读10-3
中国通货膨胀的现状及对策

从2003年年中开始，随着固定资产投资规模的急剧扩张和重工业的高速增长，我国对能源和原材料的需求迅速膨胀，使得国内资源供给趋于紧张，导致三大物价指数全面上涨，新一轮通货膨胀的出现已经不容置疑。同前几次通货膨胀相比，本轮通胀不算剧烈，但争论却异常激烈。其原因在于，本轮通胀确实有一些与前几次不同的特征以及形成原因。笔者认为正确认识这些特征与成因，对于政策效果评估、未来影响我国通货膨胀走势分析、下一步的政策取向都具有重要意义。

1. 新一轮通货膨胀的特点

按经济学定义，持续的物价上涨即为通胀。虽然在物价上涨的持续时间和幅度等方面不同学者有不同观点，但一般认为如果物价连续三个季度上涨即可确认为通胀，而按照中国过去20多年五轮经济波动周期的经验，物价涨幅在5%以下正常，5%～10%之间为温和型通胀，10%以上为加速型通胀。

从实际情况看，存在两方面原因，一方面前些年扩张性的货币投放为本轮经济过热准备了货币条件，另一方面本轮通胀的真正主因是制度性因素而引起的成本推进的通货膨胀。因此，笔者认为：新一轮通货膨胀具有以下几个新特征。

（1）货币性特征。从货币供给看，亚洲金融危机后，国家为扩大内需采取了适度扩张的货币政策。M_2的增长率2000年比1999年增长了12.3%，此后每年大约提高2个百分点，直至2003年第二季度，我国货币供应量一直以20%以上的速度增长，远高于同期实际GDP增速与物价上涨之和，与此同时，为保持人民币汇率稳定，人民银行在外汇市场大量购入外汇，进一步加剧了基础货币投放。高速增长的货币供应之所以未马上转化为通货膨胀，主要是因为这一时期出现了通货紧缩，居民持币观望、蓄币预防的心态较重，加上以往政府主导下的低效投资引发银行系统呆坏账居高不下，造成新增货币大量沉积，流通速度下降，遏制了高货币存量向通货膨胀方向的演变。但货币的一时沉寂并不意味着消失，经济体系中存在的超额货币供应终将会成为日后通货膨胀的导火线。因此，笔者认为：新一轮通货膨胀是前些年货币过度扩张的结果。

（2）非总量性特征。一般来说，导致一般物价水平上升的因素主要有两个方面：一是社会总供给无法满足总需求的增加，"物以稀为贵"；二是商品生产成本增加，造成销售价格相应上升。新一轮物价上涨不能说是由社会总需求过度膨胀引起的，目前较为一致的看法是：在固定资产投资过热和国际油价高涨的推动下，粮食、煤炭、电力、石油、运输等上游原材料能源价格的上涨带动了其他食品及下游工业产品的价格回升。因此，笔者认为：新一轮的温和型通货膨胀是非总量性的成本推进的通货膨胀。

（3）结构性特征。这次价格上涨从性质上看，仍处于初期阶段，具有结构性特征，典型表现在部分要素市场失衡出现供需脱节引起的价格上涨。价格上涨主要来自三方面：一是粮食和部分农产品价格上涨；二是上游产品价格带动下游产品价格上涨；三是大量土地批租和房地产开发过度需求导致土地交易价格上涨和原材料价格上涨。上游产品价格上涨主要是投资品价格上涨带动的。近年来投资率过高，部分投资品价格领先上涨带动生产资料整体价格上涨，特别是2003年9月后，部分原材料和能源出现瓶颈制约，价格涨势迅猛。如果深入分析一下本轮物价传导的过程，就会发现本轮物价上涨中暴露出来的上下游产业价格波动不匹配现象的根源在于经济运行中不合理的体制性、机制性问题，单纯地用行政调控手段或货币紧缩政策，不仅无法达到调控的目标，反而有可能加剧调控的负面效应，使温和型通货膨胀延续下去并进一步恶化。

因此，新一轮通货膨胀是由于制度性因素导致市场结构不平衡，由瓶颈部门的价格上涨而通过成本要素向前推进形成的，并且这种结构失衡的主因不在投资，而在体制，它反映了市场发育、改革进度的不平衡，反映了垄断经济的危害性。

2. 引发新一轮通货膨胀的成因

深入分析这一轮物价上涨，我们可以发现有四个深层次制度方面的原因。

（1）制度性缺陷与不合理管制导致资源约束，是引发本轮通胀的根本原因。一般来说，产品的需求弹性比较固定，因此通货膨胀的决定因素在于供给弹性。而产品的供给弹性又与资源约束程度负相关，与市场竞争程度和国际化程度正相关。在我国加入WTO以后，国际化程度大大提高，产品供给弹性过低主要受制于资源约束。可以说，资源约束主要来自于制度性缺陷和不合理管制，因此，制度性缺陷与不合理管制是本轮通胀的根本原因。比如粮食缺口的一个重要原因在于前几年对粮食流通领域的管制，只允许国有粮食企业进入。其结果是，按保护价敞开收购的国家政策在实际中很少得到执行，导致粮食价格和产量连年下降。而且，国有粮食企业往往还逆向操作，加剧而不是平抑了粮价波动。另外，投资膨胀的一个重要诱因，是资源和土地、资金等生产要素价格受到管制，严重低于市场均衡水平，使投资成本大大降低。同时，能源、资源等行业又几乎被国有企业垄断，非国有资本实际上还是很难进入，在供给缺口形成后也不能很快增加生产能力，进一步加大了通胀压力。但是从粮食缺口、投资膨胀到通货膨胀，最根本的原因还是在于资源约束。如果说政府的不合理管制降低了短期供给弹性、使供给不能迅速增加的话，那么资源约束就制约了长期供给弹性、使供给不可能无限制地增加。因此，笔者认为：制度性缺陷与不合理管制所导致的资源约束是本轮通胀的根本原因，但资源约束的影响绝不仅仅在于通货膨胀，它应该引发我们对我国经济发展模式和增长方式的深刻思考和战略转变。

（2）生态失衡导致外部性成本内化：引发本轮通货膨胀的外因。生态失衡一方面表现在生态环境恶化，治理生态环境必须花费大量的成本。治理的社会成本费用又直接或间接来源于各个公民和厂商，这种社会成本最终要由生产厂商来承担，使企业的生产成本增加，从而使产品的价格升高，因而外部性成本的内化相应的结果就是物价上涨。不仅如此，生态失衡还使自然资源日益减少，开采的难度日益增加，由此导致资源开采成本上升，原料能源价格上涨，使生产厂家的内在成本增加，因而造成了成本推动的通货膨胀。另一方面，生态失衡导致供求总量失衡时还会使供求结构关系变形。比如当生态系统失衡后，其系统的物质和能量的供给就会因此而减少，但需求会不断增加，使经济系统对农业系统产出的需求量更为增加。人们不得不对农业生态系统进行过度开发索取。在边际生产力递减规律的作用下，农业系统投入的边际产品也是递减的，而由于农产品价格的上升可以弥补因边际产品减少而带来的利润损失，因而社会资源仍然会向农业生态系统倾斜流入，而其他边际生产力比农业还高的生产系统却没有足够的社会资源投入。这样，即使整个社会的产出能够满足整个社会的需求却会因为资源分配结构的不合理而无法满足总需求，使效率低下部门的产品价格上升进而带动整个物价水平的上升。

（3）劳动力资源的不合理配置：引发本轮通货膨胀的动因。考察当前这一轮宏观经济的波动，我们就会发现：一些变量已经很快地发生了变化，而另外一些变量由于"黏性"特点，变化得比较慢。什么变量变化得比较慢呢？非常重要的就是劳动力工资，劳动力工资的变化的滞后在剧烈变化的宏观经济中，会带来劳动力供给曲线和需求曲线的扰动，进而导致与长期变化不同的某些特点。所以，虽然我国劳动力供给在长期是无限供给，但在短期随行就市，就可能因价格调整不及时出现供需的失衡，比如当前珠三角等地区"民工荒"现象的出现已经证实了这一判断。而劳动力的价格是工资，工资又与物价相关。对于恩格尔系数相当高的劳动力来说，在分析中还需要注意的是，其实际工资不仅与消费物价指数有关，还与粮食价格直接相关。因此，当消费物价指数从负的2%上升至6%，便相当于农民工的实际工资下降了8%。而粮食价格从负增长转为正增长的影响也是致命的。因此，这种劳动力资源的不合理配置必然会导致劳动力的短期短缺。笔者认为，解决劳动力短期短缺的唯一出路就是不得不提高劳动力的工资，以此来吸引足够多的外来打工者到自己的工厂工作，从而增加了生产成本。因而，加剧了这一轮通货膨胀的出现。

（4）市场的无序性导致成本的超载：引发本轮通货膨胀的内因。市场的无序性与通胀的关系，似乎难以用准确的数据加以说明。但从每年的物价上涨指数的结构来分析，除了当年新调价因素和其他改革措施出台因素以及上年翘尾因素的影响之外，有一部分是当年自发涨价因素的影响。这部分因素包括的内容固然很多，但其中市场秩序是否正常，则对自发涨价产生很重要的影响。换言之，市场秩序的混乱和无序，必然导致物价的自发上涨。一方面是假冒伪劣商品充斥市场。从生活必需品到高档耐用消费品，从生活资料到生产资料，凡是畅销产品，特别是名牌商品，均有假冒伪劣出现。猖獗的造假、售假活动不可避免地扰乱了市场流通秩序。作为消费者，用相应的价格买不到货真价实的商品，作为生产者，特别是名牌商品生产厂家，则花大力气，以高成本来防假、打假，必然带来社会生产成本的提高，假冒伪劣商品对通货膨胀起了推波助澜的作用。另一方面是市场价格秩序混乱。主要表现在：一是某些机构利用部分权力搞垄断性经营，牟取暴利。二是各种投机行为加剧了价格波动。三是一些行政性收费项目混乱，乱收费、乱摊派。这些价格混乱行为都直接导致了生产成本的超载，从而推动物价上涨，成为引发通胀的重要原因。尽管市场化改革会在长期内通过增加供给来减轻通胀压力，但在短期内会使"缺煤"、"限电"、"油荒"等隐蔽性通胀显化，使资源和要素的价格进一步上涨，增加短期通胀压力。而从目前传递出的各种政策信息来看，土地、资金、劳动力和资源市场化已经或者正在被纳入下一步的政策重点，这必然会对资源和要素价格、进而对物价总水平产生巨大的影响。

3. 应对通货膨胀的对策

由于本轮通货膨胀的特殊性，完全指望货币政策恐怕难以实现控制本轮结构型通胀的目标，我们有必要进一步完善现有的政策组合，把重点放在结构性调整，放在机制、制度的改革和完善上，真正做到宏观调控与改革推进相结合，以改革实现调控目标。

一是保持现有的货币政策力度，侧重疏导信贷结构调节的传导机制。笔者前面已经提到，本轮物价上涨的货币源头在于前几年的超额投放，去年以来随着人民银行提高准备金率等系列政策出台，目前流通领域的基础货币供应已经得到有效控制，2004年年末M_2的增幅降为14.6%，开始进入"适中"区。如果继续紧缩货币供应，有可能加剧企业资金紧张局面，导致经济硬着陆。当前的关键问题是信贷政策的结构调整难以到位，行政性要求与商业银行的利益追求存在冲突，增加中小企业贷款、支农贷款、助学贷款、就业贷款等的政策导向难以落实。要解决这些问题，还是要加大财政政策的配合力度，使信贷结构调整真正符合商业银行的利益核算和规避风险的需要。

二是加大短线部门投资力度，拉长短边。宏观经济学中的"木桶效应"告诉我们：一只沿口不齐的木桶，它盛水的多少，不在于木桶上那块最长的木板，而在于木桶上最短的那块木板。要想使木桶多盛水——提高水桶的整体效应，不是去增加最长的那块木板长度，而是下工夫依次补齐木桶上最短的那块木板。因此，从我国经济发展的长远趋势看，解决能源、矿产、原材料、粮食等基础部门的供应瓶颈问题尤为重要。为确保可持续发展，国家要进一步放宽准入政策，通过推动民营资本进入来加大这些部门的投资力度。

三是进一步推进改革，打破上游企业的垄断格局。在加强短线部门投资时，最重要的是要向内资、外资开放上游产业。这样才能打破个别资本对基础部门的垄断，从根本上解决我国原材料价格既不反映市场供求关系，又不体现成本大小的问题，通过市场调节疏通上下游产业之间的价格传导机制。在这里需要强调的是，对内资的开放尤为重要。这些年来，中国开放战略中的一个突出现象是从高到低、从大到小，总是把利润最大的市场份额控制在国有手里，有的甚至让外资进入，也不允许内资进入，这种政策应该改变。

4. 中国通货膨胀的历史

年份	价格指数	年份	价格指数	年份	价格指数	年份	价格指数
1979	2.0	1986	6.0	1993	13.2	2000	−1.5
1980	6.0	1987	7.3	1994	21.7	2001	0.3
1981	2.4	1988	18.5	1995	14.8	2002	−1.3
1982	1.9	1989	17.8	1996	6.1	2003	1.2
1983	1.5	1990	2.1	1997	0.8		
1984	2.8	1991	3.9	1998	−2.0		
1985	8.8	1992	8.6	1999	−2.5		

资料来源：www.cssn.com.cn。

习题

1. 如果你的房东说："工资、公用事业及别的费用都涨了，我也只能提高你的房租。"这属于需求拉动还是成本推进的通货膨胀？如果店主又说："可以提价，别愁卖不了，店门口排队购买的多着哩！"这又属于什么类型的通货膨胀？

2. 假如货币供给量不变，通货膨胀能长久持续下去吗？

3. 劳动力供给方程为：$100 + 2W/P$，劳动力需求方程为：$200 - 80W/P$。求解均衡状态下的实际工资和就业水平。假定劳动力需求有所下降，其方程变为：$190 - 8W/P$。

问：均衡工资下降多少？就业减少多少？解释为什么工资下降的百分数要比就业下降的百分数大？

4. 能不能说有劳动能力的人都有工作做了才是充分就业？

第11章

经济周期与经济增长

现代宏观经济学把经济周期和经济增长作为以国民收入为中心的经济活动的波动，也是国民收入决定理论的动态化和长期化。本章主要阐述在长期经济活动中国民收入水平的周期波动和经济增长的问题。

11.1 经济周期理论

11.1.1 经济周期及其阶段

1. 经济周期的含义

经济周期是指国民总产出、总就业的波动，这种波动是总体经济活动沿着经济增长的总趋势呈现有规律的扩张和收缩。

2. 经济周期的阶段

经济波动的周期分为四个阶段，即繁荣、萧条、衰退和复苏。也可分为两个大阶段，即扩张和衰退。扩张阶段是总需求和经济活动的增长时期，通常伴随着就业、生产、价格、货币、工资、利率和利润的上升；衰退阶段则是总需求和经济活动下降的时期，通常总是伴随着就业、生产、价格、货币、工资、利率和利润的下降。整个经济周期的最低点和最高点分别是谷底和峰顶，也是用来表示衰退和扩张的转折点。

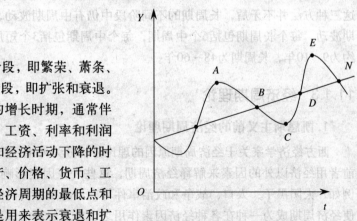

图11-1 经济周期的阶段

经济周期的四个阶段如图11-1所示，横轴t代表时间（年份），纵轴Y表示国民收入或经济水平，即总体经济活动状况，N代表正常经济活动水平，经济活动在A点时达到峰顶，其中A-B阶段为衰退，B-C阶段为萧条，C点时达到谷底，C-D阶段为复苏，D-E阶段为繁荣，在E点时又达到峰顶。从一个峰顶到另一个峰顶，经济活动经历了四个阶段。

11.1.2 经济周期的分类

在研究经济周期中，经济学家们根据每个经济周期时间长短的不同把经济周期划分为不同的类型。由于各个经济学家所依据的统计资料和划分标准的不同，因而就有了不同的经济周期类型。这里介绍几种主要的类型。

1. 基钦周期

美国经济学家基钦于1923年发表了《经济因素中的周期与趋势》一文，他研究了1890～1922年间英国与美国的物价、银行结算、利率等资料后提出，经济周期实际上有大周期和小周期两种。小周期平均长度约为3.5年（40个月），后来也称"基钦周期"。

2. 朱格拉周期

法国经济学家朱格拉认为，危机或恐慌并不是一种独立的现象，而是经济活动中周期性波动的三个连续阶段（繁荣、危机、清算）中的一个。这三个阶段在经济活动中依次地反复出现，形成了经济周期现象。他在对统计资料的分析中根据物价水平、生产等指标，确定了经济中平均每一个经济周期为9～10年，熊彼特后来把这种周期称为中周期，或朱格拉周期。

3. 康德拉季耶夫周期

俄国经济学家康德拉季耶夫在1925年发表的《经济生活中的长期波动》中提出了"长周期理论"。康德拉季耶夫分析了有关法国、英国、美国、德国等一些国家长期的时间序列资料，根据这些国家批发价格水平、利率、工资和对外贸易、煤炭、生铁等产量和消费量的变动情况得出这样的结论：在资本主义经济中存在着平均长约50年的长期波动。

4. 熊彼特周期

熊彼特在1930年出版的两卷《经济周期》中对上述三种经济周期进行了综合。他认为，这三种方法并不矛盾，长周期的不同阶段中仍有中周期波动，中周期的不同阶段中还有短周期波动。每个长周期包括6个中周期，每个中周期包括3个短周期。短周期为40个月，中周期约为9～10年，长周期为48～60年。

11.1.3 经济周期理论

1. 凯恩斯主义前的经济周期理论

西方经济学家关于经济周期原因的理论分析分为外生经济周期理论和内生经济周期理论。前者用经济以外的因素来解释经济周期，这些外在因素影响经济而本身并不受经济的影响，例如，太阳黑子、人口、战争和政治事件等。后者用经济内部的因素来解释经济周期，从而使经济周期成为一种在各种经济因素作用之下自发运动的过程。这里介绍几种有代表性的经济周期理论。

（1）纯货币周期理论。这种理论主要是由英国经济学家霍特里提出的。该理论认为，经济周期纯粹是一种货币现象，货币流通中货币量和货币流通速度的波动直接决定了名义国民收入的波动，货币因素是引起整个经济波动的根本因素。货币流通的波动又是由于银行体系交替地扩大和紧缩信用所造成的，在这其中，短期利率的变动起着重要的作用。具体地说，当银行体系降低利率、扩大信用时，商人就会向银行增加贷款，进而引起对商品需求的增加和物价水平上升，经济活动的扩张使经济进入繁荣阶段。然而，银行信用是不可能无限扩张的，为了稳定货币和防止国际收入逆差过度扩大，信用必然要受到一定的限制。当银行体系被迫停止信用扩张，转而紧缩信用时，商人得不到借款，或生产过剩性危机，经济进入紧缩的萧条阶段。在萧条时期，资金逐渐回到银行，银行可以通过贴现等方式扩大信用，从而使经济又进入复苏阶段，开始进入下一个周期。许多经济学家认为，货币量的变动对经济周期有很大影响，但并不是唯一影响因素。

（2）投资过度周期理论。投资过度理论从投资的角度分析经济周期的形成。其中心论点是，由于投资过多，与消费品生产相比，资本品生产发展过快。因此，资本品生产的过度发展在促使经济进入繁荣阶段的同时，资本品生产的过度发展也引起了消费品生产的减少，从而形成经济结构的失衡。资本品生产过多必将引起资本品过剩，于是出现生产过剩危机，经济进入萧条。这样，投资的变动引起了经济活动中的周期波动。

（3）创新周期理论。创新周期理论是由奥地利经济学家熊彼特创立的。该理论认为创新是经济周期性波动的根源。熊彼特首先用创新说明经济周期中繁荣与衰退的交替出现。创新为创新者带来了超额利润，引起其他企业仿效，形成"创新浪潮"，必然引起对银行信用和资本品需求的增加，导致经济繁荣。当这项创新普及后，超额利润消失，对银行信用和资本品的需求减少，引起经济萎缩，导致经济衰退。直到另一次创新出现，经济进入下一个周期的繁荣阶段。

熊彼特还用创新解释了经济周期的长短。他认为，大创新引起了长周期，中创新引起了中周期，小创新引起了短周期。也就是说，创新的大小及其重要性的不同决定了经济周期时间的长短不同。

2．乘数－加速原理

前面所介绍的三种理论都是凯恩斯主义产生之前比较重要的经济周期理论。从凯恩斯主义产生至今，经济周期理论中最具有代表性和影响力的是乘数－加速原理。美国经济学家萨缪尔森在1930年发表的一系列论文中建立了用乘数和加速数相互作用过程来解释经济周期的模型。

乘数原理说明投资变动通过乘数引起产量（国民收入）的变动，加速原理说明产量变动会通过加速引起投资的变动。萨缪尔森就是利用这一正一反的原理揭示了经济周期性变动的规律。

（1）加速原理的概念及资本－产量比率和加速数。加速原理是一个描述产量或收入的变动对投资影响程度的概念，其基本内容是：产量或收入的增加或减少，会引起投资的更大幅度（加速度）的增加或减少。我们先了解投资，投资可分为总投资、重置投资和净投资。总投资是指投资总量，它等于净投资和重置投资之和，重置投资是指用来补偿报废的资本设备的投资。在技术水平不变从而资本－产量比率不变时，净投资水平则主要取决于收入或产量的变动。增加一定产量所需要增加的净投资量，即净投资量与产量增加量之比，称为加速数。

若以 W 表示加速数，以 I_t 表示本期的净投资，以 Y_t 表示本期的产量，以 Y_{t-1} 表示上一期的产量，则加速数的定义公式为：

$$W = I_t / (Y_t - Y_{t-1})$$

加速数可以表示净投资的生产率的高低。由加速的定义公式可得：

$$I_t = W \cdot (Y_t - Y_{t-1})$$

该式可以用来表示在加速数作用下产量所引起的净投资的变化量。与加速数相关的另一概念是资本-产量比率。资本-产量比率是指平均生产一单位产量所需要的资本量。若以 K 表示资本量，Y 表示产量，α 表示资本-产量比率，则资本-产量比率的定义公式为：

$$\alpha = K / Y$$

由上式可得：

$$K = \alpha \cdot Y$$

该式表明，资本量是产量的函数，资本量随产量的变化而变化。

资本-产量比率和加速数的大小取决于生产技术水平。在短期内，如果生产技术水平不发生变化，那么资本-产量比率等于加速数。在下面的分析中假定生产技术水平不变，即有 $\alpha = W$。

由于总投资等于净投资加重置投资即折旧，所以，若以 I_{gt}、I_t 和 D_t 分别表示本期的净投资和本期的重置投资，则可以得到总投资的计算公式：

$$I_{gt} = I_t + D_t = W \cdot (Y_t - Y_{t-1}) + D_t$$

（2）乘数与加速数的相互作用与经济周期波动。乘数原理和加速原理都是说明投资与产量之间的关系和相互变动的连锁反应，只是前者在于说明投资变动对产量变动的影响；后者在于说明产量变动对投资变动的影响。

乘数和加速数的相互作用对经济周期波动的作用机制过程如下：假定经济处于萧条过后的复苏阶段。这时生产开始回升，投资增加，在乘数的作用下，投资的增加引起了国民收入的较大增长。随着国民收入的增长，在加速数的作用下，又会引起净投资和总投资的进一步扩大。这样，在乘数和加速数的不断相互作用的过程中，经济活动水平逐步扩张，直到进入繁荣阶段。但是，经济繁荣会在社会实现充分就业时达到极限。在国民收入增长放慢甚至停止增长时，在加速数的作用下，投资水平下降，加之在乘数的作用下，又会使国民收入成倍地下降，并进而导致投资水平的进一步下降。如此循环下去，经济就会在国民收入和投资水平的不断收缩过程中进入萧条阶段。在萧条阶段经过一段时间后，必要的生产设备更新会引起重置投资，从而通过乘数的连续反应作用，使国民收入的下降受阻，并开始有所回升。国民收入的回升，使投资水平进一步上升，于是，在乘数和加速数的相互作用下，经济将逐步走出萧条阶段而步入复苏阶段，这样便形成了周期性的经济波动。

11.2 经济增长理论

经济增长是一古老的话题，在早期或古典经济学阶段，亚当·斯密和大卫·李嘉图就在比较广泛的领域内探讨了国民财富的增长问题。但是，真正意义的现代增长理论是从英国经济学家哈罗德和美国经济学家多马在凯恩斯宏观经济理论的基础上，分别对国民收入的增长进行长期动态的研究开始，于20世纪50年代以后发展起来的。

11.2.1 经济增长与经济增长速度

1. 经济增长的含义

经济增长是指一种长期的经济现象，是指一国国民产出或经济生产能力的持续增加。

与经济增长密切相关的一个概念是经济发展，大多数经济学家将经济增长和经济发展加以区别。他们认为经济增长和经济发展尽管都是指人均国民收入增加，但经济增长一般是指人均实际国民收入的增加，而经济发展的含义要丰富得多，它不仅指人均国民收入的增加，还包括适应这种增长的社会制度的变化问题。因此，经济增长理论专门研究发达国家经济增长问题，而经济发展理论则专门研究一个国家如何由不发达状态过渡到发达状态，主要研究发展中国家经济。

2. 经济增长速度

经济增长速度是指国民产出或人均国民产出水平的变化幅度，描述了经济增长的快慢程度。

11.2.2 经济增长、经济发展与可持续发展

经济增长指国民产出或人均国民产出水平的增加，它是一个"量"的概念，而经济发展是一个比较复杂的"质"的概念。经济发展不仅包含了经济增长，而且还涉及其他社会福利的改善，教育、健康、总的生活质量等的改善，整个社会经济结构和制度结构总体进步等多个方面。

可持续发展的基本特征包括：鼓励经济增长以保护自然资源为基础，与环境承载能力相协调；以改善和提高生活质量为目的，与社会进步相适应。即可持续发展包括经济、生态和社会可持续三个方面，它们之间是基础、条件和目标之间的关系。

11.2.3 经济增长的源泉

经济增长源泉主要分析影响一国经济增长率的因素。经济增长是产量的增加，因此可以根据总生产函数来研究增长的源泉。

总生产函数是总产量与生产中使用的全部生产要素投入量之间的函数关系。用公式来表示则是：

$$Y = A \cdot F(K, L)$$

式中 Y——产量；

　　K——资本；

　　L——劳动；

　　A——技术进步。

总生产函数中假定技术是不变的，所以 A 在这里是一个不变量，F 表示产量与生产要素之间的函数关系。由上式看出，经济增长的源泉是资本、劳动与技术进步。

1. 资本

资本可以分为物质资本和人力资本。物质资本又称有形资本，指厂房、设备、存货等的存量。人力资本（无形资本）指体现在劳动者身上的投资，如劳动者的文化技术、健康状况

等。人力资本在经济增长中的作用是十分重要的，但由于不易估算，所以在研究经济增长时所说的资本一般是指物质资本。资本增加是经济增长的重要条件。现代经济学家认为，在经济增长中，一般规律是资本的增加大于劳动力的增加，从而每个劳动力所拥有的资本量（人均资本量）是提高的。只有人均资本量的提高，才有人均产量的提高。在经济增长的开始阶段，资本的增加是十分重要的，许多经济学家都把资本积累占国民收入的10%~15%，作为经济起飞的先决条件，把增加资本作为实现经济增长的首要任务。在经济增长的后期阶段，资本的相对作用将会下降，但从西方各国的情况来看，仍然是储蓄率高，资本增加快的国家经济增长率也较高。

2. 劳动

劳动是指劳动力，是数量与质量的统一，包括劳动力的人数与劳动力的文化技术和身体素质。由于劳动力的质量难以估算，因而，经济增长中的劳动概念一般指劳动力的数量，或指劳动时间。劳动在经济增长中的作用是十分重要的。劳动与资本之间在一定范围内存在着一种替代关系，当资本不足时可以通过增加劳动来弥补，同样，在劳动不足时也可以通过增加资本来弥补。在经济增长的不同阶段中，劳动的重要程度是不同的。

3. 技术进步

技术进步是指要素生产率的提高，即同样的生产要素投入能提供更多的产品。技术进步最终体现为要素生产率的提高。技术进步包括：第一，知识的进展，即知识增加、新技术的发明与创造对增长的作用；第二，资源配置的改善，即劳动力和资本从效率低的部门转移到效率高的部门；第三，规模经济，即扩大企业经营规模所引起的经济效益；第四，管理水平的提高，即企业组织与管理水平提高所带来的经济效益。随着经济的发展，在经济增长的更高阶段上，技术进步将起着越来越重要的作用。

4. 经济增长的其他相关因素

影响经济增长的其他因素还有外资引进、对外投资、收入分配平等程度等。

11.2.4 经济增长模型

经济增长模型是经济增长理论的概括表现，它描述了经济增长和有关变量之间的因果关系。经济增长模型并不具体考察一国经济发展过程，分析制约该国经济增长的因素，而是运用传统的均衡分析方法，论证所谓经济均衡增长问题，即为了实现经济的均衡增长，有关经济变量应具备哪些特点。几种具有代表性的经济增长模型分别是哈罗德-多马模型、新古典经济增长模型、新剑桥增长模型、罗斯托的"经济成长阶段论"。

1. 哈罗德-多马模型

哈罗德是英国牛津大学教授，他在1939年发表的论文《论动态理论》和1948年出版的《动态经济学导论》一书中指出：凯恩斯对国民收入均衡的分析是短期的和静态的，没有说明长期的和动态的国民收入均衡是如何决定和变动的，因而要将这种静态分析动态化、长期化。在凯恩斯的理论中，投资只起到增加总需求的刺激作用，而对投资一旦实现后，又能增加总供给的作用却未予考察，即忽视了投资的增加既会增加需求又会增加供给的双重效应，因而凯恩斯无法解决长期中经济均衡的实现问题，为此，哈罗德建立了增长模型，主要考虑了三个经济变量,即产量（或收入）增长率、储蓄率和资本-产出比率。

2. 新古典经济增长模型

1956年，新古典综合经济学家索洛和斯旺将凯恩斯经济理论和新古典经济学结合起来，分别提出了所谓的新古典增长模型。1960年，英国经济学家J. 米德又对新古典经济增长理论做了修正。

新古典经济增长模型的基本含义是：可以通过市场调节即通过市场上生产要素价格的变动来改变劳动和资本的配合比例或资本-产量比率，从而实现稳定的经济增长。

3. 新剑桥增长模型

以英国经济学家卡尔多、罗宾逊和斯拉法等人为代表的新剑桥学派在经济增长问题上与收入分配理论结合起来，并将经济增长中收入分配的变动作为研究的重点。

新剑桥模型假设社会成员分为利润收入者和工资收入者，利润收入者与工资收入者的储蓄倾向是固定不变的，利润收入者的储蓄倾向大于工资收入者的储蓄倾向。在资本——产量比率不变的情况下，增长率取决于储蓄率，储蓄率越高则增长率越高，在利润收入者的储蓄倾向与工资收入者的储蓄倾向既定的条件下，提高储蓄率就要改变国民收入分配，增加利润在国民收入中的比例，减少工资在国民收入中的比例。随着经济增长，利润在国民收入中的比例增加，而工资在国民收入中的比例减少。结论是，收入分配不平等，既是经济增长的前提，又是经济增长的结果。经济要稳定增长，就必须使利润和工资在国民收入中保持一定的比率。

4. 罗斯托的"经济成长阶段论"

美国经济学家罗斯托在1970年出版的《经济成长的阶段》和1971年出版的《政治和成长阶段》两本书中认为，人类社会在由低级阶段向高级阶段过渡的过程中，社会经济状态的变化要经过六个阶段，这种过渡过程具有历史必然性。罗斯托提出，经济成长阶段的更替主要表现为主导部门序列的变化，所谓主导部门是指那些首先采用了先进技术、降低了成本、扩大了市场、增加了利润和积累、扩大了对其他一系列部门和产品需求和对地区经济成长的影响，从而带动了整个国民经济的发展的部门。他认为，当原有的主导部门的先进技术及其影响已扩散到各部门和各地区以后，就会有新的主导部门取而代之，从而带动经济增长。主导部门通过回顾影响（指它对供给其生产要素的那些部门的影响）、旁侧影响（指它对其他部门和地区的影响）、前瞻影响（指它对新工业、新技术、新原料、新能源的出现等产生的诱导作用）来带动经济。

以上关于经济增长理论的研究，可以概括为从建立经济增长模型入手，从理论上分析经济稳定增长的必要条件，研究影响经济增长的因素，作为加速经济增长的借鉴。

案例与资料阅读11-1
中国的经济周期与经济增长

中国经济发展的主要经济指标及指数指标如表11-1所示。

表11-1 中国经济发展的主要经济指标及指数指标（以1952年为基期，1952＝100）

年份	人均GDP	人均GDP指数	GDP	GDP指数	年份	人均GDP	人均GDP指数	GDP	GDP指数
1952	119	100	679	100	1977	339	254.5	3 201.9	422.1
1953	142	113.1	824	115.6	1978	379	280.5	3 624.1	471.4
1954	144	115.1	859	120.5	1979	417	297.7	4 038.2	507.1
1955	150	120.3	910	128.7	1980	460	317.1	4 517.8	546.8
1956	165	135.6	1 028	148.1	1981	489	329.4	4 862.4	575.5
1957	168	138.9	1 068	155.6	1982	525	354	5 294.7	627.6
1958	200	164.3	1 307	188.6	1983	580	386.8	5 934.5	695.8
1959	216	175.3	1 439	205.3	1984	692	439.7	7 171	801.3
1960	218	174.5	1 457	204.6	1985	853	492.2	8 964.4	909.2
1961	185	128.1	1 220	148.7	1986	956	527.8	10 202.2	989.7
1962	173	119.9	1 149.3	140.4	1987	1 104	579.6	11 962.5	1 104.3
1963	181	129	1 233.3	154.7	1988	1 355	634.6	14 928.3	1 228.9
1964	208	149	1 454	182.9	1989	1 512	650.4	16 909.2	1 278.8
1965	240	170.3	1 716.1	214.1	1990	1 634	665.5	18 547.9	1 327.9
1966	254	183.4	1 868	237.1	1991	1 879	716.7	21 617.8	1 449.8
1967	235	168.6	1 773.9	223.6	1992	2 287	808.8	26 638.1	1 656.3
1968	222	157.5	1 723.1	214.4	1993	2 939	907.6	34 634.4	1 880
1969	243	179.1	1 937.9	250.6	1994	3 923	1 010.9	46 759.4	2 117.8
1970	275	208.1	2 252.7	299.3	1995	4 854	1 105.1	58 478.1	2 340.5
1971	288	216.7	2 426.4	320.4	1996	5 576	1 197.9	67 884.6	2 565.2
1972	292	219.4	2 518.1	332.4	1997	6 054	1 290.2	74 462.4	2 790.9
1973	309	231.3	2 720.9	358.5	1998	6 307	1 376.7	78 345.2	3 008.6
1974	310	231.8	2 789.9	366.8	1999	6 547	1 429	82 067.5	3 222.2
1975	327	247.5	2 997.3	398.7	2000	7 084	1 546.2	89 442.2	3 480
1976	316	239.8	2 943.7	392.2	2001	7 543	1 646.7	95 933.3	3 751.4

中国GDP增长率与人均GDP增长率的变动如图11-2所示。

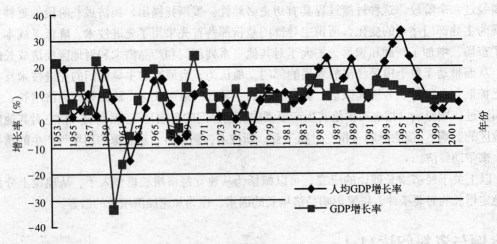

图11-2 中国GDP增长率与人均GDP增长率的变动（1953～2001年）

1. 1953～2003年中国经济周期的划分

第1个周期：1953～1957年，历时5年，最大落差9.6%；

第2个周期：1958～1962年，历时5年，最大落差51.7%；

第3个周期：1963～1968年，历时6年，最大落差24.2%；

第4个周期：1969～1972年，历时4年，最大落差20.4%；

第5个周期：1973～1976年，历时4年，最大落差11.0%；

第6个周期：1977～1981年，历时5年，最大落差6.5%；

第7个周期：1982～1986年，历时5年，最大落差6.4%；

第8个周期：1987～1990年，历时4年，最大落差7.8%；

第9个周期：1991～2001年，历时11年，最大落差7.0%；

第10个周期：2002年至现在，进行中。

2. 中国经济周期波动的特征：

（1）频率很高。1953～2001年的49年间，中国经济经历了9个周期性波动，其中，改革开放以前有5个，改革开放以后有4个。第6个周期中，1977年、1978年属于改革前，1979～1981年属于改革后，但由于该周期的波谷年份位于改革后，所以，将这次周期作为改革后的第1个周期。2002年以后中国进入新的第10个周期。

（2）周期较短。前9个周期的平均长度为5年半，但时长时短，总体来看，周期长度呈延长之势，特别是第9个周期，历时长达11年。

（3）波动幅度高。9个周期的平均落差为16.1%，但总体来看，改革前波动幅度大，平均落差高达23.4%，改革后波动幅度小，平均落差为6.9%，比改革前下降16.5%。改革前后波动幅度下降极为显著，这表明我国经济增长的稳定增强。

3. 我国经济持续高速增长的原因

主要原因有这样几个：一是有一个立志发展经济的政府和适宜经济发展的政治环境；二是经济底子落后，人民群众的生活状况还处在贫穷阶段，整个社会有快速发展经济、改善生活水平的愿望；三是国内经济体制改革顺应了经济发展的要求，初步建立起一个高效率市场经济；四是有一个良好的国际经济环境，中国经济的发展顺应了国际化和经济全球化的潮流，获得了国外资源的配合；五是国家制定了一系列扶持经济高速增长的经济政策，这些政策在某种程度上极大地调动了国内外的经济要素；六是中国人民有着勤俭节约和高储蓄的习惯，使社会有能力投资搞建设，这在一定程度上拉动了经济快速增长。在这几个综合因素的合力下，近20年来，我国经济增长取得了长足的进展和举世瞩目的成就，人民群众的生活水平有了较大的提高，综合国力不断增强。

资料来源：中国经济发展。

习题

1. 什么是经济周期？你对经济周期理论有何评价？

2. 如何理解经济增长的源泉？

第12章

宏观经济政策

宏观经济学的任务是要说明国家为什么必须干预经济，以及应该如何干预经济，为国家干预经济提供政府依据与政策指导。因此，经济政策问题在宏观经济学中占有十分重要的地位。正如美国著名经济学家、诺贝尔经济学奖获得者J. 托宾所说："宏观经济学的重要任务之一就是要表明如何能够运用中央政府的财政工具和货币工具来稳定经济。"前面我们已经介绍了宏观经济理论，这些经济理论为宏观经济政策提供了理论依据。我们将在此基础上全面介绍宏观经济政策。

12.1 宏观经济政策概述

经济政策是要通过某些手段来达到特定的目标。宏观经济政策是国家进行总量调控，以达到一定目的的手段。下面就介绍宏观经济政策目标、工具及宏观经济政策的发展与演变。

12.1.1 宏观经济政策目标

宏观经济政策应该同时达到四个目标：充分就业、物价稳定、经济增长和国际收支平衡。

1. 充分就业

充分就业并不是指人人都有工作，而是指失业率要在社会可允许的范围之内，能为社会所接受。

2. 物价稳定

物价稳定是指维持一个低而稳定的通货膨胀率，这种通货膨胀率能为社会所接受，对经济也不会产生不利的影响。

3. 经济增长

经济增长是指经济达到一个适度的增长率，这种增长率要满足社会发展的需要，又是人口增长和技术进步所能达到的。

4. 国际收支平衡

国际收支平衡则是既无国际收支赤字又无国际收支盈余。因为国际收支赤字和盈余，都会对国内经济发展带来不利的影响。

这四种经济目标之间是存在矛盾的。充分就业与物价稳定相互矛盾。因为要实现充分就业，就必须运用扩张性财政政策和货币政策，而这些政策又会由于财政赤字的增加和货币供给量的增加而引起通货膨胀。充分就业与经济增长有一致的一面，也有矛盾的一面。这就是说，经济增长一方面会提供更多的就业机会，有利于充分就业；另一方面经济增长中的技术进步又会引起资本对劳动的替代，相对地缩小对劳动的需求，使部分工人，尤其是文化技术低的工人失业。充分就业与国际收支平衡之间也有矛盾。因为充分就业的实现引起国民收入增加，国民收入增加必然引起进口增加，从而使国际收支状况恶化。此外，在物价稳定与经济增长之间也存在矛盾，经济增长过程中，通货膨胀是难以避免的。

宏观经济政策目标之间的矛盾，就要求政策制定者确定重点政策目标，或者对这些政策目标进行协调。政策制定者在考虑国内外各种政治因素、确定宏观经济目标时，既要受自己对各项政策目标理解的制约，又要受社会可接受程度的制约。另外，不同流派的经济学家对政策目标也有不同的理解。

12.1.2 宏观经济政策工具

宏观经济政策工具是用来达到政策目标的手段。一般来说，政策工具是多种多样的，不同的政策工具都有自己的作用，但也可以达到相同的政策目标，政策工具的选择与运用是一门艺术。在宏观经济政策工具中，在不考虑对外经济交往的情况下，常用的有需求管理和供给管理政策。

1. 需求管理

需求管理是通过调节总需求来达到一定政策目标的宏观经济政策工具，这是凯恩斯主义所重视的政策工具。

凯恩斯主义产生于20世纪30年代大危机时期，这时经济中资源严重闲置，限制国民收入增加的重要因素不是总供给而是总需求不足。凯恩斯主义的国民收入决定理论，是在假定总供给无限的条件下说明总需求对国民收入的决定作用。因此，由这种理论所引出的政策工具就是需求管理。

需求管理是要通过对总需求的调节，实现总需求等于总供给，达到既无失业又无通货膨胀的目标。在总需求小于总供给时，经济中会由于需求不足而产生失业，这时就要运用扩张性的政策工具来刺激总需求。在总需求大于总供给时，经济中会由于需求过度而引起通货膨胀，这时就要运用紧缩性的政策工具来压抑总需求。需求管理包括财政政策与货币政策。

2. 供给管理

20世纪70年代初，石油价格大幅度上升对经济的严重影响，使经济学家们认识到了总供给的重要性。总需求－总供给模型中分析了总供给对国民收入和价格水平的影响。这样，宏观经济政策工具中就不仅有需求管理，而且还有供给管理。

供给管理是要通过对总供给的调节，来达到一定的政策目标，供给即生产。在短期内影响供给的主要因素是生产成本，特别是生产成本中的工资成本。在长期内影响供给的主要因素是生产能力，即经济潜力的增长。因此，供给管理包括控制工资与物价的收入政策、指数化政策，改善劳动力市场状况的人力政策，以及促进经济增长的增长政策。

12.1.3　宏观经济政策的发展与演变

自从20世纪30年代以来，宏观经济政策的发展大致经历了三个阶段。从20世纪30年代到第二次世界大战前是第一阶段。20世纪30年代的大危机迫使各国政府走上了国家干预经济的道路。凯恩斯1936年发表的《就业、利息与货币通论》，正是要为这种干预提供理论依据。这时是宏观经济政策的试验时期，其中最全面而且成功的试验是美国罗斯福总统的"新政"。

第二次世界大战以后，宏观经济政策的发展进入了第二个阶段。1944年英国政府发表的《就业政策白皮书》和1946年美国政府通过的《就业法》，都把实现充分就业，促进经济繁荣作为政府的基本职责。这标志着国家将全面而系统地干预经济，宏观经济政策发展进入新时期。这一时期的宏观经济政策是以凯恩斯主义为基础的，主要政策工具是财政政策与货币政策。

20世纪70年代初，西方国家出现了高通货膨胀率与失业率并存的"滞胀"局面。这就迫使它们对国家干预经济的政策进行反思，于是，宏观经济政策的发展进入了第三个阶段。在这个阶段，最重要的特征是自由放任思潮的复兴。自由放任思潮主张减少国家干预，加强市场机制的调节作用。因此，经济政策的自由化和多样化成为宏观经济政策的重要发展。

值得注意的是，在1992年美国总统克林顿上台后，重新强调了国家干预，希望依靠国家的力量振兴美国经济，这是又一例国家对经济的干预。

20世纪30年代以后资本主义国家进入了国家垄断资本主义时代，这一时期，总的趋势是要借助国家的力量克服市场经济本身所固有的缺陷。当然，资本主义社会中利用市场机制来调节经济是基本的，但国家的宏观调控已是现代市场经济的一个重要组成部分。正如经济学家们所说的，现代经济是一种混合经济，就国家干预而言，既不是一成不变的，也不是不断加强的。国家干预有时会多一些，有时会少一些。但国家干预的总趋势是不变的，不同时期，国家干预程度与干预方式会有所不同，我们正是应该从这个角度来分析和理解宏观经济政策。

12.2　财政政策

在凯恩斯主义出现之前，财政政策的目的是为政府的各项开支筹集资金，以实现财政收支平衡，它所影响的主要是收入分配，以及资源在私人部门与公共部门之间的配置。在凯恩斯主义出现之后，财政政策被作为需求管理的重要工具，以实现既定的政策目标。这种财政政策包含了三个相互关联的选择：第一，选择开支政策，即开支多少，以及用于哪些方面的开支；第二，征税，即征收多少税，以及采用何种手段征税；第三，赤字政策，即确定赤字的规模和分配。

12.2.1　财政政策的内容与运用

1. 财政政策的内容

财政政策指政府变动税收和支出影响总需求进而影响就业和国民收入的政策。

财政政策的主要内容包括政府支出与税收。政府支出包括政府公共工程支出（例如政府投资兴建基础设施）、政府购买（政府对各种产品与劳务的购买），以及转移支付（政府不以取得产品与劳务为目的的支出，例如各种福利支出等）。政府税收主要是个人所得税、公司所得税和其他税收。

2. 财政政策的运用

财政政策是要运用政府开支与税收来调节经济。具体来说，在经济萧条时期，总需求小于总供给，经济中存在失业，政府就要通过扩张性的财政政策来刺激总需求，以实现充分就业。扩张性的财政政策包括增加政府支出与减税。政府公共工程支出与购买的增加有利于刺激私人投资，转移支付的增加可以增加个人消费，从而刺激总需求。减少个人所得税（主要是降低税率）可以使个人可支配收入增加，从而消费增加；减少公司所得税可以使公司收入增加，从而投资增加，这样也会刺激总需求。在经济繁荣时期，总需求大于总供给，经济中存在通货膨胀，政府则要通过紧缩性的财政政策来压抑总需求，以实现物价稳定。紧缩性的财政政策包括减少政府支出与增税。政府公共工程支出的减少有利于抑制投资，转移支付的减少可以减少个人消费，这样就压抑了总需求，增加个人所得税（主要是提高税率）可以使个人可支配收入减少，从而投资减少，这样也会压抑总需求。

20世纪60年代以后，美国为了实现充分就业与经济增长，财政政策以扩张性的财政政策为基调，强调通过增加政府支出与减税来刺激经济。20世纪90年代克林顿总统上台后，采用增加税收的政策，以便增强和利用国家的力量影响经济。

12.2.2　内在稳定器

内在稳定器也称自动稳定器，是指经济系统本身存在的一种会减少各种干扰对国民收入冲击的机制，能够在经济繁荣时期自动抑制通货膨胀，在经济萧条时期自动减轻萧条，无须政府采取任何行动。表现在以下几方面：

（1）政府税收的变化：由于累进税率的作用，萧条时税收自动减少，繁荣时税收自动增加。

（2）转移支付（失业救济、社会福利）：萧条时自动增加，繁荣时自动减少。

（3）农产品价格：萧条时政府价格支持；繁荣时政府抛售农产品，保持农民收入稳定。

虽然内在稳定器会自动地发生调节经济的作用，无须政府做出任何决策，但是，这种内在稳定器调节经济的作用是十分有限的。它只能减轻萧条或通货膨胀的程度，并不能改变萧条或通货膨胀的总趋势；只能对财政政策起到自动配合的作用，并不能代替财政政策。因此，尽管某些财政政策具有内在稳定器的作用，但仍需要政府有意识地运用财政政策来调节经济。

12.2.3　赤字财政政策

在经济萧条时期，财政政策是增加政府支出，减少政府税收，这样就必然出现财政赤字。凯恩斯认为，财政政策应该为实现充分就业服务，因此，必须放弃财政收支平衡的旧信条，实行赤字财政政策。20世纪60年代，美国的凯恩斯主义经济学家强调了要把财政政策从害怕赤字的框框下解放出来，以充分就业为目标来制定财政预算，而不管是否有赤字。这样，赤字财政就成为财政政策的一项重要内容。

凯恩斯主义经济学家认为，赤字财政政策不仅是必要的，而且也是可能的。这是因为：第一，债务人是国家，债权人是公众。国家与公众的根本利益是一致的，政府的财政赤字是国家欠公众的债务，也就是自己欠自己的债务；第二，政府的政权是稳定的，这就保证了债务的偿还是有保证的，不会引起信用危机；第三，债务用于发展经济，使政府有能力偿还债务，弥补赤字。这就是一般所说的"公债哲学"。

政府实行赤字财政政策是通过发行公债来进行的。公债并不是直接卖给公众或厂商，因为这样可能会减少公众与厂商的消费和投资，使赤字财政政策起不到应有的刺激经济的作用。公债由政府财政部发行，卖给中央银行，中央银行向财政部支付货币，财政部就可以用这些货币来进行各项支出，刺激经济。中央银行购买的政府公债，可以作为发行货币的准备金，也可以在金融市场上卖出。

第二次世界大战后美国的赤字财政政策有一个发展过程。在20世纪50年代，奉行"补偿性的财政政策"，即在经济萧条时期增加政府支出，减少税收，使财政有赤字；而在经济繁荣时期减少政府支出，增加税收，使财政有盈余。这样求得长期的财政预算平衡。从1952年到1959年的8年中，有5年有财政赤字，3年有财政盈余，赤字最多时也只是125亿美元。20世纪60年代以后，为了实现充分就业，大规模地实行赤字财政政策，使财政赤字迅速增加。1981～1992年间12个财政年度，赤字总计达到22 724亿美元。同期，国债从9085亿美元猛增至39 700亿美元。国债与国内生产总值的比例，从1981年的26.5%上升到1992年的51.5%。1992年赤字达2920亿美元。如果不采取得力的措施，今后每年的赤字都会达到3000亿美元。正因为如此，消灭赤字实现财政收支平衡是每一届政府的愿望，但没有一届政府实现这一目标。里根上任时，曾讥讽他的前任使美国的国债达到了这样的程度，如果以每张票面为1000美元的钞票摆在一起，其高度可达67英里。里根一再声称要解决这一问题，但实际上到1983年年底，里根已把这一纪录加高到近100英里。

12.2.4　财政政策的挤出效应

财政政策的挤出效应是指政府开支增加所引起的私人支出减少，以政府开支代替了私人开支。这样，扩张性财政政策刺激经济的作用就被减弱。财政政策挤出效应存在的最重要原因是由于政府支出的增加引起利率上升，而利率上升会引起私人投资与消费减少。可以用图12-1来说明财政政策的挤出效应。

图12-1是IS-LM模型，当IS曲线为IS_0时，与LM相交于E_0，决定了国民收入为Y_0，利率为i_0。政府支出增加，即自发总需求增加，IS曲线从IS_0向右上方移动为IS_1，IS_1与LM相交于E_1，国民收入为Y_1，利率为i_1。在政府支出增加，从而国民收入增加的过程中，由于货币供给量没变（也就是LM曲线没有变动），而货币需求随国民收入的增加而增加，所以引起利率上升。这种利率上升就减少了私人

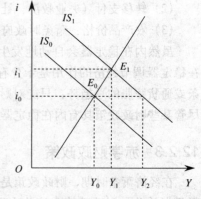

图12-1　财政政策的挤出效应

的投资与消费，即一部分政府支出的增加，实际上只是对私人支出的替代，并没有起到增加国民收入的作用。这就是财政政策的挤出效应。从图12-1中还可以看出，如果利率仍为i_0不变，那么国民收入应该增加为Y_2。Y_1-Y_2就是由于挤出效应所减少的国民收入的增加量。

财政政策挤出效应的大小取决于多种因素。在实现了充分就业的情况下，挤出效应最大，即挤出效应为1，也就是政府的支出增加等于私人支出的减少，扩张性财政政策对经济没有任何刺激作用。在没有实现充分就业的情况下，挤出效应一般大于零而小于1，其大小主要取决于政府支出增加所引起的利率上升的大小。利率上升高，则挤出效应大；反之，利率上升低，则挤出效应小。当然，影响挤出效应的还有其他因素，这里就不详细分析了。

12.3　货币理论与货币政策

要了解货币政策，必须具备一些银行制度的基本知识，因为货币政策通过银行制度来实现。

12.3.1　银行基本制度

银行主要包括中央银行和商业银行。

1. 中央银行的职能

（1）作为发行的银行，发行国家的货币。

（2）作为商业银行的银行，为商业银行提供贷款、集中保管存款准备金，还为商业银行集中办理全国的结算业务。

（3）中央银行是国家的银行，它代理国库，管理全国金融市场，代表国家与国外的银行发生正常的金融关系。

2. 商业银行的主要业务

（1）负债业务（吸收各类存款）。

（2）资产业务（向企业贷款和投资）。

（3）中间业务（货款划转、代缴费用等）。

12.3.2　存款创造与货币创造乘数

在现代经济社会里，货币主要包括硬币、纸币、活期存款，活期存款是指不用事先通知可以随时提取的银行存款。活期存款构成了货币供给中的大部分，它可以借助法定存款准备率这一工具，通过活期存款的派生机制创造货币。

1. 法定存款准备金

银行经常保留的供支付存款提取用的一定金额，称为法定存款准备金。这种准备金在存款中至少应占的比例是由中央银行规定的，称为法定存款准备率，用r_d表示。

2. 存款创造

银行创造货币的机制说明了中央银行发行了1元钞票，但实际货币增量并不止1元。因为，在这1元钞票存入商业银行的情况下，银行留下一部分用做应付储户取款，剩下的可以贷出去，这样会创造出新的货币量。

现举例说明，首先假设央行最先向市场投放了100元，最低准备金率是20%，也就是当银行得到100元的存款时必须留存20元，只能贷出80元。其次假设银行会放足80元。现在有某企业A往银行里存了100元，银行再将其中的80元放贷给企业B，如果企业B把贷来的80元又全部存入银行，银行再将其中的64元贷给企业C，企业C又把64元存入银行，银行再向企业D贷出51.2元……依此类推，央行最先向市场投放了100元，市场上最后的货币供给量是：

$$100 + 80 + 64 + 51.2 + \cdots$$
$$= 100(1 + 0.8 + 0.8^2 + 0.8^3 + \cdots + 0.8^{n-1})$$
$$= 100/(1-0.8)$$
$$= 100(1/0.2)$$
$$= 500$$

3. 货币创造乘数

上式中的$1/0.2(1/r_d)$就是货币创造乘数，也就是1除以法定存款准备率。货币创造乘数表明中央银行发行的货币具有创造出更多货币量的能力，称为货币基础或高能货币，这种货币用H来表示。市场的实际货币供应量，用M来表示，则货币创造乘数k的公式为：

$$k = M/H = 1/r_d$$

假如中央银行发行了1个单位高能货币，社会货币供给量增加了4个单位，即货币创造乘数为4。同样，根据中央银行发行的高能货币量与货币创造乘数也可以计算出货币供应量会增加多少。

12.3.3 货币政策

1. 货币政策的定义

货币政策是通过中央银行运用其政策工具，调节货币供给量和利率，以影响宏观经济活动、实现既定目标的经济行为。它分担着宏观调控涉及的各种目标，包括充分就业、经济增长、价格稳定以及稳定汇率和保持国际收支平衡等。这是货币政策与财政政策所共有的目标。此外，货币政策还有其特殊的目标，例如，防止大规模的银行倒闭和金融恐慌，稳定利率以防止利率大幅度的波动。

2. 货币政策工具的应用

为了实现货币政策达到的目标，货币当局运用的工具一般包括公开市场业务、调整再贴现率和改变法定存款准备率三种。

（1）公开市场业务。这是当代西方国家特别是美国实施货币政策的主要工具。主要指中央银行在证券市场买进或卖出政府债券，通过扩大或缩减商业银行存款准备金，导致货币供应量的增减和利率的变化，最终决定生产、就业和物价水平。例如，为了放松银根，刺激经济，美国联邦储备系统下设的联邦公开市场委员会将在证券市场买进财政部门发行的政府债券，这一行动首先会增加银行系统的基础货币（包括银行的存款准备金和公众手持现金），通过银行系统的存款创造，导致货币供应量的多倍扩大；与此同时，债券价格因需求增加而上升，利率下跌，由此促进投资和消费的扩张，带动生产、就业和物价的增长。反之，当为了遏制经济过热、防止通货膨胀而需要采取紧缩性货币政策时，联邦储备系统在公开市场业务中卖出政府债券，由此导致基础货币的减少，引起货币供应量的多倍减少和利率上升。

（2）调整再贴现率。"再贴现"通常是银行将其贴现的商业票据拿到中央银行再次贴现。20世纪30年代以后，商业银行主要不再用商业票据而是用政府债券作为担保向中央银行借款，所以现在把中央银行这种贷款的利率称为再贴现率。

中央银行实施货币政策的第二个工具，是调高或降低对商业银行发放贷款的利息率，以限制或鼓励银行借款，从而影响银行系统的存款准备金和利率，进而决定货币存量和利率，达到宏观调控的目标。

与公开市场业务不同，调整再贴现率的作用是被动的，人们目前通常把再贴现率的变化视为联邦储备系统对经济的预测及其政策立场的一个指示器。例如当联邦储备提高再贴现率时，社会公众可能把它视为联邦储备系统将抑制过度扩张的一个迹象。

（3）改变法定存款准备率。中央银行实施货币政策的第三个工具是改变法定存款准备率。例如提高法定存款准备率，不仅使原先有着超额准备金的银行在中央银行的超额准备金消失或减缩，还由于它缩小货币乘数，从而缩小银行在原来超额准备金基础的存款创造，因而能够在很短时期内导致较大幅度减缩货币供给量和利率的提高，引起宏观经济活动的震动，所以在实践中很少使用这种强有力的武器。

12.4　宏观经济政策的协调

西方宏观经济政策的应用确实反映了社会化大生产对国家在宏观经济上加以协调和管理的要求，但西方宏观经济政策在理论和实践上也存在着一定的局限性。

12.4.1　财政政策的局限性

通过对财政政策的分析表明，如果要扩张经济就需要增加政府支出或者削减税收，以增加总需求；如果要紧缩经济就应采取相反措施，这种决策看起来相当简单，但在实际生活中却很难收到预期效果。

1. 财政政策在税收政策方面的局限性

（1）为防止通货膨胀而增加税收，以压缩社会总需求，抑制物价上涨。但是，如果对企业利润增加课税，企业为了保持原有利润，会抬高商品价格；因此，通过税收负担的转嫁过程，增税必然会引起物价上涨，从而限制了税收政策用以抑制物价上涨的作用。如果对个人所得税增加税收，将直接降低个人可支配收入以及个人消费水平，这会与因对企业增税而引起的物价上涨结合起来，遭到国民的反对，实施起来有一定难度。

（2）为防止经济衰退而减少税收。但是人们并不一定将因少纳税而留下来的钱用于购买商品，而可能用于储蓄。因此，减税并不见得能够带来消费或投资的增加。

2. 财政政策在支出政策方面的局限性

（1）在萧条时期，政府的购买和转移支付的增加，虽然提供了消费与投资、扩大总需求的可能性，但如果人们将这笔收入用于储蓄而非商品购买，这种可能性就不能成为现实。

（2）在通货膨胀时期，政府要减少对商品的购买，将直接影响大企业的收益，会遭到它们的强烈反对。政府要削减转移支付，将直接减少人们的收入，甚至影响基本生活，会遭到公众的反对。

（3）在通货膨胀时期，政府削减支出。但由于其中部分财政支出具有刚性，使得财政支出难以大幅度压缩。

3. 政策时滞

财政政策的调控作用还受时间滞差的限制，财政政策的调控措施需要一定的时间才能取得效果，这种因时间的滞差限制政策措施作用的现象叫做"政策时滞"，它在实际经济生活中主要有以下表现：

（1）识别时滞，即在经济发生变化与认识这种变化之间存在着时间的迟误。它一方面来自识别和搜集资料时间产生的迟误；另一方面来自市场短期波动掩盖长期波动的现象，要从短期波动中识别长期波动的转折点总是困难的。因此，当识别出衰退或膨胀的转折点时，可能已置身于这一过程之中了。

（2）行动时滞，即认识到经济的变化与制定执行政策措施之间存在的迟误。以美国为例，在经济周期转折点识别出来后，不能立即采取行动，而是由主管部门制定可供选择的财政措施，交总统批准，然后送交国会讨论。这需要经过较长时期的辩论、折中和妥协，才能得到一致意见。

（3）反应时滞，即在政策措施开始执行与这些措施产生实际效果之间的时间的迟误。即使政府及时地将反经济周期的财政政策付诸实施，该措施也需经过一段时间才能奏效。乘数的发生过程即是如此。

12.4.2 货币政策的局限性

中央银行通过货币政策控制货币供应量，从而影响市场利率水平，实现宏观调控目标。但是，在某些具体情况下，则暴露出货币政策本身的局限性：

（1）在经济衰退时期，尽管中央银行采取扩张性措施，如降低存款准备率和再贴现率等，增加贷款，降低利率刺激投资，但是商业银行往往为了安全起见不肯冒此风险。厂商认为市场前景暗淡，预期利润率低，从而不愿为增加投资而向银行借款。

（2）在通货膨胀时期，尽管中央银行采取措施提高利率，但企业会认为此时有利可图，从而置较高利率于不顾，一味增加借款。

（3）货币政策的效果可能被货币流通速度的变化所抵消。在经济繁荣时期，人们对前景预期乐观而增加支出，在物价上涨时，人们宁愿持有货物而不愿持有货币，于是货币流通速度加快，产生扩大货币供应量的效果；在经济衰退期，实行扩张性货币政策，扩大货币供应量，由于人们压缩开支，使货币流通速度放慢，产生减少货币供应量的效果。

12.4.3 相机抉择与政策配合

相机抉择是指政府在运用宏观经济政策来调节经济时，可以根据市场情况和各项调节措施的特点，机动地决定和选择某项或几项政策措施。

财政政策与货币政策以及其他各项政策都有自己的特点，经济繁荣或萧条的程度和原因也不同。因此，在不同的经济形势下要采取不同的政策组合，将各种政策配合使用。

财政政策与货币政策各有自己的特点：

（1）它们的猛烈程度不同。一般认为，政府支出的增加与法定准备率变动的作用比较猛烈，税收和公开市场业务的作用比较缓慢。

（2）政策效应的快慢不同，货币政策的变动快，其作用需要的时间长，财政政策变动慢，但起作用快。

（3）政策影响范围不同，如公开市场业务影响小，而政府支出的政策影响大。

（4）政策实施时受的阻力大小不同，如增税与减少政府支出的财政政策阻力大，而货币政策阻力小。

要根据不同的经济形势采取不同的政策。在经济发生严重衰退时，就不能运用作用缓慢的政策，而要选用作用猛烈的政策；当经济出现衰退的苗头时，就不宜运用作用猛烈的政策，而要用缓慢的政策。

在运用经济政策调节经济时，要善于将各种政策配合使用。政府和银行可以根据具体情况和不同目标，选择不同的政策组合：

（1）一松一紧，即扩张性财政政策和紧缩性货币政策相结合。当经济萧条但又不太严重时，用扩张性财政政策刺激总需求，用紧缩性货币政策控制通货膨胀。

（2）双紧政策，即紧缩性财政政策和紧缩性货币政策相配合。当经济发生严重通货膨胀时，用紧缩性货币政策来提高利率，降低总需求水平，用紧缩性财政政策防止利率过分提高。

（3）一紧一松，即紧缩性财政政策和扩张性财政政策相配合。当经济中出现通货膨胀又不太严重时，用紧缩性财政政策压缩总需求，用扩张性货币政策降低利率，以免财政过渡紧缩而引起衰退。

（4）双松政策，即扩张性财政政策和扩张性货币政策相配合。当经济严重萧条时，用扩张性财政政策增加总需求，用扩张性货币政策降低利率以克服"挤出效应"。

相机抉择的实质是灵活运用各种政策，所包括的范围相当广泛。同时，在考虑如何混合使用两种政策时，不仅要看当时的经济形势，还要考虑政治上的需要。

应该指出的是，政府并不是在任何情况下都要应付失业与通货膨胀，而是在政府认为已超过"临界点"之后才有必要采取干预的措施，临界点是指失业率或通货膨胀率的社会可接受程度。

案例与资料阅读12-1
改革后我国宏观经济的调控

改革开放以来，我国政府根据经济运行态势和体制环境不同，共进行了五次收缩型的宏观调控和三次扩张型的宏观调控。

五次收缩型的宏观调控的时间段分别是：①1979～1981年；②1985～1986年；③1989～1990年；④1993年下半年至1996年；⑤2003年下半年至2004年。

三次扩张型的宏观调控的时间分别是：①1987～1988年；②1992～1993年上半年；③1998～2000年。

1. 改革后宏观调控的概况

改革后，为了抑制经济过热和通货膨胀，我国政府于1979年、1985年、1988年三度实行紧缩的宏观经济政策，但在使通货膨胀率回落的同时，由于紧缩措施过于激烈，致使经济增长率急速回调。

为了刺激经济增长，我国又于1987年、1992年两度实行扩张的宏观经济政策，在使经济增长率上升的同时，由于扩张措施过于猛烈，致使通货膨胀率迅速上升。

1993年我国政府实行的第三次紧缩政策，在吸取前两次调控经验的基础上，采取渐进式的连续微调。经过4年时间，基本达到了高增长、低通胀的预期目标，成功实现了国民经济软着陆。然而1997年下半年，宏观经济出现了偏冷迹象。当年GDP增长率回落，通货膨胀率下降到20年来最低水平。

从1997年开始，政府采取了一系列扩张的货币政策和扩张的财政政策。在扩张型政策的作用下，从2002年下半年开始我国局部领域（如房地产）表现出过热迹象，尤其是在2003年上半年遭遇"非典"（SARS）之后，下半年由于能源紧缺等方面的问题，我国经济呈现明显的回升之势。

从2003年下半年起，因害怕扩张政策的时滞效应产生下一轮通货膨胀，我国政府又开始转向适度从紧的宏观调控。

2. 改革后的扩张型宏观调控：1998～2000年

在1993年实行紧缩政策之后，到1996年被认为中国已经实现软着陆，然而，从1997年开始，我国经济进入下滑轨道。政府开始采取扩张政策。

1998年8月前调控以货币政策为主：1996年5月以后，连续7次利率下调；取消对国有独资银行贷款限额管理；改进存款准备金制度并下调法定存款准备金率；积极增加基础货币投放；鼓励商业银行扩大信贷；推行消费信贷等，促进了货币供应量的增加。

1998年8月后调控以财政政策为主：当年8月开始，国家向国有商业银行发行2700亿元长期国债，以增加银行资本金、防范金融风险。增发1000亿国债，用于增加基础设施投资，拉动经济增长。1999年延续了赤字财政政策，在年初预算安排的基础上再增发600亿国债，扩大财政支出规模，预算赤字达到1803亿元。增发的国债仍然专项用于固定资产投资，以此拉动全社会投资需求。同时，把调整收入分配作为一项拉动内需的重要政策举措。

3. 对此次调控的评价

许多人把持续的通货紧缩归因于1996年成功实施"软着陆"后，货币政策没有及时地做相应调整。其实，经济周期波动规律告诉我们，有波峰，就必有谷底。通货紧缩是对过热经济、低水平重复建设造成的结构性过剩的一种无法避免的滞后性反应，政府对投资规模的过度压抑只是使得这个过程提早到来。

对付有效需求不足问题，国际通行的办法是采用凯恩斯主义的主张，即运用积极财政政策与货币政策干预经济，进行反向调节。我国也是从1998年开始采取积极的财政政策与稳健（实际偏积极）的货币政策来干预宏观经济的走向。

但是随着时间推移，主要依靠国债投资的积极财政政策，对刺激经济、拉动内需的作用逐步弱化，其负面效应越来越大。表现在：①国债投资拉动经济的作用越来越弱；②国债投资对社会投资挤出效应越来越大；③长期的国家举债带来国家财政的巨大负担。

4. 2003下半年至2004年收缩型宏观调控

进入2002年以后，中国经济运行出现了一些新的特点。第一，经济增长与财政收支形势形成明显反差；第二，经济增长与经济效益提高明显不同步；第三，经济增长与社会矛盾的缓解明显不同步。

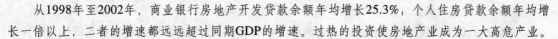

从1998年至2002年，商业银行房地产开发贷款余额年均增长25.3%；个人住房贷款余额年均增长一倍以上，二者的增速都远远超过同期GDP的增速。过热的投资使房地产业成为一大高危产业。

2003年6月，经历了非典重创后的中国经济又开始以一种超常规的速度向前冲。越来越多的迹象表明，从2002年下半年出现的部分地区房地产投资增幅过高、商品房空置面积增加、房价上涨以及低价位住房供不应求和高档住宅空置较多等结构性问题正日渐突出。

2003年6月13日，央行发布了《关于进一步加强房地产信贷业务管理的通知》（121号文件）。该《通知》意在抬高房贷"门槛"，抑制房地产投资过热现象，防范金融风险。"121号文件"的颁布标志着已经延续了6年之久的宏观经济调控模式发生了转折。

8月23日，中国人民银行对外宣布，决定从9月21日起提高存款准备金率1个百分点，即存款准备金率由现行的6%调高至7%。上调1个百分点存款准备金率大体相当于冻结商业银行1500亿元的超额准备金，没有引起下半年金融机构贷款下降，应该说是一项温和的政策措施。但其调控力度明显大于"121号文件"，因为后者只是针对房地产业，而前者涉及和影响了整个金融界。

2003年8月31日，国务院出台了《国务院关于促进房地产市场持续健康发展的通知》（18号文件），该《通知》做出我国房地产市场总体发展是健康的定论，其目的在于，既想防止经济过热又不想以牺牲经济增长为代价。

进入2003年第四季度后，中央又频频发出对部分行业投资过热的预警信号，但并未引起地方政府的足够重视。在市场需求的驱动下，一些地方的投资额有增无减。来自国家统计局的数字表明，2004年第一季度，全社会固定资产投资比上年同期增长43%，是20世纪90年代中期以来最高的。投资急速增长的原因是工业投资大幅度增长，达78.1%，而工业投资增长中，主要体现为钢铁、水泥、电解铝三大行业的投资高速增长。

"瓶颈"约束加剧和价格上涨压力加大。2004年第一季度，煤、电、油、运输的提供量均保持近年来最高水平，但仍难以满足投资需求的过快增长，有23个省、区、市拉闸限电。

2004年3月，国家发改委宣布，原则上不再批准新建钢铁联合企业和独立炼铁厂、炼钢厂。除淘汰自焙槽生产能力置换项目和环保改造项目外，原则上不再审批扩大电解铝生产能力的建设项目。严格禁止新建和扩建机立窑、干法中空窑、立波尔窑和湿法窑水泥项目。

3月24日，央行宣布将从2004年4月25日起实行差别存款准备金率制度。同时实行再贷款浮息制度。

4月11日，央行又宣布将从4月25日起上调存款准备金率0.5个百分点。

4月25日，国务院发出通知，决定提高钢铁、电解铝、水泥、房地产开发固定资产投资项目资本金比例。

4月28日，国务院总理温家宝主持召开国务院常务会议，责成江苏省和金融监管部门对江苏铁本钢铁有限公司违规建设钢铁项目事件涉及的有关责任人做出严肃处理。

4月29日，国务院要求各地区、各部门和各有关单位在1个半月内对所有在建、拟建固定资产投资项目进行一次全面清理。重点清理钢铁、电解铝、水泥、党政机关办公楼和培训中心、城市快速成轨道交通、高尔夫球场、会展中心、物流园区、大型购物中心等项目，以及2004年以来新开工的所有项目。

4月30日，中国人民银行、国家发改委、银监会近日联合下发了《关于进一步加强产业政策和信贷政策协调配合，控制信贷风险有关问题的通知》，该《通知》指出，要进一步控制信贷规模、降低信贷风险。

频频出台的宏观调控政策的效果在"五一"后初步显现。

5月11日，国家发改委发布消息：近期钢材价格明显回落，线材、螺纹钢代表品价格已经回落到每吨3250元和3440元左右，较3月初每吨下跌了750元以上。

5月21日，国家统计局总经济师兼新闻发言人姚景源在"中国企业国际竞争力论坛"的开幕式上谈及对今年经济的预期时说，下半年经济会有一个很好的回落。

2004年上半年中国宏观经济运行数据表明，此次宏观调控，已经收到了明显的成效。7月16日国家统计局公布的2004年上半年宏观经济运行数据中，GDP增长9.7%，消费价格上涨3.6%，工业增加值同比增长11.9%，固定资产投资同比增长28.6%。这与前期相比，均有较大幅度的下降。

5. 第五次收缩型调控在各方面都具有新特点

（1）前四次调控都是针对全面经济过热和严重通货膨胀而进行的被动调整，第五次调控却是在出现局部经济过热和物价上升态势时进行的未雨绸缪、防患于未然的主动调整。

（2）前四次宏观调控都发生在原有的计划经济体制逐步转型但尚未"基本转型"的过程中，而第五次宏观调控则是在我国社会主义市场经济体制初步建立之后的第一次紧缩型宏观调控。在这次宏观调控中，利益主体的多元化充分表现出来，并折射到学术界和新闻媒体，形成各种声音的多元化。因此，第五次调控着眼于各方面利益的平衡。

（3）与前四次宏观调控相比，在第五次调控中，娴熟地兼用经济、法律和行政手段，更着眼于把握时机、节奏和力度。

（4）在前四次宏观调控时，国际上均不太关注；而在第五次宏观调控时，引起国际上的广泛关注。这是因为随着改革开放的深入发展，我国的对外经济联系已日益扩大。

资料来源：中国宏观经济。

习题

1. 论述宏观货币政策及其手段。
2. 宏观财政政策的主要内容是什么？
3. 说明宏观经济政策在执行中的困难。

参 考 文 献

［1］ 茅于轼．生活中的经济学[M]．广州：暨南大学出版社，2006：284-286.

［2］ 蔡昉，林毅夫．中国经济[M]．北京：中国财政经济出版社，2003：15-17.

［3］ 郑宝银．中国经济概论[M]．北京：中国对外经济贸易出版社，1999：279-281.

［4］ 刘东，梁东黎．微观经济学教程[M]．北京：科学出版社，2005：4-10.

［5］ 仲维清．西方经济学[M]．北京：当代世界出版社，2004：13-16.

［6］ 梁小民．西方经济学教程[M]．北京：中国统计出版社，2001：33-45.

［7］ 斯蒂格利茨．经济学（上）[M]．北京：中国人民大学出版社，1997：82-86.

［8］ 高鸿业．西方经济学（微观部分）[M]．北京：中国人民大学出版社，2000：37-53.

［9］ 保罗·萨谬尔森．经济学[M]．北京：人民邮电出版社，2004：94-95.

[10] 迈克尔·迪屈奇．交易成本经济学[M]．北京：经济科学出版社，1999：68-75.

[11] 张泽荣．20世纪的经济学发现[M]．北京：经济科学出版社，2004：32-33.

[12] 刘晓辉，王寒菊．西方经济学[M]．长春：吉林大学出版社，2003：93-105.

[13] 迈克尔 L 卡茨，哈维 S 罗森．微观经济学[M]．大连：东北财经大学出版社，2002：281-283.

[14] 吴德庆，马月才．管理经济学[M]．北京：中国人民大学出版社，1996：230-232.

[15] 梁东黎．宏观经济学[M]．南京：南京大学出版社，2000：74-77.

[16] 高鸿业．西方经济学（宏观部分）[M]．北京：中国人民大学出版社，2000：462-468.

[17] 多恩布什·费希尔．宏观经济学[M]．北京：中国人民大学出版社，1997：159-163.

华章系列教材·精品课

西方经济学（宏观）
书号：7-111-18956
作者：赵英军
定价：22.00

西方经济学（宏观）
书号：7-111-19108
作者：赵英军
定价：25.00

高等院校精品课系列教材

书号	书名	作者	定价
7-111-22341	现代管理学（十一五规划教材）	张英奎 孙军	30.00
7-111-20493	统计学	李金昌	35.00
7-111-20910	货币银行学	钱水土	32.00
7-111-20675	战略管理：思维与要径	黄旭	38.00
7-111-21568	国际贸易实务	胡丹婷	35.00
7-111-21804	电子商务系统设计与实现	厉小军	35.00
7-111-21720	统计学	郑珍远	32.00
7-111-22033	组织行为学	周菲	35.00
	电子商务概论	石鉴	即将出版
	计量经济学	赵卫亚	即将出版
	国际经济学	赵英军	即将出版
	电子商务概论	张宽海	即将出版
7-111-23293	证券投资学原理	韩德宗 朱晋	36.00
7-111-22171	会计信息系统	韩庆兰	34.00
	技术经济学	孙薇	即将出版
7-111-19084	产业经济学：教程与案例	甘春晖	42.00
7-111-19777	管理学	罗珉	34.00
7-111-18956	西方经济学（宏观）	赵英军	22.00
7-111-19108	西方经济学（微观）	赵英军	25.00

教师服务登记表

尊敬的老师:

　　您好! 感谢您购买我们出版的 _____ 教材。

　　机械工业出版社华章公司本着为服务高等教育的出版原则,为进一步加强与高校教师的联系与沟通,更好地为高校教师服务,特制此表,请您填妥后发回给我们,我们将定期向您寄送华章公司最新的图书出版信息。为您的教材、论著或译著的出版提供可能的帮助。欢迎您对我们的教材和服务提出宝贵的意见,感谢您的大力支持与帮助!

个人资料(请用正楷完整填写)

教师姓名		□先生 □女士	出生年月		职务		职称: □教授　□副教授 　　　□讲师　□助教　□其他		
学校			学院			系别			
联系 电话	办公: 宅电: 移动:			联系地址 及邮编					
				E-mail					
学历		毕业院校		国外进修及讲学经历					
研究领域									

主讲课程	现用教材名	作者及 出版社	共同授 课教师	教材满意度
课程: □专　□本　□研　□MBA 人数:　　学期:□春□秋				□满意　□一般 □不满意　□希望更换
课程: □专　□本　□研　□MBA 人数:　　学期:□春□秋				□满意　□一般 □不满意　□希望更换

样书申请				
已出版著作		已出版译作		
是否愿意从事翻译/著作工作　□是　□否	方向			
意见和建议				

填妥后请选择以下任何一种方式将此表返回:(如方便请赐名片)
地　址: 北京市西城区百万庄南街1号　华章公司营销中心　　邮编: 100037
电　话: (010) 68353079 88378995　传真: (010)68995260
E-mail:hzedu@HZbook.com markerting@hzbook.com　　图书详情可登录http://www.hzbook.com网站查询